O Chamado dos Upanixades

ROHIT MEHTA

O Chamado dos Upanixades

Tradução
Marly Winckler

EDITORA TEOSÓFICA
Brasília-DF

Título do original em inglês
The Call of the Upanishads

Edição em inglês
Motilal Banarsidass
Chennai, Índia

Edição em Português
1º Edição 2003
2º Edição 2014

Direitos Reservados à
EDITORA TEOSÓFICA, Sociedade Civil
SGAS – Quadra 603 – Conj. E, s/nº
70.200-630 – Brasília-DF – Brasil
Tel.: (61) 322-7843
Fax: (61) 226-3703

E-mail: editorateosofica@editorateosofica.com.br
Sites: www.editorateosofica.com.br

O Chamado dos Upanixades
M 498   Rohit Mehta

Brasília, 2014

ISBN 85-85961-82-1

CDD 180

Capa
Marcelo Ramos
Composição/Diagramação
Reginaldo Alves Araújo
Revisão
Carlos Cardoso Aveline
Zeneida Cereja da Silva

Sumário

	Introdução	7
I	O Véu Dourado – Upanixade *Ishavasya*...........................	15
II	A Noite Silenciosa – Upanixade *Kena*.............................	33
III	O Grande Além – Upanixade *Katha*................................	51
IV	O Fogo da Criação – Upanixade *Prashna*	83
V	Existência sem Identidade – Upanixade *Mundaka*	109
VI	O Ser Inominado – Upanixade *Mandukya*.......................	133
VII	A Eterna Bem-aventurança – Upanixade *Taittiriya*	159
VIII	A Descida do Espírito – Upanixade *Aitareya*	183
IX	A Plenitude do Vazio – Upanixade *Chandogya*	197
X	A Chama sem Tremulação – Upanixade *Brihadaranyaka*	227
XI	O Uno – a Única Unidade – Upanixade *Shvetashvatara*	261

Introdução

A herança cultural e espiritual da Índia é ao mesmo tempo vasta e rica. Mas nela nada há de sectário ou regional. Ela é tão universal em seu apelo e tão universal em sua abordagem que pertence ao mundo todo. Seus cenários, sem dúvida, são indianos, mas seu conteúdo cobre todos os aspectos da vida humana, independentemente de unidades geográficas ou expressões históricas. É tanto universal quanto atemporal e, assim, aplica-se a pessoas de todas as idades e de todos os países. Pode-se perguntar, "qual é realmente a fonte de onde surgiu uma herança tão vasta e rica – uma herança que permaneceu nova e vital embora muitos séculos tenham passado desde que fez sua primeira aparição na vaga aurora do tempo?" Pode se dizer sem a menor hesitação que a fonte dessa herança se encontra nos Grandes Upanixades. Os videntes e sábios da Índia Antiga, sentados debaixo de uma árvore, em uma longínqua floresta, revelavam os princípios fundamentais da Filosofia perene aos estudantes que iam até eles com questões de profunda e séria investigação sobre a natureza da vida. Os Upanixades contêm os princípios essenciais dessa Imutável Filosofia Perene e não podem de modo algum ser descritos como religiosos – se à idéia de religião associamos dogmas e credos, política clerical e autoridade, recompensas e punições. Basta examinar o Upanixade *Mundaka* para compreender perfeitamente isso, pois nele, até mesmo o conhecimento dos Vedas é considerado conhecimento inferior. Embora se dissocie de todas as expressões estreitas e sectárias da religião, o ensinamento dos Upanixades deu clara e inequívoca ênfase às perspectivas espirituais da vida, fazendo uma clara distinção entre conhecimento e sabedoria. Embora os videntes e sábios daqueles grandes dias dos Upanixades dessem instrução a seus pupilos em todas as áreas do conhecimento humano, indicavam-lhes que o mero conhecimento não teria utilidade alguma e que deveriam ser inspirados pela Sabedoria. Esses instrutores cuidaram para que a chama do conhecimento se mantivesse viva de modo que o aprendizado dos pupilos nunca chegasse ao fim e, ainda assim, mostraram a seus pupilos que a luz do Conhecimento servia apenas para "Tornar visível a escuridão". Com essa percepção da "escuridão tornada visível" através do processo do conhecimento, os pupilos eram inspirados a empreender a jornada aventureira para a terra do Desconhecido, único lugar onde a Sabedoria pode ser descoberta. Essa jornada deve ser empreendida sem auxílio, pois o instrutor não pode conduzir um aprendiz aos reinos do Desconhecido. A jornada ao Desconhecido é um vôo do solitário para o Solitário.

É verdade que todo o ensinamento dos Upanixades centra-se em torno de um instrutor ou guru. Mas o papel do guru que é revelado no Upanixade é algo muito revolucionário. No Upanixade *Brihadaranyaka* encontramos Yajnavalkya, o mais brilhante dos instrutores dos Upanixades, dando instrução ao grande Rei Janaka. Quando esse ficava satisfeito com as instruções do guru, oferecia-lhe ricos presentes. Mas Yajnavalkya rejeitava-os desdenhosamente, dizendo que um instrutor não pode aceitar qualquer presente de um pupilo a menos que tenha ensinado a ele tudo que sabe.

Essa era a tradição upanixádica do guru. De acordo com isso, o papel do guru era fazer o pupilo andar com as próprias pernas, torná-lo completamente independente, de modo que não se encostasse no guru, fazendo dele uma bengala psicológica ou espiritual. O papel do guru era tornar a si mesmo supérfluo – tal era a grande visão do instrutor, conforme revelam os magníficos ensinamentos dos Upanixades.

O período dos Upanixades deve ter sido um período de livre investigação. Entre o instrutor e o estudante existia uma relação de completo entendimento e cordialidade. Nessas escolas esotéricas ou de mistérios dos Upanixades havia perfeita liberdade de pensamento e expressão. Quando lemos os diálogos entre o instrutor e o pupilo e entramos no espírito das discussões, perguntas e respostas com os quais os Upanixades estão repletos, sentimos como se estivéssemos respirando o ar fresco das montanhas. O instrutor e o pupilo tinham grande respeito um pelo outro e, contudo, havia uma íntima proximidade entre ambos. Vemos aqui uma bela combinação de liberdade e disciplina, de reverência e cordialidade.

O tema de quase todos os Upanixades é *Brahman,* a Realidade Última e *Atman,* o Ser Individual. Mas é fascinante observar como o mesmo tema é tratado em cada Upanixade de tal maneira que o sentimento de mesmice nunca surge. Há um frescor e uma atualidade em cada Upanixade, em razão do que nunca sentimos que é o mesmo tema de *Brahman* e *Atman* que está sendo discutido. Nos Upanixades vemos a verdade da afirmação de que não é a conclusão que importa – o que importa é o processo pelo qual se chega à conclusão. Os Upanixades não se ocupam com as conclusões do pensamento, mas sim com o processo do pensamento. Os instrutores dos Upanixades nunca se desviaram das regras estritas da lógica, mas, com clareza lógica, mostraram o quanto a lógica é limitada em seu escopo. Embora tenham apontado para os reinos além da mente, nem mesmo uma vez ridicularizaram o papel da lógica e da razão. Utilizar a razão a fim de mostrar a inadequação da razão, esse é um empreendimento difícil, mas os instrutores dos Upanixades exibiram uma notável maestria na sua técnica de transcender a mente com o auxílio da mente.

Embora os Upanixades tenham falado sobre *Brahman* e *Atman*, não trataram desses temas como se fossem remotos e distantes das ocupações diárias do homem. Conferiram a esses temas abstrusos um toque de intimidade. Isso porque os instrutores dos Upanixades não eram pessoas monótonas e indiferentes. Eram repletos de vida, mostrando um vivo interesse nos homens e nas coisas. Possuíam mentes perfeitamente abertas e, portanto, prontas a responder ao mais leve sussurro da vida. Quando vemos a extensão dos temas com os quais os antigos *Gurukulas* se ocupavam, percebemos que não havia tema sob o sol que fosse deixado fora do alcance de seu estudo e discussão. Vemos nesses instrutores, e em sua abordagem da vida, um brilho de intelecto que existia lado a lado com uma profunda intensidade de emoção. E, portanto, encontramos nesses *Gurukulas* uma atmosfera em que a disciplina inflexível da mente coexiste com a informalidade amistosa do coração. Aqui não era preciso um esforço artificial para ligar as ciências exatas com as ciências humanas, elas eram naturalmente ligadas, pois toda a abordagem da vida era integral.

O homem moderno pode argumentar que é muito tarde para falar da eficácia prática dos ensinamentos upanixádicos, em uma era de ciência e tecnologia, em que estamos preocupados com os duros fatos da vida e não com temas remotos e obscuros como *Brahman* e *Atman*. Ele pode dizer: "Qual é a utilidade dessa discussão sobre *Brahman* e *Atman*? Ela nos ajuda a resolver as confusões e perplexidades nas quais a civilização de hoje em dia parece estar enredada?" Nós, que pertencemos a essa era, parece que pensamos que apenas a ciência e a tecnologia são práticas, e que a filosofia é algo sem praticidade. Ela pode ser um bom exercício intelectual para momentos de lazer, na falta de outros entretenimentos, mas certamente não pode ter lugar nas duras e práticas ocupações de nossa existência, diz o homem moderno envolvido com ciência e tecnologia. Mas a descrição acima não diz respeito à filosofia dos Upanixades. A filosofia dos Upanixades não é desinteressante e não se ocupa com especulações metafísicas ou sutilezas minuciosas nem com algo remoto e abstrato, seu principal interesse é naquilo que é intensamente prático. Sua preocupação com os aspectos práticos da vida pode ser vista no próprio tema de *Brahman* e *Atman* que forma o substrato de toda sua abordagem filosófica. *Brahman* e *Atman* não são temas remotos e obscuros. No livro intitulado *A Source Book in Indian Philosophy* – editado por S. Radhakrishnan e C. A. Moore, está dito:

O real que está no âmago do Universo é refletido nas profundezas infinitas do Ser. Brahman – *Supremo, tal como descoberto objetivamente, é* Atman*, o Supremo tal como descoberto introspectivamente.*

Assim, *Brahman* e *Atman* tratam os aspectos Objetivo e Subjetivo da vida. Pois bem, o objetivo e o subjetivo estão tão inter-relacionados que não podemos compreender um sem o outro. A própria ciência física não está confrontada com esse problema do subjetivo que se projeta no objetivo? Na medida em que passamos do físico para o biológico e do biológico para as ciências psicológicas, compreendemos como o subjetivo invade constantemente o objetivo, de modo que o estudo do homem e do Universo sofre constante interferência em razão da incessante projeção do subjetivo. A filosofia dos Upanixades levou esse fator em consideração e desenvolveu uma abordagem que empreende uma busca em ambos os reinos, objetivo e subjetivo. E, com sua Sabedoria, os grandes instrutores dos Upanixades declararam que a natureza de *Brahman* reside em *Atman,* e que sem conhecer o subjetivo, o conhecimento do objetivo é incompleto e inadequado. O mistério do mundo objetivo pode ser desvelado somente pela compreensão do segredo que está oculto no subjetivo.

Muitos estudantes dizem que os Upanixades contêm apenas pensamentos esparsos e difusos, que alguns desses pensamentos são brilhantes e fascinantes, mas não parece haver qualquer filosofia uniforme e íntegra. Alguns comentadores também expressaram essa idéia e trataram esses ensinamentos em termos de idéias desconectadas, não podendo perceber qualquer ligação por trás desses conceitos difusos e concepções sobre a vida. Em muitos comentários vemos explicações de diferentes versos e passagens de uma maneira que presume que não há conexão entre os mesmos. Não trataram os Upanixades como um todo harmonioso, mas como pedaços diferentes enfileirados sem qualquer coesão ou unidade entre si.

Dizer que os Upanixades não contêm uma filosofia harmoniosa é perder a própria essência da abordagem upanixádica. É verdade que os Upanixades contêm enormes saltos de uma idéia para outra, de um conceito para outro, de uma experiência para outra. Mas é assim que todos os grandes gênios da humanidade apresentaram suas sublimes descobertas da verdade. Os instrutores upanixádicos não apresentaram aos seus discípulos sistemas mecânicos de pensamento. Eles não deram aos seus alunos uma descrição sistemática de filosofia da vida que eles pudessem memorizar. Eles não ditaram anotações completas que pudessem ser usadas para obter aprovação em um exame e graduação. Voaram ao ponto mais alto – e convidaram outros a escalar as alturas que haviam atingido. Vemos nos Upanixades um registro desses sublimes vôos da mente e da alma – os vôos são estupendos e fascinam aqueles que os testemunham. Eles passaram de idéia a idéia, deixando os passos intermediários para serem preenchidos pelos próprios estudantes. Essa era a natureza dinâmica do ensinamento upanixádico. Não se pedia ao estudante para apenas copiar um quadro perfeito que o professor havia desenhado. Não existia a expectativa de que os estudantes repetissem o que os instrutores haviam dito. Não se lhes pedia para que ficassem meramente fascinados com os grandes vôos dos instrutores. Tinham que cobrir, passo a passo, o terreno que separava um vôo do outro, um ápice de pensamento de outro. A elaboração desses passos intermediários tinha que ser feita pelo próprio pupilo. Isso requeria um claro intelecto, uma ampla imaginação, mas, acima de tudo, uma visão intuitiva.

Os ensinamentos devem parecer esparsos e desconjuntados para aquele que só vê os ápices do pensamento. Apenas ao elaborar os passos intermediários é que podemos descobrir a harmonia, a totalidade na sublime filosofia apresentada pelos Upanixades. A menos que cubramos os abismos que separam um ápice do outro, não podemos ver essa totalidade. Todos os videntes, sábios, profetas e místicos falaram a linguagem do ponto mais elevado – voaram de cume em cume. Mas, para muitos, esses ensinamentos podem parecer vagos e impraticáveis. Isso ocorre dessa forma porque aqueles que os ouvem não se preocupam em elaborar os passos intermediários. Sentem-se inspirados pela visão das alturas, mas acham impossível traduzir a visão para suas vidas. Muitas vezes as pessoas que ouvem tais místicos e videntes dizem: "Enquanto escutávamos, tudo parecia tão simples e prático, mas uma vez que nos encontrávamos sós, com nós mesmos, sentíamos que a visão era fugidia, que não conseguíamos captá-la". Sobre os Upanixades, também, muitos disseram a mesma coisa. Os ensinamentos contidos neles parecem inspiradores, mas vagos, portanto, impraticáveis. Aqueles que dizem isso não se preocuparam em elaborar os passos intermediários. Quando isso é feito, a filosofia dos Upanixades não parece esparsa e desconjuntada, descobrimos uma totalidade nela e, assim, aquilo que parecia impraticável, mostra-se intensamente prático. Falando sobre os passos intermediários, Sri Aurobindo, em seu livro *The Foundations of Indian Culture*, diz algo muito significativo. Ele afirma:

> *"(Nos Upanixades) as verdades metafísicas mais amplas e as sutilezas mais sutis da experiência psicológica são introduzidas no movimento inspirado, tornadas ao mesmo tempo precisas para a mente que vê e carregadas de sugestões inesgotáveis para o espírito que descobre. Existem expressões separadas, pares de versos simples, breves passagens que contêm, cada uma em si mesma, a substância de uma vasta filosofia, e, contudo, cada uma é construída como um lado, um aspecto, uma porção do autoconhecimento infinito. Tudo é comprimido e significativo e, contudo, perfeitamente lúcido, e há uma brevidade luminosa e uma inteireza imensurável. Um pensamento dessa qualidade não pode acompanhar o desenvolvimento tardio, cuidadoso e difuso da inteligência lógica. Cada passagem, sentença, par de versos, linha, e mesmo uma meia-linha acompanha a que a precede com um certo intervalo, pleno de imanifestos pensamentos, um silêncio que ecoa entre ambos, um pensamento que é repleto de plena inspiração e implica no próprio passo em si, mas o qual a mente deve elaborar para seu próprio proveito. E esses intervalos de silêncio significativo são amplos, as etapas desse pensamento são como os passos de um Titã, galgando rochas distantes uma da outra, por sobre águas infinitas. Há uma perfeita totalidade, uma conexão abrangente de partes harmônicas na estrutura de cada Upanixade, mas é feito à maneira de uma mente que vê volumes enormes de verdade de uma só vez e pára, e traz daquele silêncio repleto apenas a palavra necessária."*

Nos Upanixades o vôo de idéia a idéia assemelha-se aos passos de um Titã, galgando uma rocha distante uma da outra por sobre águas infinitas. Aquele que elabora as etapas intermediárias desses passos titânicos pode ver a totalidade harmoniosa da vasta filosofia dos Upanixades. Aquele que não pode, deve considerar os Upanixades como vagos e dispersos em seu pensamento filosófico. Esses passos intermediários precisam ser elaborados por um intelecto agudo e uma imaginação sem limites, mas isso não é suficiente, pois precisam ser inspirados por um *insight* intuitivo. Devemos lembrar que as etapas intermediárias estão implícitas no Vôo em si, não estão distantes dos passos do Titã. O Vôo é sugestivo – aquele que pode intuir essa sugestão pode descobrir as etapas intermediárias e dizer, como Sri Aurobindo, que "há uma perfeita totalidade, uma conexão abrangente de partes harmônicas na estrutura de cada Upanixade".

Os Upanixades contêm um grande número de passagens e versos inspiradores e instrutivos – não foi possível incluí-los todos neste livro. Uma certa seleção se torna inevitável quando temos que tratar com tal enorme quantidade de material. Para os propósitos desse livro, tomamos aqueles versos e passagens que transmitem ensinamentos místicos dos Upanixades. O misticismo é o próprio âmago dos Upanixades e, portanto, ao compreendermos o misticismo chegamos ao coração de seu sublime e magnífico ensinamento. É significativo observar que a despeito das obscuras predições acerca do mundo e seu futuro, há uma linha luminosa que nos enche de esperança e alegria com relação à civilização do amanhã. A linha de luz está na nova mudança que ocorre no pensamento religioso e filosófico do mundo. Essa mudança se dá claramente na direção do misticismo. O pensamento religioso e filosófico do mundo está buscando uma nova base a partir da qual possa agir e inspirar a futura geração humana. Em todas as épocas, o misticismo tem sido a força regeneradora da civilização. É ele que dá profundidade ao entendimento humano, e sem ele o homem seria um mero brinquedo nas superficialidades da vida.

Paul Tillich, um proeminente pensador e filósofo de nossos tempos, diz que o homem moderno perdeu uma dimensão de sua existência – a dimensão da profundidade. Ele precisa reconquistar essa dimensão perdida se quiser saber o que é a verdadeira felicidade. É com essa dimensão da profundidade que o misticismo se ocupa primordialmente. Alan Watts, outro grande pensador de nossos tempos, diz:

> *O homem moderno busca a profundidade penetrando na superfície. Mas a profundidade é conhecida apenas quando ela revela a si mesma e ela sempre se afasta da mente investigadora.*

A profundidade revela a si mesma, mas apenas para uma mente que alcançou a imobilidade, tendo conferido suas próprias limitações. É a essa revelação da profundidade que a grande filosofia dos Upanixades se dedica fundamentalmente.

Nesta época em que a ciência e a tecnologia se movem de vitória a vitória, precisamos da mão refreadora da filosofia, pois sem ela, a ciência e a tecnologia podem nos levar a um mundo destituído de significado. Podemos ser levados a uma vasta extensão de conquistas, mas uma extensão sem profundidade é como possuir uma técnica perfeita de expressão sem ter nada para expressar. É a profundidade que dá um conteúdo rico para preencher a forma construída com destreza e labor, através das técnicas da ciência moderna. O homem precisa hoje de uma filosofia significativa se quiser que as conquistas da ciência não o levem a uma destruição cada vez maior, mas sim às sublimes e majestosas alturas do viver criativo. Mas onde ele pode reunir o material necessário para a formação de uma filosofia correta da vida? A resposta para essa pergunta pode ser encontrada nos Grandes Upanixades. É na Visão da Vida dada pelos Upanixades que o homem pode encontrar a filosofia fundamental do Viver Criativo – uma filosofia que pode servir como um Farol Iluminador mesmo no meio da escuridão que nos cerca, uma filosofia que pode nos levar do irreal para o Real, das trevas para a Luz, da morte para a Imortalidade.

Rohit Mehta.

Upanixade
Ishavasya

I

O Véu Dourado

A Invocação associada ao Upanixade *Ishavasya* é realmente muito significativa porque dá a diretriz de todo o ensinamento upanixádico. Contém a quintessência do pensamento vedanta em toda sua pureza e simplicidade. A invocação diz:

> *Aquilo é o Todo; isto é o Todo. O Todo surge do Todo. Quando tiramos o Todo do Todo, o Todo permanece.*

Olhando superficialmente, a afirmação acima parece totalmente sem sentido, pois viola todas as leis da matemática. Como pode o Todo permanecer Todo quando o Todo lhe é tirado? É óbvio que de um ponto de vista quantitativo a afirmação acima é destituída de significado. Em termos de quantidade, não se pode fugir dos fatores que denotam "mais" ou "menos". Quando alguma coisa é tirada de alguma coisa, essa última registra uma perda quantitativa. Não pode continuar a mesma quando algo lhe é tirado. E, contudo, a Invocação acima fala do Todo permanecendo Todo quando o Todo lhe é retirado. Qual é o significado dessa afirmação?

A Invocação obviamente fala da Qualidade das coisas. Nenhum processo quantitativo pode causar qualquer mudança na qualidade das coisas. Uma barra de ouro pode ser quebrada em pequenos fragmentos e, contudo, cada fragmento contém a mesma qualidade do ouro que a barra inteira. Qualitativamente não há diferença entre um grão de ouro e uma barra de ouro. Qualidade é algo indivisível. É a isso que se refere o *Bhagavad Gita* quando fala de *Avibhaktam vibhakteshu* – "Indiviso mesmo na divisão". A qualidade das coisas é independente do tamanho ou volume. Embora expressada no Tempo e no Espaço, permanece não afetada por eles. Para compreender a qualidade de uma peça musical não é necessário examinar suas diversas partes expressas na extensão do tempo. A qualidade de algo existe em sua totalidade, em sua parte mais ínfima. O Todo reside mesmo na parte – essa é realmente a própria natureza da qualidade. O Todo não deve ser confundido com a Totalidade. Quando partes são colocadas juntas, chegamos a uma totalidade, mas o Todo não é feito de partes. O Todo é maior do que a soma das partes. É por isso que o aumento ou a diminuição quantitativa das partes não afeta o Todo.

O tema central subjacente a todos os Upanixades é que *Brahman* e *Atman* são idênticos. A natureza de *Brahman* reside em *Atman*. Não pode haver diferença qualitativa entre os dois. Se eles diferem em qualidade, então certamente *Atman* nunca pode conhecer *Brahman*. Desde que a qualidade das coisas é indivisível, a qualidade de *Brahman* deve residir em todas as partes. A Realidade deve estar presente em seu aspecto qualitativo, mesmo na mais inferior de suas expressões. Não ver a qualidade das coisas em tudo que é manifesto é, de fato, cair em *MAYA* ou ilusão. Ver a qualidade na variedade quantitativa é ver as coisas como elas são, pois a qualidade de uma coisa é, realmente, a própria natureza daquela coisa.

No contexto desta Invocação, o primeiro verso do Upanixade *Ishavasya* assume um novo significativo. Esse verso, que é muito famoso, diz o que segue:

> *Tudo isso deve ser envolvido por Isha(o Senhor)*
> *Todas as coisas moventes que existem no mundo movente.*
> *Renunciando a isso, tu podes desfrutar.*
> *Não cobices a riqueza do outro.*

Aqui, Isha, ou Senhor, não deve ser entendido em qualquer sentido antropomórfico. *Isha* é, na verdade, o Supremo. É *Brahman* ou Realidade. O verso acima diz que a Realidade a tudo permeia. O Mundo ou *Samsara* está em um estado de constante fluxo; tudo está em movimento. Mas o verso de abertura desse Upanixade diz que a Realidade está presente até mesmo nesse movimento. Como é possível à Realidade habitar todas as partes, até mesmo os objetos moventes? A Realidade também é movente? Se ela se move, não está circunscrita pelas limitações do Tempo e do Espaço? Se esse é o caso, como pode a Realidade estar em todas as partes ao mesmo tempo?

É obvio que aquilo que nasce no tempo também morre no tempo. Apenas o atemporal perdura, pois não é afetado pelo processo do tempo. A Realidade deve ser atemporal, pois só assim ELA pode estar presente em cada momento do Tempo. Apenas o Atemporal pode ser Onipresente. O tempo implica em sucessão na qual as coisas existem, não todas ao mesmo tempo, mas uma após a outra. Onipresença e sucessão são contraditórias. A manifestação está obviamente na sucessão do tempo, onde as coisas acontecem uma após a outra. Mas, no Imanifesto, todas as coisas existem juntas. A Onipresença é possível apenas quando as coisas existem simultaneamente, e não uma após a outra. Existência simultânea e existência sucessiva é o que indicam o Atemporal e o tempo. O Simultâneo parece sucessivo devido ao processo de refração do tempo. O Tempo é de fato um meio refratário que dispersa a luz branca da Realidade no espectro de cores variadas.

Quando se busca compreender a existência simultânea do Atemporal através do processo de sucessão do tempo, o resultado é um paradoxo. Os Upanixades têm numerosos paradoxos. De fato, esses paradoxos seriam um tema fascinante no estudo da filosofia e do misticismo. Um paradoxo é a colocação de dois opostos em justaposição. Não há solução para um paradoxo; um paradoxo só pode ser dissolvido, e isso ocorre apenas quando os opostos são vistos como existindo juntos, os dois, não um após o outro, mas os dois, existindo no mesmo lugar e ao mesmo tempo. A mente humana não pode conceber isso.

Duas coisas opostas existindo juntas, de acordo com a compreensão da mente, cancelariam uma à outra e, portanto, o resultado seria o Nada. Muitos eruditos ocidentais afirmaram que os Upanixades apontam apenas um Caminho Negativo, que não oferecem uma filosofia positiva de vida. Os Upanixades falam a linguagem do paradoxo. A mente chega aos seus pontos mais elevados se engalfinhando com os paradoxos. A mente primeiro define os opostos que estão contidos em um paradoxo. A seguir, vê um conflito entre esses dois opostos claramente definidos. Lacerada e atormentada por esse conflito, tenta reconciliá-los. Nesse esforço, move-se ao longo do caminho da concessão e da síntese. Falhando nesses esforços, fica frustrada, porque percebe que, ao aproximar os opostos, eles cancelam um ao outro, deixando atrás de si um campo vazio. Incapaz de reconciliar os opostos e temendo entrar em um campo vazio, a mente não tem para onde ir. Nesse estado de negatividade, a experiência intensamente positiva desponta para a mente. Assim, o Caminho Negativo dos Upanixades é o mais positivo, pois o positivo pode surgir apenas em um campo completamente negativo. O vazio em si é de fato o pleno.

O primeiro verso do Upanixade *Ishavasya* diz que "todas as coisas moventes que existem neste mundo movente" estão envolvidas por *Isha* ou Realidade. A questão que surge é: qual é realmente a natureza dessa Realidade? Se a Realidade é movente, então certamente ELA não pode existir no ponto de onde ELA se afastou. Como pode então a Realidade permear todas as coisas? Essa qualidade de a tudo impregnar naturalmente se torna restrita de modo que não podemos dizer que "*Isha* envolve todas as coisas". Os Upanixades nos dizem, inclusive o *Ishavasya*, que a Realidade ou *Brahman* é as duas coisas, móvel e imóvel, ela permanece imóvel mesmo no movimento. Mais uma vez temos um paradoxo que a mente humana não pode resolver. *Brahman* é verdadeiramente o "centro Imutável de mobilidade interminável". O poeta Rabindranath Tagore expressa essa idéia na seguinte passagem de seu livro intitulado *Sadhana*:

> *A evolução de nossa alma é como um poema perfeito. Ela tem uma idéia infinita, a qual, uma vez compreendida, torna todos os movimentos plenos de significado e alegria. Mas, se separamos os seus movimentos da idéia última, se não vemos o Repouso Infinito e vemos apenas o Movimento Infinito, então a existência parece-nos um mal monstruoso, que se move impetuosamente na direção de um desnorteamento sem fim.*

Ver o Repouso Infinito e o Movimento Infinito simultaneamente é de fato compreender a natureza da Realidade. O Repouso e o Movimento não se dão um após o outro, mas ao mesmo tempo. Repouso é uma condição de Plenitude ou Inteireza. Uma coisa está em sua Plenitude em um estado de Repouso. No Movimento essa Inteireza é fragmentada em partes. No movimento uma coisa está parcialmente presente e, ainda assim, se esse movimento é vivo, e não morto, deve estar impregnado com a qualidade do Todo. Repouso e Movimento são o ser e o vir-a-ser da filosofia indiana. Se o vir-a-ser, que é Movimento, é separado do Ser, que é Repouso, então tal vir-a-ser é um "mal monstruoso" que se move para "um desnorteamento sem fim". Pois bem, se o Movimento deve ser vivo devido à presença do Todo, então certamente o Movimento e o Repouso devem existir simultaneamente nele. Repouso Perfeito no movimento dinâmico, esse é verdadeiramente o fenômeno de *Isha* ou *Brahman* envolvendo a tudo, abarcando "todas as coisas moventes que existem no mundo movente". Aquele que compreende o Repouso Infinito no Movimento Infinito, conhece verdadeiramente a natureza de *Brahman*, vê o todo na Parte, percebe a Qualidade das coisas que retêm sua Inteireza mesmo quando o "Todo é tirado do Todo".

Mas a questão é: como perceber a Qualidade das coisas, como compreender o Todo na Parte, como ver a existência simultânea do Repouso e do Movimento? Isso é indicado na última parte do verso de abertura do Upanixade *Ishavasya*. Ele diz *tena tyaktena bhunjitha* – "Renunciando a isso, tu podes desfrutar". O que significa isso? Há algo para ser renunciado a fim de compreender a natureza de *Brahman*? Muitas vezes é dito que através da renúncia ao mundo podemos perceber a Realidade e, portanto, chegar à experiência de uma felicidade indescritível. *Tena tyaktena* no verso acima é interpretado como renúncia ao mundo. Mas a questão é: por que se deveria renunciar ao mundo se ele é permeado por *Isha* ou *Brahman*? Se tudo está envolto por *Isha*, como pode surgir a necessidade de renunciar a alguma coisa? O que se busca renunciar é tanto a *Isha* quanto àquilo que se busca reter. E *Isha* em um lugar não é "menos" *Isha* do que em outro lugar, pois o Todo não sofre qualquer diminuição, até mesmo quando fragmentado em pequenos pedaços – "o Todo permanece Todo até mesmo quando o Todo lhe é tirado".

Então, o que significa *tena tyaktena*? Seu significado se torna claro quando examinamos a última parte do verso de abertura. Ele diz: "Sem cobiçar a riqueza do outro". A riqueza de outro obviamente significa a riqueza que não é dada a você. E o Upanixade *Ishavasya* diz: "Não cobice algo que não lhe é dado". Pensar em deleitar-se com a riqueza dos outros é algo totalmente sem sentido. E então o autor do Upanixade diz: "Desfrute daquilo que é dado a você". A parte que é reservada a uma pessoa só pode ser desfrutada por ela mesma, desejar a parte do outro é demonstrar ignorância do fato de que até mesmo a menor parte está impregnada do Todo. A qualidade de algo reside muito mais na parte que é destinada a cada um do que em qualquer outra parte. Por que, então, procurar a riqueza do outro? A parte que nos é reservada é tão rica quanto a parte que está reservada a outro. *Tyaktena* significa aquilo que é designado, que é dado, é de fato a base mais segura da verdadeira felicidade. Ansiar por aquilo que não nos é dado é verdadeiramente o caminho da frustração e da tristeza. No Terceiro Discurso do *Bhagavad Gita* há um verso que diz:

> *Os virtuosos que comem os restos do sacrifício estão livres de todos os pecados, mas os ímpios que preparam o alimento para seu próprio benefício – verdadeiramente comem pecado.*

Comer os restos do sacrifício, isso é que de fato está indicado na expressão *tena tyaktena bhunjitha*, desfrutar aquilo que nos cabe, aquilo que foi separado para nós. Por que cobiçamos a riqueza de outro? É porque não descobrimos nossos próprios tesouros. Essa descoberta é possível somente quando vemos o Repouso Infinito no Movimento Infinito. Quando o Movimento é separado do Repouso, torna-se um mal monstruoso, resultando na frustração do vir-a-ser.

Aceitar o que é dado não é um evangelho de passividade. É realmente a base da verdadeira felicidade e ponto de partida para a correta ação. Na Aceitação descobrimos o Repouso Infinito. Quando o Movimento Infinito, que é o processo do vir-a-ser, está enraizado no Repouso Infinito, então todo o movimento está pleno de significado e felicidade. No Repouso Infinito descobrimos a Qualidade de nosso próprio Ser, a Qualidade de *Atman* que é idêntica à Qualidade de *Brahman*.

A aceitação daquilo que nos é designado também não é um evangelho da procrastinação. Muitas vezes uma pessoa adota uma atitude em que diz que deve aceitar seu destino na esperança de que o futuro lhe traga felizes novidades. Isso não é aceitação de modo algum, é submissão, e, também, com ressentimento interior. Aceitar o que é dado, aquilo que está separado para nós, é comprometer-se com a correta Percepção. Muitas vezes o homem recusa receber aquilo que lhe é dado porque não vê o que é. Quando percebemos acertadamente, então vemos na coisa dada a qualidade da Verdade, Beleza e Felicidade, a qualidade do Próprio *Brahman*. Aceitar o que é dado é transformar a coisa em uma janela da qual olhamos para a beleza da própria vida. A experiência da felicidade vem com a própria percepção. E, portanto, a ação que emana dessa percepção está enraizada na felicidade. Esse é o motivo pelo qual o verso de abertura do Upanixade *Ishavasya* diz: "Desfrute o que lhe é designado" – ele não diz – "Suporte o que lhe é dado." Aceitar o que é dado é perceber a Qualidade de nosso próprio Ser. O processo de vir-a-ser que emerge dessa percepção é naturalmente livre dos elementos da tristeza e frustração. E, portanto, o segundo verso desse Upanixade diz:

Trabalhansdo assim, um homem pode desejar uma vida de uma centena de anos. Dessa maneira, não de outra maneira, suas ações não o aprisionarão.

Quando as ações vêm da fonte da felicidade, surgindo da percepção correta, o homem pode facilmente esperar viver até cem anos. A possibilidade de viver até cem anos indica a total ausência de preocupação e ansiedade. São as frustrações da mente que fazem o homem parecer mais velho do que é. É a preocupação que esgota suas energias, levando-o à morte prematura ou à velhice. Quando o homem aceita o que lhe é dado, percebendo nisso a qualidade de seu próprio Ser, então está livre de todos os fatores que causam frustrações. Na percepção da Qualidade de seu próprio Ser, ele descobre seu próprio *Svadharma*, sua verdadeira Vocação. E o homem porventura fica frustrado quando está engajado em sua própria Vocação? Cobiçar a riqueza de outro é esquecer nossa própria Vocação e nos envolver na profissão de outro. Isso é na verdade *Paradharma*. O verso acima do Upanixade diz que as ações jamais podem aprisionar um homem se elas surgirem do Terreno da Aceitação. Não é a Ação, mas a Reação que aprisiona o homem, pois as reações são fenômenos em cadeia. Elas se emaranham num processo associativo onde uma reação desencadeia outra em uma cadeia sem fim. As reações surgem da prática da cobiça, o desejo de ter o que o outro tem. Quando a visão do homem está confusa é que ele cobiça a riqueza do outro. Um homem que tenha descoberto a Qualidade de seu próprio Ser é um Aristocrata Espiritual, que age por conta própria, com graça e dignidade. Descobrir a Qualidade das coisas é aceitar o que nos é dado, pois a Qualidade reside em todas as partes, até mesmo no mais ínfimo e no mais inferior. Aquele que faz da aceitação a base da ação é livre de toda servidão aqui e agora. Tal homem pode viver tanto quanto quiser, pois adquiriu controle do movimento do próprio Tempo. Não é a Mente, mas o Espírito que se move nele. E o Espírito é verdadeiramente Atemporal, Eterno e Não-Nascido.

O Upanixade *Ishavasya* diz: "Todo aquele que negligencia o Espírito, vai para as regiões da escuridão total." O que realmente significa negligenciar o Espírito? O Espírito obviamente é negligenciado quando no processo do vir-a-ser perde-se o toque vital e vívido do Ser, onde riquezas quantitativas são acumuladas com um completo esquecimento da qualidade das coisas. Quando isso ocorre, o processo do vir-a-ser naturalmente nos conduz para as regiões da escuridão total.

Mas como é dito que na Aceitação do que é dado que descobrimos o Espírito – a Qualidade das Coisas – então a questão é o que é Aceitação – como se faz isso – e o que é Espírito ou Qualidade das coisas?

O Quarto e o Quinto verso do Upanixade *Ishavasya* dão uma vívida descrição do Espírito, cuja negligência conduz o homem às regiões da escuridão total. Esses versos dizem:

O Espírito, sem se mover, é mais rápido do que a Mente;
Os sentidos não O podem alcançar; ELE está sempre além deles.
Estando imóvel, ELE ultrapassa aqueles que correm.
ELE se move. ELE não se move,
ELE está distante e ELE está próximo,
ELE está dentro de tudo,
E ELE está fora de tudo.

Aqui nos deparamos com os grandes paradoxos dos Upanixades. Como pode o Espírito ser movente e imóvel? Se Ele está imóvel, como pode alcançar aqueles que correm? Como pode estar ao mesmo tempo distante e próximo? Se somarmos todos os atributos do Espírito, o resultado seria Nada. Com os opostos cancelando um ao outro, o Espírito de fato aparece como Nada e, portanto, a Qualidade realmente é Nada. E não é verdade isso? Afirmamos acima que a Qualidade é indivisível. Certamente apenas o Nada é que é indivisível, pois algo pode ser dividido. Algo é divisível e, portanto, deve sofrer diminuição quando alguma coisa lhe é tirada. Algo está sujeito às flutuações de "mais" ou "menos", mas como pode haver qualquer flutuação em Nada? O Nada permanece Nada sob quaisquer circunstâncias. E, contudo, sem a presença do Nada, toda a manifestação deve parecer morta e destituída de propósito. Sem esse Nada, toda existência deve parecer um "mal monstruoso, que se move impetuosamente para uma desorientação interminável." Os Upanixades se ocupam realmente com o Mistério do Nada. Pode-se perguntar então: O Upanixade *Ishavasya* nos leva para mais perto do desvelamento desse Grande Mistério?

Falando sobre o Espírito, o Upanixade *Ishavasya* diz que ELE é incorpóreo, ELE é invulnerável e ELE é incorruptível. Incorpóreo certamente ele é, pois ELE é não-nascido e imanifesto.

Incorpóreo ELE deve ser, pois enquanto ELE contém todas as formas – nenhuma forma O contém – e, portanto, ELE permanece sem forma em sua verdadeira e intrínseca natureza. Embora imanente nas formas, ELE permanece supremamente transcendente. Mas por que o Upanixade *Isha-vasya* O descreve como invulnerável? O invulnerável, certamente, é algo que não pode ser atacado, algo que desafia todos os ataques, algo que jamais pode ser ferido. Pois bem, o que é inatacável? Para atacar algo, é preciso agarrar e prender essa coisa. Uma coisa pode ser atacada somente quando é claramente definida, em outras palavras, quando existe no Tempo e no Espaço. A menos que uma coisa esteja confinada em uma armação, seja uma armação mental ou material, ela evade daquilo que a quer agarrar. O Espírito ou a Realidade é sempre incapturável, pois é intangível, fora do alcance dos sentidos e da mente. E o Intangível é sempre invulnerável, não porque esteja cercado por fortes muros de defesa. O Intangível não é invisível, oculto atrás de véus sutis da manifestação. O Intangível está exposto e indefeso e, contudo, ELE é invulnerável. O Intangível é frágil e, contudo, forte. Sua força advém do fato de que Ele jamais pode ser possuído. E é isso que O torna incorruptível. Não é preciso dizer que é a posse que corrompe, tanto o possuidor como o que é possuído. O possuidor é corrompido porque se torna insensível pelo próprio ato da posse, mas o que é possuído também se torna corrupto porque a posse é possível somente quando isolamos algo de seu contexto vivo. E aquilo que é arrancado de seu contexto vivo está fadado a ser corrompido, pois está morto e, portanto, se decompõe. Assim, e Realidade ou *Brahman*, ou a Qualidade das coisas, é para sempre Intangível. Mesmo quando a Forma é dividida, ela permanece Inteira. O Intangível é a intimação do sem Forma na Forma, do Imanifesto no Manifesto, do Transcendente no Imanente. O oitavo verso do Upanixade *Ishavasya* diz:

> *O Espírito é incorpóreo e invulnerável, puro e intocado pelo mal. É sábio, inteligente, abarcante e auto-existente. Ele distribuiu objetos apropriadamente através dos anos eternos.*

A última frase do verso acima parece muito estranha e mistificadora. Ela diz que o Espírito "distribuiu objetos apropriadamente através dos anos eternos." O que significa isso? Obviamente aqui a referência é ao Transcendente expressando a Si mesmo no Imanente. E o verso diz que, no processo, O Espírito distribuiu objetos apropriadamente. Isso indica que cada objeto está ocupando seu devido lugar, em outras palavras, cada objeto está ocupando sua posição única na esfera da imanência. Cada objeto está tão apropriadamente distribuído que pode agir com sua própria qualidade distinta e única. Não é preciso dizer que o Transcendente é o Todo, enquanto que o

Imanente é constituído das Partes. Quando o Todo distribui as Partes, cada Parte ocupa seu lugar devido e apropriado. O verso de abertura do Upanixade *Ishavasya* diz *tena tyaktena bhunjitha,* que obviamente significa: desfrutar o lugar apropriado que lhe é dado porque ele representa a qualidade distinta e única daquela unidade da vida. Quando a unidade da vida age de seu próprio lugar, não há tristeza nem frustração; na verdade, aquela unidade de vida pode esperar viver cem anos se medo de se envolver no cativeiro da ação.

Mas não desfrutamos o lugar apropriado que nos é dado, cobiçamos a riqueza do outro. Por quê? Porque não vemos a apropriação do lugar que nos é designado, não temos ciência da Qualidade de nosso Ser. É óbvio que essa apropriação não pode ser descoberta através da análise e dissecação da Parte, pode ser descoberta somente quando há a Visão do Todo. E o Espírito é o Todo e, portanto, devemos olhar para a Parte com os olhos do Espírito. É aos olhos do Espírito que as Partes parecem ocupar os lugares apropriados. Somente quando formos capazes de ver assim é que será possível desfrutarmos aquilo que nos é designado sem cobiçar a riqueza do outro. Isso é verdadeiramente *Aparigraha* ou não-possessividade. Mas a questão é: como perceber com os olhos do Espírito?

No oitavo verso do Upanixade *Ishavasya* citado acima, há uma indicação de como podemos ver com os olhos do espírito. Tal visão não é obviamente uma abordagem conceitual. Não se chega a ela pensando ou imaginando. Não é uma questão de formar uma idéia de como o Espírito olha para Sua própria criação. Saber como perceber com os olhos do Espírito é chegar a uma comunhão com o Espírito. Somente no ato da comunhão é que podemos saber como o Espírito olha para sua própria criação. Como podemos chegar à comunhão?

O oitavo verso do Upanixade *Ishavasya* diz que o Espírito é *Svayambhu* – autocriado. Isso mostra que o Espírito não é produto de opostos, mas vem à existência por Si mesmo. Ele é, portanto, Original, e não o produto resultante de forças opostas. E, portanto, o Espírito ou *Brahman* pode ser conhecido somente em um estado de originalidade. Ele não pode ser encontrado no campo dos opostos, mas tão somente em uma condição de originalidade. O original é Único ou Incomparável. *Brahman* é muitas vezes descrito como o Único sem Segundo. E, portanto, somente ao compreender o único e o incomparável é que chegamos à experiência de *Brahman*. *Brahman* reside em sua Criação, mas somente como o Único, o Incomparável, o Original. Mas como podemos ver o Único e o Original? É aqui que a descrição do Espírito ou *Brahman* dada nos versos acima comprova ter inestimável valor. O verso descreve o Espírito como *Kavi* ou Vidente, como *Manishi* ou Pensador e como *Paribhu* ou que a tudo Permeia. Nessa descrição nos é dada uma indicação de como podemos chegar à experiência de *Svayambhut* ou o Original – como podemos chegar à comunhão com o Único e o Incomparável.

O verso acima diz que o Espírito é *Paribhu,* significando o que a tudo Permeia ou Abarca. Ora, qual é a precondição para tudo permear ou abarcar? Certamente é a Imensidão do espaço. O Original pode nascer somente em um solo virgem. Só no imenso vazio é que o único e incomparável pode nascer. Somente na consciência que tem o espaço infinito é que pode ocorrer o nascimento de *Brahman,* o *Svayambhu,* o Original. O único e o original não podem ser experienciados por uma consciência que não tem espaço. Somente o *Paribhu* conhece a chegada de *Svayambhu.*

Mas o que se quer dizer com criar Espaço na consciência? E como isso é feito? O Espaço na consciência é na verdade o estado do Amor. E a criação somente é possível em um estado de Amor. Mas o estado de amor é uma condição de virgindade, de total vazio. Pois bem, uma consciência que está sujeita a modificações não tem espaço em si. As modificações surgem por causa do jogo dos opostos. Mas como pode haver Amor onde existe oposto ou dualidade? Portanto, *Paribhu* é uma condição onde opostos foram suprimidos e, por isso, há espaço claro e aberto – espaço não interrompido por objetos, espaço sem qualquer objeto. O que permeia, o que abarca, é possível somente nesse espaço. Mas como podemos chegar a essa experiência da imensidão do espaço? Temos que lembrar que o solo virgem não é morto, é tremendamente vivo e, entretanto, nada possui. No verso acima, embora *Paribhu* indique o Vazio do solo, as duas outras descrições sugerem-nos a vida do solo. O solo deve ter sido transformado em algo vivo, pois sem isso, seu vazio seria totalmente estéril. E, como pode o solo estéril gerar algo que é Original e Único? Desse modo, a consciência, antes de chegar à Imensidão do Espaço, deve ter sido transformada em uma realidade viva. Viva e, ainda assim, vazia, porque só uma tal consciência pode conhecer o Original e o Único, somente ela pode comungar com *Brahman,* o *Svayambhu.*

Precisamos lembrar que o vazio do espaço não pode ser criado. O espaço que é criado é sempre um espaço com Objeto. O espaço sem um objeto vem à existência, ele não pode ser trazido à existência. A questão é: como ele vem à existência? É muito interessante observar que o solo que é vivo está sempre vazio, pronto para uma nova criação. O que pode produzir um solo vivo sempre produz algo fresco e vital. Tal é realmente o caso do solo da consciência humana. Ele deve ser mantido vivo, e essa qualidade viva em si irá criar a imensidão do espaço, uma virgindade de solo, na qual o Original e o Único podem nascer. A questão é: como a consciência humana pode ser mantida viva?

O verso do Upanixade *Ishavasya* diz que o Espírito ou *Brahman* é *Kavi* e *Manishi* – o vidente e o pensador. Vimos que *Brahman* sendo *Svayambhu* é Original e Único. E, portanto, ao comungar com o Único, o homem de fato chega à comunhão com *Brahman*. Mas tal comunhão é possível somente quando há imensidão de espaço na consciência humana. Pois bem, só a consciência que está viva pode manifestar essa imensidão de espaço. E a consciência que está viva contém os fatores indicados por *Kavi* e *Manishi*. *Kavi* é realmente um Vidente, mas não um vidente no sentido de um observador somente. *Kavi* vê com a sensibilidade da percepção, ele vê todo seu ser – há uma paixão – uma intensidade de emoção em sua percepção. *Kavi* vê muitas coisas que um observador comum não consegue ver. A consciência de *Kavi* é sobrecarregada de emoção – vibra e pulsa de emoção. Essa intensidade de emoção – uma qualidade de paixão – é um dos fatores essenciais que tornam o ser humano vivo. *Kavi* é um Vidente, mas não um vidente desinteressado – é um vidente cuja própria observação é sobrecarregada de tremenda vitalidade nascida de uma intensidade de emoção. E, contudo, o Espírito é também um *Manishi* – um pensador com extraordinário brilho e clareza. Uma clareza que pode perceber o jogo dos opostos e nesse mesmo jogo ver o cancelamento dos opostos e, portanto, chegar a uma perfeita negatividade de consciência. Uma clareza intelectual precisa chegar a um ponto de perfeita negatividade. Mas essa negatividade não deve ser confundida com passividade. A negatividade nasce da coexistência de uma intensidade de emoção e uma clareza de pensamento. É verdade que a clareza de pensamento leva a mente a uma experiência de total negação, mas essa negação é vibrante, com uma intensidade de emoção. A vitalidade de um vidente e a clareza de um *Manishi* que tornam a consciência humana viva e, contudo, vazia. O vazio de tal consciência não deve ser confundido com esterilidade. Essa intensidade de emoção, clareza de pensamento e imensidão de espaço constituem um estado da consciência humana no qual é possível uma comunhão com o Original, o Único, O Incomparável.

O estado de consciência indicado por *Kavi*, o *Manishi* e o *Paribhu* é realmente o estado onde o *Svayambhu* é percebido. E perceber o *Svayambhu,* o Único e o Original, é olhar para o mundo da Imanência com os olhos do Espírito. E quando isso é feito, compreendemos a adequação de todas as coisas, descobrimos a qualidade das Coisas, e só nesta descoberta é possível chegarmos à experiência de *tena tyaktena bhunjitha*.

O ponto crucial do problema conforme o colocou o Upanixade é ter Clareza no meio da Intensidade. Podemos ter clareza de pensamento, mas tal clareza é muitas vezes não-inspirada, manifestando impersonalidade desinteressada. Analogamente, podemos ter uma intensidade de emoção mas, uma vez mais, essa é muitas vezes associada com visão nebulosa e um pensamento confuso. Ter clareza e intensidade ao mesmo tempo – não uma após a outra – isso constitui realmente um estado onde a consciência humana é viva e contudo vazia. Um homem deve ser um *Kavi* e um *Manishi* ao mesmo tempo, pois somente então sua consciência terá aquela virgindade na qual uma criação nova e original é possível. Somente o Único pode conhecer o único, pois apenas o Solitário pode comungar com o Solitário. O Upanixade *Ishavasya* coloca essa mesma questão ainda em outra forma nos versos subseqüentes. Ele diz:

Em profunda escuridão caem aqueles que seguem a ação. Em profunda escuridão caem aqueles que seguem o conhecimento.

Na experiência normal do homem, Ação e Conhecimento ocorrem um após o outro, não simultaneamente. Há sempre uma brecha entre os dois. É essa brecha que traz escuridão e desolação para a vida do indivíduo. A ação que não é inspirada pelo conhecimento é mera atividade. É uma mera *Upasana,* uma prática sem sentido. Analogamente, o conhecimento destituído do toque vitalizador da ação é um conhecimento sem inspiração. O verso acima diz que a mera ideação conduz a uma escuridão ainda maior. Um conhecimento ideacional, assim como a atividade repetitiva, são ambos sem sentido. Conduzem uma pessoa ao reino dos falsos valores. É a brecha entre os dois que torna ambos ineficazes. Na chamada vida espiritual há sempre um esforço para cobrir o abismo entre a Crença e o Comportamento. Mas tal esforço exaure o indivíduo, porque a ponte nunca é completada e jamais poderá ser. Temos que lembrar que quando buscamos transformar uma Crença em Comportamento, a tentativa é de construir uma ponte entre dois pontos, um dos quais é fixo e outro em constante movimento. Uma Crença constitui-se em um ponto fixo, mas o Comportamento que está relacionado com a vida está sujeito a constante fluxo, porque a vida em si está em constante fluxo. Como pode uma tal ponte ser construída? Uma Crença representa conhecimento ideacional; e o Comportamento tende a se tornar atividade repetitiva. Nenhum dos dois pode conduzir o homem à iluminação. É a esse misterioso problema que Upanixade *Ishavasya* se refere quando fala de ação que conduz à profunda escuridão e conhecimento que conduz a uma escuridão ainda maior. O que então deve ser feito? O Upanixade *Ishavasya* diz:

> *Aquele que conhece o conhecimento e a ação, com a ação vence a morte e com o conhecimento alcança a imortalidade.*

Aqui há uma óbvia referência à existência simultânea do Conhecimento e da Ação, de modo que não há contradição entre ambos. Em nossas experiências normais consideramos a ação como seguidora do pensamento. Há primeiro um pensamento-padrão e, então, lentamente, através de labor e esforço, buscamos criar um comportamento padrão em termos daquele pensamento. Consideramos o pensamento como sempre precedendo a ação. Mas esse processo pode ser revertido? Se pudesse, então haveria ação primeiro e o pensamento seria usado apenas como um meio de descrever a ação. A descrição pelo pensamento surgiria muito naturalmente. Quando uma pessoa descobre algo, daquela experiência surge uma expressão que é natural e simultânea. Não há brecha entre a experiência e a expressão, embora haja sempre uma brecha entre a crença e o comportamento. Uma ponte jamais pode ser construída entre o Pensamento e a Ação, mas entre a Ação e o Pensamento não há necessidade alguma de ponte. Se a ação pudesse preceder o pensamento, então todo o problema da frustrante luta entre o Preceito e a Prática seria eliminado. É isso que o verso acima do Upanixade *Ishavasya* se refere, pois ele diz: "com a ação ele vence a morte e com o conhecimento alcança a imortalidade". É um fato que o homem teme a morte e deseja vencê-la adquirindo conhecimento da imortalidade. Mas o Upanixade *Ishavasya* diz: "reverta o problema de modo que a ação venha antes e o pensamento siga depois". Ele diz: "primeiro MORRA e, a seguir, nessa experiência da morte, chegará o conhecimento da Imortalidade." O conhecimento da imortalidade nasce natural e espontaneamente, ele vem com o próprio despertar da experiência da morte.

Devemos notar que a precedência da Ação sobre o Pensamento não é uma defesa para a ação impensada. Uma ação impensada é uma ação impulsiva. É uma ação nascida do hábito ou instinto. Obviamente é uma ação nascida da inércia. Mas a precedência da Ação sobre o Pensamento é um estado no qual a ação ocorre quando o pensamento ainda nem mesmo nasceu. O verso acima do Upanixade *Ishavasya* fala da "derrota da morte" pela Ação. Não é preciso dizer que a Morte demanda uma ação total, pois não deixa nada para trás. Tal totalidade de ação é possível apenas quando a ação precede o pensamento. Onde o pensamento intervém, a ação está fadada a ser incompleta. O pensamento surge da experiência acumulada da mente. Sua existência depende, portanto, de manter essa experiência intacta. O rompimento dessa experiência significa o fim do próprio pensamento. E, portanto, a intervenção do pensamento em qualquer ação é para manter a continuidade da experiência. Assim, o pensamento restringe a ação e a mantém dentro dos confins da continuidade. Como pode uma ação que funciona dentro dos confins da continuidade vencer a morte que é uma experiência de descontinuidade? A morte é um fenômeno de descontinuidade. A vitória sobre a morte, portanto, requer uma ação livre das influências restritivas da continuidade. Tal ação é possível somente quando não há intervenção do pensamento. Onde a ação precede o pensamento, somente aí a experiência da morte ocorre. E dessa experiência da morte surge a compreensão da imortalidade. A experiência da morte e a compreensão da imortalidade não estão separadas no tempo, são instantâneas. A ação de conquistar a morte e o conhecimento da imortalidade são simultâneos, não ocorrem um após o outro. Esse é o fenômeno conjunto do *Kavi* e do *Manishi*. E de tal fenômeno conjunto surge *Paribhu* – o solo virgem no qual nasce o Único ou o Original.

Upanixade *Ishavasya* explica ainda mais essa idéia quando diz:

Imanência e Transcendência
Aquele que conhece conjuntamente esse par,
Com a imanência ele vence a morte
Com a transcendência alcança o imortal.

Conhecer a Imanência e a Transcendência como um fenômeno conjunto – isso é o que o Upanixade *Ishavasya* diz. Conhecer a continuidade e a descontinuidade simultaneamente – isso é o que indicam os versos acima. A continuidade é representada pela Imanência ou o Manifesto. A morte é a cessação do Manifesto. Onde o Manifesto é totalmente negado, aí chega a experiência da morte e, portanto, através da negação do Manifesto o homem vence a morte. Mas o momento em que o Manifesto é negado é também o momento em que a Transcendência é experimentada. É como a abertura de uma janela e a entrada do sol. Não há um intervalo entre as duas coisas. Na negação da continuidade a morte é vencida e ao entrar no reino da descontinuidade a Imortalidade é conhecida ou compreendida. Aqui não estamos fazendo referência a uma crença na imortalidade. Uma crença é um conceito – e um conceito funciona dentro dos confins da continuidade. E, portanto, um conceito de imortalidade indica um estado de incessante continuidade. A imortalidade não é uma interminável continuidade. Uma continuidade é um processo do tempo, mesmo que seja interminável, ainda é um processo do tempo. Pois bem, o tempo tem um começo e, portanto, um fim. E assim a imortalidade, quando é um produto do pensamento, está sujeita ao processo do tempo. Tal imortalidade tem um fim, mesmo que o fim possa estar distante em termos de tempo. Mas uma imortalidade que tenha um fim não é imortalidade alguma. Falar em fim com referência à imortalidade é cair em contradição. Mas tal contradição é inevitável enquanto pensarmos em imortalidade como uma continuidade interminável. A imortalidade não pode ser conhecida através do pensamento conceitual. Somente quando todos os conceitos terminam é que a imortalidade pode ser conhecida. E o fim de todos os conceitos é morte – a cessação do imanente ou manifesto. A imortalidade reside no reino da Transcendência, o reino do imanifesto. A imortalidade não é do tempo – é a experiência da atemporalidade. A conquista da morte se encontra no imanente, pois ela chega somente quando o manifesto é negado, mas o conhecimento da imortalidade está na transcendência, pois ele vem quando o homem sai do tempo e entra na região do Atemporal. A experiência da morte e o conhecimento da Imortalidade são simultâneos, pois é na morte e tão somente aí que o homem pode conhecer a Imortalidade. O Upanixade *Ishavasya* diz: que haja uma completa negação do manifesto, que sejam retirados os véus da imanência, pois quando os véus do manifesto são rasgados, então aparece diante do homem o Espírito em toda Sua glória.

O Upanixade *Ishavasya* quase conclui com essa grande e inspiradora idéia, pois diz em seu verso número quinze:

A face do Real está coberta
Com um véu dourado
Que tu Oh Pushan *descubras*
Que eu, devotado à verdade, possa ver.

De acordo com o verso acima, a experiência espiritual é um processo de descoberta. A Verdade ou Realidade foi encoberta. Existe véu após véu de manifestação cobrindo a Face da Verdade. *Brahman* ou a Realidade está na nossa frente, mas não podemos vê-La porque uma tela está enconbrindo-A. Ao remover o véu, que é um processo negativo, vem a experiência intensamente positiva da percepção direta da Face de *Brahman*. E, por estranho que pareça, a Realidade está coberta com um véu dourado. O véu dourado tanto nos fascina e atrai que não estamos dispostos a removê-lo. Mas quem colocou esse véu dourado sobre a Face da Verdade? O véu foi na verdade lançado pelo pensamento, e o pensamento o teceu com o belo material que lhe foi suprido por sua própria experiência acumulada. O pensamento naturalmente lançou mão do melhor material disponível, ele crivou o véu com ouro e prata, com todas as jóias que pôde encontrar em seu próprio depósito de riquezas. Mas o véu do pensamento precisa ser feito com material trazido do reino da continuidade. É essa tela de continuidade lançada pelo pensamento que oculta a face do Real que é para sempre Atemporal e, portanto, está fora do curso de continuidade da mente. Quando o véu das projeções da mente é removido, então aparece em toda sua majestade o Espírito Supremo.

Quando o Espírito ou *Brahman* é visto, todo objeto do mundo manifestado não brilha com uma nova luz? Quando a Luz da Realidade brilha, a Qualidade de cada objeto é revelada. E quando isso acontece, o homem grita com grande júbilo e diz para si mesmo – *tena tyaktena bhunjitha, ma gridhah kasyasvid dhanam*. Desfrute o que é dado a você, não cobice a riqueza do outro.

*Upanixade
Kena*

II

A Noite Silenciosa

Os Upanixades representam uma investigação – uma profunda investigação – da mente humana sobre os problemas fundamentais da existência. Seguem o método do discurso e da discussão no qual o Instrutor e o estudante exploram juntos os temas da investigação. Em nenhum lugar dos Upanixades o Instrutor fala com um ar definitivo, ele encoraja seus alunos para que façam tantas perguntas quanto possível, e quando as respostas são completamente satisfatórias, os estudantes não deixam de fazer mais perguntas para clarear pontos da investigação. A menos que compreendamos esse íntimo relacionamento entre o Instrutor e o estudante, não entraremos no espírito do ensinamento upanixádico. Um estado de investigação constitui uma condição saudável da mente humana. Mas aqui precisamos fazer uma distinção entre investigação e curiosidade. Não é preciso dizer que a curiosidade surge de uma mente superficial. A investigação, por outro lado, emerge das profundezas da consciência humana. Uma investigação profunda se ocupa fundamentalmente com três questões: Como, Porque, e O quê. Toda investigação científica, seja cobrindo as ciências físicas ou ocultas, relaciona-se com a questão: Como. A ciência se preocupa o tempo todo em descobrir como as coisas se comportam. A filosofia tem sua investigação voltada para uma direção diferente, pois está interessada em conhecer por que as coisas ocorrem de uma maneira particular. Mas o Misticismo, ou a experiência religiosa não se satisfaz meramente com o Como e o Porquê, ele quer descobrir O Que está por trás de todos os padrões e motivações do comportamento. No Upanixade *Kena*, a principal pergunta em discussão é: O que impele e motiva os modos e padrões particulares da ação?

Quem envia a mente a vagar na distância! Quem pela primeira vez conduz a vida para iniciar sua jornada? Quem nos impele a proferir essas palavras? Quem é o Espírito por trás do olho e do ouvido?

É muito significativo observar que a primeira questão trata da investigação do poder propulsor da mente devido ao qual ela viaja longe e perto. O questionador não está preocupado com o Como e o Porquê. Ele quer saber O Que é que impele o olho a ver e o ouvido a escutar. O Que é que impele a fala a falar e a mente a pensar. A resposta que o Instrutor dá é iluminadora. Sobre a força que impele ele diz:

É o Ouvido do Ouvido, O Olho do Olho, a Palavra das Palavras, a Mente da Mente e a Vida da Vida.

A declaração acima parece bastante estranha. O que significa ouvido do ouvido, olho do olho e mente da mente? O Instrutor aqui está tratando a questão da força propulsora e diz que é o ouvido do ouvido que impele o ouvido a ouvir, é o olho do olho que impele o olho a ver e é a mente da mente que impele a mente a pensar. Obviamente, há algo mais do que meramente o ouvido, o olho, a fala, ou a mente que impele esses órgãos a desempenhar suas respectivas funções. Evidentemente o Instrutor parece indicar que é a Qualidade do ouvir que impele o ouvido a ouvir, é a Qualidade da visão que impele o olho a perceber, é a Qualidade da Fala que impele a fala a articular, é a Qualidade do pensamento que impele a mente a pensar. A ciência física tem tentado desvelar o mistério da evolução seguindo um princípio por ela proposto, qual seja: o Órgão precede a Função. Mas a compreensão científica da evolução através da aplicação desse princípio a levou para um beco escuro. Os Upanixades propõem um princípio surpreendente, oferecido no verso acima, que diz que é a Função que precede o Órgão. É a função que impele o órgão. A função pode e traz à existência uma variedade de órgãos. Toda a base da evolução estrutural repousa no poder propulsor da função. A função busca criar instrumentos de expressão cada vez mais refinados e é isso que jaz na raiz da evolução das formas, que a ciência estuda tão diligentemente. Onde reside essa função? Ela se expressa através do órgão e, ainda assim, está por trás do órgão. Cientista algum pode encontrar a Qualidade do ouvido dissecando o ar. O mesmo é o caso com relação a outros órgãos. No verso acima, o ouvido do ouvido e o olho do olho obviamente significam a Qualidade do ouvir e a qualidade da visão.

Mais uma vez, a fala não é apenas uma coleção de palavras. Se fosse meramente uma coleção de palavras, a fala nunca se tornaria inteligente. Há uma Qualidade que confere "vida" às palavras, assim como há uma Qualidade que dá aos pensamentos aquele fator que os torna vivos. O verso acima diz que essa força propulsora é a Vida da Vida. Há uma diferença entre vida e mera existência. Aquilo que transforma a existência em vida é a Qualidade do viver. É a presença dessa Qualidade que torna tudo vivo. É óbvio que um estudo da gramática não pode suprir significados a serem expressos em palavras. O estudo da gramática pode capacitar uma pessoa a dissecar e analisar um poema no que tange aos vários termos gramaticais, mas um poema não é somente gramática. A beleza de um poema está na qualidade viva que foi transmitida em palavras. Isso é a Qualidade de um poema. Assim, é a Qualidade das Coisas que constitui a força propulsora por trás de tudo que é manifesto. Os Upanixades descrevem essa Qualidade como o Espírito. Mas a questão é: como pode ser conhecido esse Espírito ou a Qualidade das Coisas? O terceiro verso do Upanixade *Kena* diz:

> Ali o olho não vai, nem as palavras, nem a mente. Não conhecemos, não podemos compreender – como podemos então explicar o que ISSO é?

A Qualidade do ouvir, ver ou pensar não pode ser explicada em termos do ouvido, do olho e da mente, pois a Qualidade não pode ser descoberta dissecando o órgão. Não se chega à qualidade separando e examinando cada parte minuciosamente. Embora a parte se torne viva pelo toque da Qualidade, a Qualidade não pode ser comprometida pela análise da parte.

O Instrutor do Upanixade *Kena* diz que esse Espírito ou Qualidade está acima do conhecido e está também acima do Desconhecido. O Instrutor diz que o Espírito está acima do conhecido. Aquilo que é conhecido é o produto conceitual da mente. E um pensamento é a cristalização do pensar. Não esqueçamos que é o pensar que tem uma qualidade fluente e viva. Um pensamento permanece isolado da qualidade viva do pensar. E, portanto, enquanto é uma estrutura – pode ser uma bela estrutura – não tem a qualidade da vida em si. Um pensamento obviamente é algo sem vida, como pode o Espírito – a Qualidade das coisas – ser conhecido por algo que é destituído de vida? O Espírito não pode ser conhecido pelo pensamento. A mente que declara algo como "Desconhecido" faz isso apenas através do instrumento do pensamento. O conhecido e o desconhecido são apenas rótulos do pensamento. E, portanto, o Instrutor do Upanixade *Kena* diz que o Espírito não pode ser compreendido pelo pensamento, não importa que o pensamento O chame de conhecido ou de desconhecido. O pensamento não O pode descrever, seja em termos positivos ou não-positivos. O Conhecido e o Desconhecido são apenas os opostos do pensamento. O Espírito não pode ser contido pelos opostos enquanto a mente reconhecer algo como Desconhecido, enquanto o desconhecido for apenas outra forma do conhecido. Conhecido e desconhecido são meras verbalizações da mente. O Instrutor do Upanixade *Kena* diz que a consciência humana, através de seu próprio esforço, não pode conhecer o Espírito. Essa limitação da consciência humana foi expressa muito belamente nos seguintes versos do Upanixade:

> *O que não pode ser expresso em palavras, mas pelo qual as palavras são faladas, saibam que somente isso é* Brahman, *o Espírito – e não o que as pessoas aqui adoram.*
>
> *O que não pode ser pensado com a mente, mas pelo qual a mente pode pensar, saibam que somente isso é* Brahman, *o Espírito – e não o que as pessoas aqui adoram.*
>
> *O que não pode ser visto com o olho, mas pelo qual o olho pode ver, saibam que somente isso é* Brahman, *o Espírito – e não o que as pessoas aqui adoram.*
>
> *O que não pode ser ouvido pelo ouvido, mas pelo qual o ouvido pode ouvir, saibam que somente isso é* Brahman, *o Espírito – e não o que as pessoas aqui adoram.*

Os versos acima nos dizem que enquanto o Espírito contém o ouvido, o olho, a fala e a mente, esses não podem conter o Espírito. Enquanto o Espírito é imanente no órgão, ELE é ao mesmo tempo transcendente. Se o Espírito não fosse imanente no órgão, o órgão seria morto, cessaria de funcionar. E, contudo, o Espírito é transcendente – ELE não é exaurido pelo órgão – de modo algum, ele nem mesmo sofre qualquer diminuição por ser imanente no órgão!

O sol envia seus milhões de raios para iluminar os cantos escuros de todo o Sistema Solar e, contudo, ele não deixa seu lugar, nem se torna menos do que é por ter enviado esses raios. Todas as coisas no Sistema Solar são sustentadas por causa da imanência do sol – morreriam se o sol recolhesse sua imanência. E, contudo, como pode a folha de grama, que existe por causa do sol, conhecer a natureza do sol? Embora a grama exista por causa do sol, ela não pode compreender a natureza DAQUILO pelo qual é o instrumento, pelo qual ela existe. É verdade que os órgãos funcionam por causa do Espírito, mas como podem os órgãos conhecer aquele Espírito? Afinal, qual é o instrumento pelo qual os órgãos conhecem todas as coisas? Obviamente, através de seus próprios instrumentos funcionais. O ouvido pode conhecer através de sua função de ouvir. Sem dúvida, essa função pode ser refinada e tornada sensível. Mas, afinal, o que fará esse ouvir refinado? Ele pode tornar o ouvido ciente de muitas oitavas de som, pode conhecer a estrutura do som em uma variedade de aspectos. Mas a extensão infinita de oitavas não pode trazer o ouvido para mais perto de compreender a própria qualidade da audição em si. Ele pode refinar sua audição, mas não pode conhecer o que é a audição em si. A mente pode refinar a estrutura do pensamento, mas como pode a mente conhecer a qualidade essencial do pensamento? A mente pode conhecer o que é o pensamento, mas não pode saber o que é pensar. A qualidade do pensar não pode ser captada no processo do pensamento pelo qual funciona. Pensar é um fluxo, como pode ele ser captado no pensamento que é estático? Assim, a faculdade funcional do órgão não pode dar uma compreensão do Espírito, tal é o ensinamento do Upanixade *Kena*, como indicam os versos acima. A questão então é: o Espírito não é conhecível. É verdade que o Espírito está acima do conhecido e do desconhecido – mas ELE pode ser compreendido? Ou ELE permanece não conhecível pelo homem?

Os versos acima do Upanixade dizem que *Brahman* ou o Espírito permanece intangível para as faculdades funcionais do órgão. Pois os versos dizem que *Brahman* ou Espírito não é o que as pessoas aqui adoram. O que o homem adora é o que ele captou com suas faculdades funcionais. Ele adora o Imanente, mas esquece que o Espírito não pode ser contido na estrutura do Imanente. Aquilo que torna o Imanente vivo é o Transcendente, mas o Transcendente não pode ser captado. ELE foge de todas as formas, escapa do alcance de todas as faculdades funcionais, sejam elas do corpo ou da mente. O Espírito permanece supremamente Intangível, mas isso significa que ELE não é conhecível?

A segunda parte do Upanixade começa com essa investigação, pois em seu verso de abertura o Instrutor diz:

> *Se você pensa "Eu conheço bem* Brahman*", então, certamente, você conhece tão somente um pouco de SUA natureza; você conhece apenas SUA natureza condicionada pelo homem ou pelos deuses. Portanto,* Brahman, *mesmo agora, é digno de sua investigação.*

O Upanixade *Kena* diz que um homem que afirma conhecer bem *Brahman* é vítima das ilusões de sua mente. Pois aquele que diz que conhece bem *Brahman* fala apenas do conhecimento conceitual. É um conhecimento condicionado pela experiência da mente. Mesmo o conhecimento dos deuses deve ser entendido como conhecimento reunido através de meios superfísicos. O Instrutor diz que onde o conhecimento de *Brahman* é adquirido através de processos normais de mentalização ou de meios superfísicos – todo esse conhecimento é parcial. Ele trata somente com as expressões de *Brahman*, e não com *Brahman* em Si. Certamente, todas as especulações a respeito do Todo baseadas no conhecimento das partes são enganadoras. Não se chega ao Todo simplesmente através da adição das partes. O Todo é maior do que a soma das partes – e este "algo" que torna o Todo maior está fadado a ser perdido em todas as especulações, mesmo que a especulação possa ser matematicamente precisa. É esse "algo" que escapa dos cálculos matemáticos, que é mais relevante para a compreensão da natureza de *Brahman*. Aqui uma questão pode surgir: o conhecimento das partes tem algum valor para a compreensão da natureza de *Brahman*? Se assim for, qual é seu valor? O homem não começa por entender as partes? O que ele vê primeiro são as partes – o Todo lhe é desconhecido. Ele não vem ao Desconhecido através do portal do conhecido? Se é assim, qual deve ser a natureza dessa investigação?

Até aqui, no Upanixade *Kena* estamos testemunhando uma conversação entre o Instrutor e o discípulo. O discípulo está ponderando sobre as instruções do Instrutor, e com suas reflexões chega a uma verdade muito significativa, que ele expressa no seguinte verso.

Não penso que conheço bem *Brahman*, nem penso que não O conheço. Aquele dentre nós que conhece o significado de "nem conheço, nem não conheço" – conhece *Brahman*.

O Discípulo diz que não pode declarar que não conhece *Brahman* de modo algum e, contudo, ele não pode reivindicar que conhece *Brahman*. Ele diz que nem conhece nem não conhece. Conhecer e, ainda assim, não conhecer, somente nesse estado é que *Brahman* pode ser conhecido. O que o discípulo conhecia a respeito de *Brahman*? Conhecia o aspecto manifestado de *Brahman*, e manifestação consiste de uma totalidade feita de partes. Tendo examinado parte por parte, o discípulo era capaz de dizer que embora ele não conhecesse bem *Brahman*, ele conhecia algo a SEU respeito, aquele aspecto de *Brahman* revelado na manifestação. Mas tal conhecimento deixa mais coisas não-explicadas do que realmente explica. O Manifesto não pode explicar a si mesmo, salvo à luz do Imanifesto. É o Imanifesto que possui a chave do mistério do Manifesto. É verdade que podemos conhecer a respeito do comportamento do Manifesto, mas esse comportamento invariavelmente mostra certas tendências para as quais não há explicação no reino do Manifesto. Isso não acontece até mesmo nos relacionamentos humanos comuns? Podemos ter testemunhado o comportamento de um amigo a quem queremos bem por muitos anos. Baseando-nos nesse comportamento podemos dizer que conhecemos nosso amigo. E, contudo, nosso amigo muitas vezes exibe tendências tais de comportamento que estão completamente fora do alcance da previsibilidade. Com base no conhecimento do comportamento, que se deu por vários anos, poderíamos predizer todos os aspectos da conduta de nosso amigo, e isso também com segurança. Mas não é esse o caso. A despeito de todo nosso conhecimento, nosso amigo permanece imprevisível. Certamente, não há explicação para essa imprevisibilidade na esfera do conhecimento que temos. Sua explicação se encontra em algum outro lugar. E, portanto, podemos dizer, com relação a nosso amigo, que o conhecemos e, contudo, não o conhecemos. Podemos dizer com o Upanixade *Kena* que "nem conheço, nem desconheço". Conhecer o que o conhecimento explica e conhecer também o que o conhecimento não explica – esse é o estado mais elevado de conhecimento até onde a mente pode ir. Ele mostra as limitações do conhecimento positivo da mente. No verso acima, o discípulo diz que aquele que conhece o significado de "nem conheço nem desconheço" chega à compreensão de *Brahman*. Ter em nossa consciência a coexistência do conhecer e do desconhecer é trazer essa consciência ao mais elevado estado de receptividade. A abertura de mente consiste na existência simultânea do conhecer e do desconhecer. Quando o conhecer e o desconhecer existem simultaneamente, então surge espontaneamente um intervalo entre o Conhecedor e o Conhecido. Usualmente, esse intervalo é coberto pela mente com suas projeções. Mas quando, tendo conhecido, a mente declara que não conhece, então o intervalo permanece descoberto, porque a mente nada tem com que o cobrir. É nesse intervalo entre o Conhecedor e o Conhecido, em que cessou o processo do conhecimento, que ocorre aquilo que podemos descrever somente com a palavra – Milagre. Até aqui o processo do conhecimento emanou do Conhecedor, mas agora, nesse intervalo, é o Conhecido que comunica o que ELE é para o Conhecedor. Mas isso só pode ocorrer quando cessar o processo do conhecimento que emana do conhecedor, de modo que o intervalo não seja coberto por qualquer projeção do conhecedor. Pode ocorrer somente quando o conhecedor é totalmente negativo e, contudo, ciente de que o conhecido transmite Seus segredos a ele. No verso acima o Upanixade *Kena* refere-se a esse intervalo – o espaço entre conhecer e desconhecer. O milagre que ocorre no intervalo foi belamente retratado no seguinte verso do Upanixade *Kena* que diz:

> *Aquele pelo qual* Brahman *não é conhecido, O conhece; mas aquele pelo qual ELE é conhecido, não O conhece. ELE não é conhecido por aqueles que O conhecem; ELE é conhecido por aqueles que não O conhecem.*

Devemos notar que a condição de desconhecimento não é um estado de inércia. A consciência de não conhecer surge no despertar de todo o conhecimento que a mente adquiriu. A mente que sabe o que é explicado, mas não é ciente daquilo que permaneceu inexplicável, é uma mente ignorante. Em tal mente surge a vaidade do falso conhecimento. Uma vez que aquilo que é explicado não pode jogar luz naquilo que permaneceu não-explicado, o homem de dito conhecimento é destituído de verdadeiro conhecimento. O verso acima diz – e acertadamente – que aquele que diz que conhece, não conhece, enquanto que aquele que diz que não conhece, realmente conhece, pois ele conhece a falsidade de seu próprio conhecimento. Tendo examinado o que é explicado e tendo se tornado consciente do que permaneceu inexplicável, o investigador declara que não conhece. Quando o inexplicável não pode ser proclamado em termos do explicado, então realmente o investigador, com toda honestidade, deve afirmar que de fato não conhece. A mente que pode declarar que não sabe está, por essa própria declaração, no limiar do conhecimento. A sabedoria inicia onde a mente se torna consciente da falsidade do conhecimento que adquiriu. A mente aberta é aquela que é consciente do que o conhecimento explicou e ao mesmo tempo ciente do que o conhecimento não explicou. Essa é uma mente sensível, pronta para receber até mesmo a sugestão mais sutil de *Brahman* – essa realmente é a mente que pode responder à Voz do Silêncio. O Upanixade *Kena* diz:

> Brahman *é conhecido no êxtase de um despertar que abre a porta da vida eterna. Com o Ser obtemos poder e com a sabedoria obtemos a Eternidade.*

O verso acima descreve a abertura da porta da vida eterna como um êxtase de um despertar. O Eterno não é perene e, portanto, o Eterno não está na esfera da continuidade representada pelo processo do tempo. O processo do tempo está no campo das operações da mente. Todo o conhecimento que a mente reúne está circunscrito por esse processo. Ele conhece as explicações dadas pelo processo do tempo com relação aos fenômenos da vida. Mas há muito mais na vida que permanece inexplicável em termos do processo do tempo. Sua explicação não pode ser encontrada ampliando a escala do tempo, pois, seja quanto for ampliada a escala do tempo, há "aquele algo" da vida que permanece inexplicável. Quando a consciência humana chega a esse intervalo entre o conhecimento e o não-conhecimento, então se abre diante dela a porta da vida interna. Ela deixou para trás o campo da continuidade da mente e está diante do grande Desconhecido da Descontinuidade. Ela deixou para trás o processo de continuidade do tempo e está face a face com a descontinuidade do atemporal. A porta da vida interna se abriu diante dela, mas tal abertura foi possível por causa do êxtase do despertar. O que é esse êxtase do despertar? A própria palavra êxtase significa um estado de ser além de nós mesmos. É um estado onde o homem sai de si. É uma condição de liberdade – liberdade do fardo das acumulações da mente. No intervalo entre o conhecimento e o desconhecimento, todo o fardo das acumulações da mente é descarregado, e o homem se torna simples e inocente. É essa simplicidade e inocência que cria um estado de êxtase – o homem está além de si, porque ele saiu de sua natureza adquirida, tendo recuperado seu estado espiritual natural. Por estar além de si, ele recebeu o que lhe cabe! E que maior poder pode haver para um homem do que receber o que lhe cabe – tendo vagado por outros reinos que não o seu próprio, ele chegou a seu próprio estado, onde se instala como o Soberano do Reino. Mas o homem chega à soberania de seu próprio reino somente quando está despojado das armadilhas de sua natureza adquirida. Ele se torna simples e é apenas ao simples que a sabedoria da vida eterna é outorgada. O seguinte verso do Upanixade *Kena* apresenta essa idéia de forma clara e poderosa:

> Brahman *chega ao pensamento daqueles que O conhecem como além do pensamento, não àqueles que imaginam que ELE pode ser alcançado pelo pensamento.* Brahman *é desconhecido ao erudito e conhecido pelo simples.*

O verso acima diz que *Brahman* não pode ser alcançado pela mente – ELE vem à mente. *Brahman* não é produto do pensamento – *Brahman* chega ao pensamento, mas somente àqueles que compreenderam as limitações do pensamento. Todas as tentativas da mente de compreender *Brahman* através de seu próprio processo de pensamento são infrutíferas. Todas as diversas acumulações da mente não têm valor para conhecer *Brahman*. O verso do Upanixade *Kena* diz que *Brahman* é desconhecido para o erudito. E quem são os eruditos? São aqueles com muitas posses. São aqueles que possuem muitas acumulações da mente – aquelas aquisições dos pensamentos que eles orgulhosamente exibem como suas estimadas posses. Eles se apegam rapidamente ao falso brilho que a mente colecionou com muita labuta, e consideram-se ricos, esquecendo que nem tudo é ouro! *Brahman* de fato é desconhecido para o erudito – ELE é conhecido apenas pelo simples. E os simples são aqueles que são livres do fardo das acumulações da mente. Somente o humilde herdará o reino de deus.

 Por estranho que pareça, nesse estágio do Upanixade *Kena* o Instrutor interrompe a profunda discussão metafísica que estava se travando até aqui para relatar uma estória a seu discípulo. Isso evidentemente parece ser uma digressão, mas não é, pois a própria estória leva adiante o tópico principal que está sendo discutido. O Instrutor conta a seu discípulo a estória da guerra entre deuses e demônios. Na mitologia hindu existem centenas de estórias que contam guerras entre deuses e demônios. É como se os deuses e demônios estivessem permanentemente em guerra. Isso não é estranho, pois eles representam os dois opostos da mente. E uma contínua operação de guerra entre os dois opostos é realmente a própria vida da mente. O Instrutor do Upanixade *Kena* relata uma estória sobre uma dessas guerras na qual os deuses triunfam sobre os demônios. A vitória subiu à cabeça dos deuses. Sentiram como se fossem todo-poderosos, pois não haviam triunfado sobre os demônios por sua própria proeza? Entretanto, O Espírito Supremo compreendeu que essa vaidade por parte dos deuses seria seu infortúnio e, portanto, decidiu esclarecê-los a respeito da real natureza das coisas. A estória diz que o Espírito Supremo assumiu uma forma magnífica e apareceu diante deles. Mas os deuses não puderam compreender quem era o Espírito Supremo. Eles, portanto, decidiram descobrir quem era Ele. Para isso, deram a missão a Agni, o Deus do Fogo. Quando Agni se aproximou do ser Supremo, esse perguntou quem ele era. Agni revelou sua identidade. O Espírito lhe perguntou que poder tinha ele, que o tinha tornado tão conhecido – e Agni disse que podia queimar toda e qualquer coisa que fosse colocada diante dele. O Espírito colocou diante dele uma folha seca de grama e pediu-lhe para queimá-la. Agni tentou com todo seu poder queimar a folha de grama seca, mas não conseguiu. Com a crista baixa, teve que tornar aos deuses, declarando que não conseguiu descobrir quem era o Ser Supremo.

Não desanimados por esse fracasso por parte de Agni, os deuses pediram a Vayu, o Senhor do Ar, que descobrisse a natureza do Grande Ser. Quando Vayu revelou sua identidade e declarou que podia varrer qualquer coisa sobre a terra, o Grande Ser colocou diante dele uma folha seca de grama e pediu-lhe para soprá-la para longe. Vayu se precipitou sobre a folha de grama com todo seu ardor mas não pôde sequer levantá-la do chão. Ele também retornou aos deuses dizendo que não conseguiu descobrir quem era o Ser Supremo.

Os deuses então pediram para Indra, dizendo: "Oh Maghavan, descubra quem é esse grande Ser". Indra se lançou com presteza na direção do Ser Supremo, mas o Espírito desapareceu completamente de sua vista e em Seu lugar apareceu uma mulher esplendidamente bela, altamente adornada. Era Uma. Indra perguntou-lhe quem era o Grande Espírito. E Uma respondeu: na verdade Ele era *Brahman*, O Espírito Supremo, sem cuja ajuda os deuses não teriam triunfado sobre os demônios.

Por que o Instrutor do Upanixade *Kena* relata essa estória a seu discípulo, que era bem versado em filosofia profunda? Qual é o significado dessa estória? Temos que lembrar que antes da estória começar chegamos a um ponto no Upanixade *Kena* em que o discípulo havia declarado que "*Brahman* chega ao pensamento daqueles que o conhecem além do pensamento, não àqueles que imaginam que Ele pode ser alcançado através do pensamento." A estória acima transmite exatamente essa idéia. Podemos perguntar: Como? A estória nos conta que os deuses queriam conhecer a natureza do Ser Supremo. Não devemos esquecer que os deuses representam a mente – os livros religiosos descrevem a Mente Superior em contraposição à Mente Inferior representada pelos demônios. Mesmo que os deuses possam ser descritos como simbolizando a mente superior, ainda assim eles fazem parte da mente com todas suas possibilidades e também com todas suas limitações. A estória diz que a parte superior da mente queria descobrir a natureza de *Brahman*. Como os deuses realizaram essa investigação? Enviaram primeiro Agni, o Senhor do Fogo. Mas o que é Agni? É fogo, que libera a energia que está latente em todos os seres. A energia latente é uma condição da inércia ou *tamas*. O fogo evoca essa energia que estava latente. Em outras palavras, o fogo desperta a mente de sua inércia. Ele libera a mente da estupefaciente influência de *tamas* – um dos fatores condicionantes da mente. E, portanto, a mente liberada dessa influência mortífera de *tamas* sai em busca da natureza de *Brahman*. Mas retorna de crista baixa, pois como pode a mente, ainda condicionada por outros fatores, chegar a compreender

Brahman? E, portanto, Vayu, o Senhor do Ar, parte em busca de *Brahman*. Vayu varre o céu com seu poder, pois é conhecido como um viajante do espaço. O que realmente significa um viajante do espaço? Aquele que viaja no espaço rápida e suavemente, pois se move sem qualquer atrito. É um movimento sem conflito. Nada há para impedir seu movimento e, portanto, sua energia não é desperdiçada em qualquer luta frustrante. Um dos fatores que condicionam a mente é chamado *rajas* ou atividade. Mas por que a atividade condiciona a mente? Porque ela é motivada pelo conflito. O atributo de *rajas* denota o processo de vir-a-ser da mente. Mas esse processo resulta intensamente frustrante, por causa das atrações e distrações. O movimento do vir-a-ser, motivado pelos desejos da mente é cercado de obstáculos e impedimentos. Vayu representa aquele movimento da mente que é livre de conflito e atrito. Isso mostra uma condição na qual a mente é libertada das influências de *rajas* – a mente é ativada, mas sua atividade é livre de conflito. E, portanto, quando Vayu sai em busca de *Brahman*, é a mente, libertada do fator condicionante de *rajas*, que empreende a jornada. Mas aqui, também, a mente retorna, pois mesmo que ela seja liberta de *tamas* e *rajas* – inércia e conflito – é ainda condicionada por *sattva*. É verdade que *sattva* é o estado mais elevado da mente; não obstante é um atributo pelo qual a mente é condicionada. É um condicionamento muito sutil – tão sutil que o homem nem mesmo percebe sua influência limitadora.

Em *tamas*, *rajas* e *sattva* estamos ocupados com os problemas da iniquidade, retidão e do farisaísmo respectivamente. *Tamas* é uma condição onde a mente é muito preguiçosa para diferenciar entre o certo e o errado. Nada é mais iníquo do que um estado confuso de mente. Em *rajas* há uma luta entre o certo e o errado. É uma luta da mente para estabelecer a supremacia do que ela considera como certo. *Sattva* representa uma solução temporária do conflito, e isso resulta em farisaísmo. Confere à mente um senso de poder, um senso de comando, um senso no qual ela sente que pode manter os dois opostos sob controle.

Na estória que estamos considerando, vimos que Agni e Vayu, representando a mente libertada de *tamas* e *rajas*, falharam em descobrir a natureza de *Brahman*. E, portanto, os deuses decidiram requisitar ao próprio Indra que fosse e descobrisse quem é o Ser Supremo. Indra é na verdade o deus dos deuses. Ele representa o mais elevado que a mente pode oferecer. Indra é o soberano dos deuses e preside seu reino que é o céu. *Sattva* é realmente o céu da mente – é um reino onde prevalece a harmonia. O céu é aquele estado em que, por um certo tempo, cessou o conflito dos opostos –

deliberadamente dizemos, por um certo tempo, porque de acordo com a tradição hindu o homem retorna à terra após uma estadia temporária no céu! Indra é o soberano desse estado celeste. Os deuses naturalmente dependem de Indra para trazer-lhes notícias da verdadeira natureza do Ser Supremo. A mente nada mais tem além disso a oferecer – se Indra falha, então certamente os deuses precisam reconciliar-se com a condição de não-conhecimento da natureza do Ser Supremo. Assim como Agni simboliza a libertação de *tamas*, assim como Vayu representa a libertação de *rajas*, assim também Indra indica aquela condição da mente em que ela é libertada de *sattva*. O fator limitador de *sattva* é o farisaísmo; aqui a mente se agarra às suas virtudes, suas realizações. A mente que é governada por *sattva* teme macular seus ditos mantos espirituais e, portanto, conquanto dê, o faz com reservas. A mente limitada pelo atributo de *sattva* não pode abandonar a si mesma e dar o que possui. Mas Indra simboliza um estado onde há generosidade sem qualquer reserva. O nome de Indra usado no Upanixade *Kena* é *Maghavan*. Esse próprio nome demonstra generosidade. Indra brande Vajra ou o raio como sua arma e é com isso, a partir do choque de nuvens opostas que ele atrai o raio para a terra seca para saciar sua sede. E, portanto, Indra representa uma mente que é liberta do fator limitador de *sattva*.

Mas a questão é: o que a mente, liberta de *tamas*, *rajas* e *sattva*, vê? Indra é capaz de descobrir a natureza de *Brahman*? A mente livre de todos seus três atributos é capaz de compreender a natureza do Espírito Supremo? Nossa estória conta que quando Indra se aproxima do Ser Supremo, Ele desaparece de sua vista. Nada havia lá, onde, um instante antes, o Ser Supremo estava sentado. E, logo, naquele Nada surge uma bela mulher, ricamente adornada, cujo nome era Uma. E foi ela que comunicou a Indra a natureza do Ser Supremo. O que significa isso? A mente que é liberta de todos seus atributos deve se defrontar frente a frente com Nada, pois todas suas projeções se desvanecem. Toda a criação da mente é dissolvida – a mente encara o Vazio. Se nesse estágio a mente chama a isso de vazio, se ela lhe dá um nome, então de uma maneira sutil a mente se emaranha outra vez com seus atributos. Indra viu Nada e então surgiu Uma naquele Nada. Se a mente projetasse algo naquele vazio, certamente então Uma não teria surgido. Mas quando todas as projeções da mente tiverem cessado, projeções não-somente através de *tamas* e *rajas*, mas também através de *sattva*, então naquele Nada surge de "algum lugar" uma mulher de beleza insuperável na forma de Uma.

Mas quem é Uma e por que ela aparece? Um dos significados da palavra Uma é Noite. Significa também tranqüilidade. A mente que é liberta de seus atributos se encontra face a face com a Noite Silenciosa. A noite representa um estado de indiferenciação. É durante o dia que as diferenciações são vistas. Quando a noite vem, há uma unidade silenciosa que se espraia – na escuridão da noite todas as multiplicidades se desvanecem. A mente liberta de todos seus atributos precisa enfrentar essa Noite do Vazio. A mente liberta até mesmo do atributo de *sattva* deve postar-se diante do silêncio total. Indra estava com medo desse Vazio Silencioso? Não estava, pois perguntou a Uma, a Noite, sobre a natureza do Ser Supremo.

É interessante notar que nesse Nada, causado pelo desaparecimento da forma do Ser Supremo, aparece uma mulher de esplêndida beleza. Por quê? É para indicar que a mente liberta de seus atributos enfrenta a Noite, mas não é uma noite temível. O desconhecido nunca é temível. Se a mente humana pode chegar frente a frente com o Desconhecido, não tem nenhum motivo para ter medo. Se as atrações do conhecido tiverem desaparecido completamente, então o Desconhecido surge na forma de Uma, a mulher de esplêndida beleza.

Mas mesmo aqui a questão pode surgir – por que Uma? Temos que recordar que Uma é a consorte de *Shiva*. A trindade hindu consiste de *Brahman*, *Vishnu* e *Shiva*. Nesta Trindade, *Shiva* é realmente um aspecto muito interessante. Pois, enquanto *Brahman* continua o Imanifesto – ele não é cultuado como uma deidade, exceto muito raramente – *Vishnu* simboliza o Manifesto. *Shiva* é a deidade que preside aquilo que pode ser chamado de um Intervalo entre o Manifesto e o Imanifesto. Ele é conhecido como o Destruidor. Ele é conhecido como o Senhor do Banco de Incineração, aquele que vive em um Crematório[1]. Ele está onde a continuidade do Manifesto termina e a descontinuidade do Imanifesto inicia. Ele é Único e venceu a Morte. Nas escrituras hindus há um mantra para aplacar o Senhor da Morte. Mas, nesse caso, a deidade que é adorada e cultuada é *Shiva* em Sua forma conhecida como *Tryambaka*. *Shiva* é que prolonga a extensão da Continuidade, fazendo recuar as forças da Descontinuidade, ou vice-versa, pois ele é o Guardião do Intervalo entre o Manifesto e Imanifesto.

O Upanixade *Kena* diz que "*Brahman* surge no pensamento", Ele não pode ser alcançado pelo pensamento. Mas quando Ele surge? Surge somente

---

[1] No original *Burning Ghat* – *Ghat* é na Índia uma escadaria ou banco à beira do rio onde são feitas abluções e são cremados os cadáveres. (N. ed. bras.)

quando a continuidade do pensamento cessa – então, do reino da Descontinuidade, Ele surge. Ele surge somente naquele Intervalo sobre o qual *Shiva* preside. Como diz a Mitologia hindu: *Shiva* é um errante à noite. Ele pode ser encontrado somente na escuridão da noite. Assim, é à noite, e somente aí, que *Shiva* transmite as intimações do Imanifesto. O Intervalo é onde o Manifesto não está e onde o Imanifesto não chegou. Mas a chegada do Imanifesto é proclamada por *Shiva*, e isso também é feito na escuridão da noite. E, portanto, nossa estória acertadamente diz que foi Uma que apareceu e transmitiu a Indra a real natureza do Ser Supremo. O homem precisa descobrir diretamente a natureza de *Brahman*, e isso pode acontecer somente quando, em estado de mente liberta de todos seus atributos, a consciência humana permanece imóvel defronte da noite escura e silenciosa. Então, a noite transmite sua dádiva ao aspirante. Essa dádiva vem anonimamente, pois o aspirante não sabe quem a deu, tal é realmente a escuridão da noite. E a dádiva surge subitamente, pois o aspirante sabe apenas quando ela aparece em suas mãos, pois como pode qualquer movimento ser visto onde a noite é escura e silenciosa? E, portanto, esta estória fascinante de Agni, Vayu, Indra e Uma nos leva àquela grande idéia upanixádica que diz que *Brahman* não pode ser alcançado pelo pensamento, Ele surge no pensamento daqueles cujas mentes foram libertadas de seus três atributos de *tamas, rajas* e *sattva.* "*Brahman* é desconhecido pelo erudito e conhecido pelo simples", a mente que é liberta de seus atributos é totalmente simples – é para essa Mente incondicionada que surge a Visão de *Brahman*.

Upanixade *Kena* diz que "*Brahman* é visto na Natureza no assombro do *flash* de um relâmpago – Ele chega à alma no assombro de um *flash* de visão."

O Upanixade *Kena* diz que *Brahman* vem na Natureza como o *flash* de um relâmpago. Pois bem, o *flash* de uma relâmpago surge subitamente, instantaneamente, da escuridão das nuvens que transformam até mesmo o dia em noite. Ninguém sabe quando ele virá. Algumas vezes o céu permanece nublado com nuvens escuras por um longo período de tempo sem qualquer interrupção que cause os relâmpagos. Mas, às vezes, subitamente ocorre uma interrupção. O relâmpago desaparece tão subitamente quanto surgiu. Não pode ser agarrado, não pode ser colocado em uma estrutura de tempo. O relâmpago pode ser constante, mas não pode ser contínuo. A luz que é contínua não é luz de modo algum. Ela pode surgir apenas em *flashes*, e cada *flash* ilumina o escuro caminho do homem. Mesmo que dure por um momento, esse momento é tão brilhante de luz que o caminho é visto em toda sua vividez. O Instrutor do Upanixade *Kena* diz que *Brahman* vem ao homem no assombro de um *flash* de visão. Seu surgimento é tão súbito que o homem fica maravilhado. E Ele surge como um *flash* no qual é visto muito claramente o caminho que jaz em sua frente. *Brahman* não pode ser percebido gradualmente. Ele surge instantaneamente e, portanto, aquele que está desperto pode ver. Para o homem desperto, o *flash* é como uma nova Visão. Essa Visão impregna todo o ser do homem – aquele que teve essa visão não pode ser o mesmo homem outra vez. O Upanixade *Kena* diz que *Brahman* "é conhecido quando Ele é compreendido em cada estado de mente". O que significa cada estado de mente? Desde que a mente é refletida em cada padrão de nossa existência, o Upanixade *Kena* diz que quando *Brahman* é conhecido, cada parte da existência do homem é transformada. Não há então um intervalo entre a percepção e a conduta. A própria percepção ocasiona uma revolução total. Não é o caso de se perceber *Brahman* e então começar a praticar o que se percebeu.

O Upanixade *Kena* diz que a chegada de *Brahman* é "como um piscar de olho". A revelação de *Brahman* é instantânea, tão súbita e rápida como um piscar de olho. A experiência de *Brahman* é momentânea, mas esse momento tem a riqueza de uma Eternidade. *Brahman* ou Realidade pode ser experienciado de momento a momento. Qualquer desejo de estender o momento significaria trazer a percepção de *Brahman* para o processo do tempo. Mas como pode o Transcendente ser percebido na região do Tempo? Somente no momento atemporal é que *Brahman* pode ser conhecido. Isso significa que para a experiência de *Brahman* precisamos descartar viver no processo do tempo? Como podemos descartar o processo do tempo? As atividades do dia-a-dia do homem precisam estar no processo do tempo. Mas aquele que obteve um vislumbre momentâneo de *Brahman* no momento atemporal retorna ao processo do tempo com um sentido de êxtase. Ele preenche o processo do tempo com esse êxtase. Ele não é mais a mesma pessoa. Ele traz para o processo do tempo a fragrância do Atemporal. Embora *Brahman* chegue como um *flash* de luz, tal é o brilho desse *flash* que ilumina toda a existência do homem.

O Upanixade *Kena* diz que *Brahman* é *Tadvanam* – o que significa o Bem-Amado de todos. E como adoramos o Bem-Amado? Certamente através do Amor. O Upanixade *Kena* diz que somente a adoração do Amor nos conduz à experiência de *Brahman*. Somente quando a consciência humana está repleta de amor é que ela experiencia a chegada de *Brahman*. A Realidade não chega a um homem em um estado de suspensão e de mortificação.

Ela chega subitamente quando o homem se encontra em um estado de Amor. Não é preciso dizer que o amor não é carregado de conhecimento. O Amor é um estado de total simplicidade. O Amor não é um produto do cultivo da mente. O Amor surge em uma mente liberta de todas as suas acumulações. O amor oferece seus acúmulos ao Bem Amado? Ao se aproximar do Bem-Amado, o amor joga fora todos seus acúmulos e oferece a si mesmo ao Bem-Amado. Despojado de todos os acúmulos, quando o homem se encontra só na total simplicidade, então, a tal homem, surge *Brahman* em toda sua glória e majestade.

    O Instrutor do Upanixade *Kena* recomenda ao discípulo cultuar *Brahman* como *Tadvanam,* pois Ele é o Bem-Amado de todos e, portanto, somente ao longo do Caminho do Amor Ele pode ser encontrado.

Upanixade
Katha

III

O Grande Além

O Upanixade *Katha* é o mais conhecido de todos os Upanixades. Muitos eruditos ocidentais o descreveram como "um dos mais perfeitos exemplos da filosofia e da poesia mística dos antigos hindus". A razão pela qual esse Upanixade recebeu tal reconhecimento em todo o mundo não é difícil de perceber. É o tema da Morte discutido no Upanixade *Katha* que evocou grande respeito por seus ensinamentos, tanto no Oriente quanto no Ocidente. Desde os tempos mais antigos, a morte tem sido um dos problemas enigmáticos para o homem. O homem moderno, que alcançou tantas coisas no campo da ciência e da tecnologia, se encontra totalmente desamparado diante da morte. Ele pode saber como conquistar o espaço exterior, mas com relação à história sobre a morte é tão ignorante quanto o homem primitivo. Incapaz de estabelecer uma maestria sobre a morte, o homem busca com todas suas forças prolongar a existência terrena. Se o homem pudesse ampliar a extensão de sua vida na terra, então a morte seria pelo menos postergada, pois ele sabe que quando chega a hora da morte, será inútil fazer qualquer coisa.

Mas a morte é um momento tão imprevisível que até mesmo quando a extensão da vida é ampliada, o homem fica constantemente com medo de cair nas garras da morte. Com esse temor seguindo seus passos, ele pode ser feliz mesmo quando a sua existência terrena é prolongada? A morte não somente é imprevisível, é também esmagadora, pois quando o seu chamado surge, o homem se sente totalmente indefeso. E, além disso, a morte vem com uma demanda que é total, pois nos pede para deixar tudo e seguir de mãos vazias. A demanda da morte parece impiedosa, pois nada, seja o que for, pode ser postergado diante de seu portal. E, portanto, o prolongamento da existência terrena dificilmente serve de consolo ao homem, pois ele sabe que a chamada da morte pode vir a qualquer momento. No meio das alegrias da existência prolongada, há para sempre a sombra da morte rondando o homem. Qual é a utilidade de ampliar a extensão da vida se a sombra da morte está presente o tempo todo? Não há escape da morte, e, portanto, o homem deve encará-la e exigir dela o segredo que ela sustenta. Pois quando o segredo da morte é conhecido, então o homem pode dizer, por experiência própria, "Oh, morte, onde está tua aflição? Oh, sepultura, onde está tua vitória?" Não é o prolongamento da existência terrena nem o conhecimento sobre a condição depois da morte que pode libertar o homem do temor da morte. Mais uma vez, não é uma crença na reencarnação ou imortalidade da alma que pode libertar o homem do espectro da morte. O homem precisa conhecer o Segredo da Morte, e esse segredo não é conhecido de ninguém além da própria morte. É a morte e tão somente a morte que pode comunicar o segredo, não há outro caminho, senão uma comunhão direta com a Morte, se o homem quiser conhecer esse Segredo dos segredos, sem o que ele deve permanecer um estranho para as alegrias da vida. Mas como o homem pode arrancar esse segredo da morte? É este o caminho no Upanixade *Katha*, onde Yama, o Senhor da Morte, é o Instrutor e Naciketa, o intrépido jovem investigador, é o Discípulo.

Nos Upanixades encontramos um íntimo relacionamento entre o Instrutor e o Discípulo. É um relacionamento no qual o Instrutor e o Discípulo estão em comunhão um com outro. É para indicar esse relacionamento que esse Upanixade inicia com uma invocação muito significativa. A Invocação diz:

> *Possa* Brahman *proteger-nos. Possa* Brahman *depositar diante de nós o fruto do conhecimento. Que possamos obter a energia para adquirir conhecimento. Possa nosso estudo revelar a Verdade. Que possamos não nutrir maus sentimentos um para com o outro.*

Como é evidente, a Invocação acima é recitada por ambos, o Instrutor e o Discípulo juntos. Ambos, ao mesmo tempo, pedem para obter a energia para adquirir conhecimento, pois a busca do conhecimento requer muita energia. Qualquer desperdício de energia seria prejudicial para a busca de conhecimento. Para que esse desperdício não ocorra, deve haver extraordinária clareza de parte de ambos, o instrutor e o discípulo. A Invocação acima diz: "Possa nosso estudo revelar a Verdade". O Instrutor e o Discípulo estão preocupados com a Verdade – e a Verdade precisa ser descoberta. O método de ensinamento contido nos Upanixades conduz a ambos, o instrutor e o discípulo, à descoberta. O relacionamento entre o instrutor e o discípulo não é estático – é intensamente dinâmico – é um relacionamento no qual o instrutor e o discípulo aprendem juntos.

A última frase da Invocação diz: "Que ambos possamos não nutrir maus sentimentos um para com o outro". Uma comunhão é possível quando há perfeito entendimento entre o instrutor e o discípulo. Quando a educação se torna uma jornada que os dois realizam juntos para os reinos da Verdade, então vem à existência um relacionamento de respeito e consideração entre os dois. Nos Upanixades vemos esse relacionamento de respeito entre o instrutor e o discípulo todo o tempo. Há uma disciplina, mas é uma disciplina nascida da liberdade, pois aqui não é um que ensina ao outro, são os dois juntos que aprendem da própria Verdade. O Upanixade *Katha* é um belo exemplo desse relacionamento entre o instrutor e o discípulo. E a Invocação acima é um prelúdio adequado ao grande ensinamento sobre o tema da Morte – um tema profundo discutido com toda a seriedade por Yama, o Senhor da Morte e Naciketa, o jovem investigador. Mas antes que possamos entrar nessa discussão, precisamos conhecer as circunstâncias nas quais Naciketa saiu em busca do grande Segredo da Morte.

Parece que um *rishi* chamado Vajasravas estava realizando o que é conhecido como o sacrifício *vishvajit* com o único propósito de obter recompensas dos céus. O nome Vajasravas significa aquele que se tornou famoso por distribuir comida. Ora, a distribuição de comida é um símbolo, indica a realização de práticas religiosas ordenadas pelas escrituras. E, portanto, Vajasravas representa a religião tradicional que requer a observância de certas práticas externas com vistas à obtenção de recompensas celestes. A religião está interessada em ritos e cerimônias, nas injunções do sacerdote e da escritura, na aceitação dos credos e dogmas e na observância de certos padrões de comportamento e conduta. Vajasravas representa tal religião convencional ou tradicional. Ele tinha um filho chamado Naciketa. Ora, a palavra *Na-ciketa* quer dizer misticismo na religião – algo que está além da extensão normal de percepção. E, portanto, Naciketa simboliza o misticismo na religião – aquele aspecto da religião que vai ao âmago das coisas e não se preocupa meramente com o comportamento ou padrão de conduta exterior. Naciketa é o filho de Vajasravas – isso em si é muito significativo. Pois a história da religião nos diz que quando a religião se deteriora em padrões de comportamento destituídos de vida, aparecem de tempos em tempos novas expressões de misticismo que levam o indivíduo humano de volta aos fundamentos da vida espiritual. É no seio da religião tradicional que o misticismo nasce, levantando uma bandeira de revolta contra as formas mortas das práticas religiosas convencionais. É com essa revolta que o Upanixade *Katha* se ocupa.

No sacrifício que Vajasravas estava realizando, ele estava ocupado em distribuir mercadorias e gado em caridade para os *Brahmins*. Naciketa olhou esse grande ato de caridade, mas descobriu que esse padrão de caridade era destituído de qualquer espírito de caridade. Era uma ação caritativa, mas sem qualquer conteúdo caritativo. Pois ele viu que seu pai estava dando em caridade aquelas vacas que eram totalmente inúteis. E, portanto, ele disse para si mesmo:

> *Ao dar tais vacas que não podem mais parir e não produzem mais leite, e que ainda estão bebendo sua água e comendo sua grama, certamente nenhum homem vai para o céu. Ele não vai para mundos de felicidade.*

Aqui encontramos o misticismo da religião se levantando em revolta contra a religião tradicional. Mas o que podia o pequeno menino dizer ao poderoso pai? E, além disso, o pai era versado nas formas tradicionais da religião, ele podia facilmente silenciar o pequeno menino com uma demonstração de erudição. Mas Naciketa também era irrepreensível – a chama da revolta foi acesa e não podia ser extinta por meros aprendizados do intelecto, nos quais seu pai era proficiente. Naciketa perguntou a seu pai quem estava dando seu gado em caridade: "Pai, para quem você irá me dar?" O Pai fez de conta que não escutou o que o filho disse. Mas Naciketa repetiu a mesma pergunta três vezes. O pai sabia o que o filho estava indicando através da pergunta e, assim, com grande ira respondeu dizendo: "Para a morte eu te dou". Naciketa deve ter sido pego de surpresa por essa resposta de seu pai, mas não havia volta para ele. O pai o havia dado em caridade para a morte e, portanto, para a Morte ele devia ir. O pai ficou cheio de remorso e coube a Naciketa consolá-lo. Naciketa assim se dirigiu ao seu pai que estava mergulhado em tristeza, compreendendo que seu filho em breve partiria para a morada de Yama:

> *Lembre-se de que os homens do passado faleceram, e aqueles que virão também falecerão; um mortal amadurece como grão, e como grão nasce novamente.*

Naciketa diz a seu pai que afinal a morte é uma coisa normal – pessoas morreram no passado e, portanto, também morrerão no futuro. Por que teríamos de temer a morte, uma vez que o homem amadurece como o grão e como o grão torna a nascer? Com isso está claro que Naciketa estava bem ciente da idéia da reencarnação. Afinal, nascimento e morte é um ciclo sempre recorrente, aqueles que nascem morrem e aqueles que morrem devem nascer outra vez. Vajasravas, que representava a religião tradicional, devia estar satisfeito com essa explicação convencional do fenômeno da morte dada por seu filho.

E assim Naciketa seguiu para a morada de Yama, o Senhor da Morte – mas, quando ele chegou a seu destino, descobriu que Yama não estava lá. Naciketa esperou, pois sua missão com a morte seria incompleta sem encontrar o Rei da Morte. Por três noites esperou, e as noites na morada da morte deviam ser atemorizadoras. Mas, após essa longa espera, ele encontrou Yama voltando para seu palácio. Yama se desmancha em pedidos de desculpas para o jovem *Brahmin* que estava esperando sem que qualquer hospitalidade lhe fosse oferecida. Por que não ofereceram qualquer hospitalidade a Naciketa enquanto Yama estava fora? Os moradores do palácio de Yama acharam estranho que um mortal devesse voluntariamente ir para a morada da morte. Estavam acostumados a ver pessoas sendo trazidas por Yama, mas Naciketa era um exemplo solitário de alguém que foi até a morte, não foi trazido para a morte. Os moradores do palácio de Yama devem ter se sentido totalmente perdidos, sem saber como tratar tal visitante estranho que foi bater na porta da morte, ao invés da morte ter ido bater em sua porta. E, portanto, Naciketa, sem temor, investigador que era, esperou na porta da morte, mesmo que nenhuma hospitalidade lhe tenha sido oferecida. Yama deve ter compreendido que ali estava um jovem de forte determinação e profunda investigação.

E, assim, oferecendo suas desculpas, Yama disse a Naciketa para fazer três pedidos como recompensa pelas três noites em que esteve esperando. Naciketa deve ter compreendido que estava frente a alguém que tinha poder e força insuperáveis, pois começou pedindo por dádivas de uma maneira cautelosa, para que o Senhor da Morte não se aborrecesse com ele. O primeiro pedido que Naciketa fez foi:

Oh Senhor da Morte, que a raiva de meu pai seja apaziguada e que ele possa ser feliz e livre de ansiedade, e que ele se lembre de mim e que me dê boas vindas depois de eu deixar você. Esse é meu primeiro pedido.

Aqui Naciketa está preocupado com a condição pós-morte. A religião tradicional fala do homem entrando em *Kama-loka* – o mundo astral logo após sua morte. É um estado em que as experiências emocionais preponderam. As experiências sensoriais foram deixadas para trás ao se desprender do corpo físico. Naciketa quer ter certeza de que sua passagem através do estado emocional será livre de dor e angústia. Se Yama pudesse assegurar-lhe que seu pai estaria feliz e livre de ansiedade e lembraria dele com afeição, então ele naturalmente ficaria muito aliviado. Yama prontamente concedeu esse primeiro pedido de Naciketa.

As religiões tradicionais, particularmente o Hinduísmo e o Budismo, acreditam que durante a condição do pós-morte, o homem passa do *Kama-loka* ou Mundo Astral para *Svarga-loka* ou o Mundo Céu, onde vive por um tempo considerável, colhendo a colheita de todas as boas ações feitas durante a existência terrena. Esse é um período de prazer ininterrupto. Diz-se que após o homem ter feito toda a colheita de sua boa plantação, ele retorna à terra. Pois bem, Naciketa, que parece estar se movendo cautelosamente antes de chegar ao tema principal de sua investigação, pede a Yama para lhe conceder a segunda dádiva que ele formula assim:

Não há temor nas regiões do céu; a velhice e a morte não estão ali. Tendo passado ambos, eles regozijam-se no céu, além da fome e da sede e da tristeza. Aqueles que estão no céu desfrutam longa continuidade. Você conhece, Oh Morte, aquele fogo sagrado que conduz ao céu. Explique-o para mim – seja essa minha segunda dádiva.

Naciketa pede à Morte para contar-lhe o segredo do fogo que conduz ao céu. A maioria dos comentadores descreveram a condição do mundo celeste como denotando imortalidade. Certamente não pode haver imortalidade no mundo celeste, pois, de acordo com a religião tradicional, o mundo celeste também termina. Não é preciso dizer que a imortalidade e o algo que termina não podem andar juntos – que são contraditórios. E, portanto, nesse contexto, a palavra imortalidade deve ser interpretada como "longa continuidade" – uma continuidade de tempo quase interminável. É interessante notar que Naciketa primeiro quer compreender o problema da morte em termos da continuidade. E, portanto, em sua segunda dádiva ele pede a Yama para contar-lhe o segredo do fogo que conduz ao céu. Yama naturalmente está muito satisfeito com esse jovem que parece estar perguntando "questões apropriadas" e, portanto, transmite a ele, muito prontamente, o conhecimento acerca do fogo sagrado. Conta-lhe todos os detalhes com relação à luz desse fogo. De fato, tão satisfeito está Yama que concede a ele uma dádiva adicional que não foi solicitada, qual seja, que esse fogo sagrado seria conhecido no futuro como Fogo Naciketa em honra a esse bravo e intrépido jovem investigador. Yama diz a Naciketa:

> *Esse é o fogo que conduz ao céu, que você escolheu como a segunda dádiva. Os homens o chamarão de fogo do sacrifício de* Naciketa. *Escolha agora a terceira dádiva.*

Qual foi a terceira dádiva que Naciketa pediu a Yama? Temos que lembrar que Naciketa não trilhou todo o caminho até o Senhor da Morte simplesmente para conhecer a condição pós-morte. Ele não estava buscando uma aparentemente interminável continuidade do mundo celeste, pois sabia que essa continuidade tinha fim. Ele estava bem ciente do fato de que havia reencarnação – o grão amadurecia e nascia outra vez. Mas a condição pós-morte e a reencarnação lhe pareciam uma cadeia incessante destituída de significado e propósito. Qual é a utilidade dessa cadeia de continuidade com nascimento, morte e renascimento que aparece em um ciclo sempre recorrente? Naciketa estava buscando algo mais fundamental do que meramente a condição pós-morte. Ele formula claramente sua profunda investigação ao pedir a terceira dádiva. Naciketa formula a seguinte questão fundamental a Yama:

> *Quando um homem morre, surge esta dúvida: alguns dizem que há uma "existência" e alguns dizem que há uma "não-existência". Conte-me a verdade, e que essa seja minha terceira dádiva.*

Naciketa deseja saber o que acontece no exato momento da morte – não o que prevalece na condição pós-morte. Sua investigação é: há continuidade da "existência" na morte, ou não há continuidade da "existência"? O que há realmente no momento da morte: existência ou não-existência? Na hora da morte, há existência ou não-existência? Essa questão colocada por Naciketa para Yama é uma questão profundamente metafísica. Todas as abordagens tradicionais à morte se preocupam em descobrir a condição pós-morte. Estão interessadas seja no prolongamento da existência terrena, seja na continuidade do estado pós-morte. É o misticismo que se preocupa suprematamente com o momento da morte, com a morte em si. Ele deseja saber o que acontece no exato momento da morte, nem antes nem depois. No verso acima Naciketa formula a pergunta sobre *"quando* um homem morre" – não depois que o homem morre. Ele não está preocupado se há existência ou não após a morte, ele deseja saber se há existência ou não-existência no exato momento da morte. Em outras palavras, Naciketa não está investigando acerca da sobrevivência após a morte, ele deseja saber o que ocorre no momento da morte em si. Com essa pergunta Naciketa deixou Yama em uma posição muito embaraçosa. E, portanto, Yama respondeu:

> *Essa dúvida surgiu até mesmo para os deuses em tempos antigos; pois sutil e misteriosa é a lei da vida e da morte. Peça outra dádiva. Livre-me dessa.*

Tão embaraçosa é a condição de Yama que ele pede a Naciketa para libertá-lo da concessão dessa dádiva. Ele diz: "Peça outra dádiva". Mas por quê? Yama diz que nem os deuses foram capazes de encontrar uma resposta para essa questão. Mas quem são os deuses? São os seres com percepção superfísica. Ele diz que nem mesmo aqueles com poderes superfísicos ou Ocultos foram capazes de encontrar uma resposta para essa questão, porque a vida e a morte são um fenômeno misterioso. Não é através da jornada até os reinos invisíveis que o homem pode desvelar esse grande mistério. Yama diz que o problema da vida e da morte é tão sutil que até mesmo os homens com faculdades superiores não foram capazes de compreendê-lo. E, portanto, ele pede a Naciketa para deixar de lado essa questão sutil e misteriosa e pedir outra coisa.

Mas Naciketa não era um investigador comum, sabia o que estava buscando. Ele diz a Yama que se essa é uma questão muito difícil, então onde deveria ir para encontrar a resposta. Diz ainda que em todos os mundos não há outro instrutor que possa explicar o mistério da morte como o próprio Senhor da Morte. Deixa claro para Yama que não há outra dádiva maior do que essa, pois ele precisa conhecer o mistério da morte, e isso através do próprio rei da Morte. Mas Yama novamente argumenta com Naciketa e pede-lhe para libertá-lo da obrigação de conceder essa dádiva. Ele diz:

> *Peça cavalos, ouro, gado e elefantes. Escolha filhos e netos que possam viver centenas de anos. Tenha vastas extensões de terra e viva tantos anos quanto deseja. Ou escolha outra dádiva que considere*

compatível com essa, e desfrute dela com riqueza e longa vida. Seja um soberano dessa vasta terra. Eu lhe darei tudo que desejar.

Peça qualquer desejo no mundo dos mortais, mesmo difícil de obter. Para atendê-lo eu lhe darei lindas donzelas com suas carruagens e sua música melodiosa.

Mas, Oh Naciketa, não me peça o Segredo da Morte.

Pelos versos acima fica bastante evidente que Yama usou todos seus poderes de persuasão para demover Naciketa da investigação na qual ele estava insistindo resolutamente. Yama colocou diante dele muitas tentações que teriam quebrado a determinação de qualquer um. Todas essas tentações cobrem uma ampla variedade dos interesses do homem.

Yama ofereceu essa variedade na esperança de que esse jovem pudesse cair em alguma e desistir de sua investigação. De fato, Yama está preparado para fazer qualquer coisa, se Naciketa desistir de perguntar-lhe acerca do Segredo da Morte. O Senhor da Morte parece estar prestes a juntar as mãos a Naciketa pedindo-lhe: "Oh Naciketa, não me peça o Segredo da Morte."

Mas Naciketa estava acima de todas as tentações. Não entrou no Palácio da Morte por nada. Estava determinado a ficar ali até descobrir o Segredo da Morte, e do próprio Yama. E, assim, diante de toda a persuasiva eloqüência de Yama, Naciketa respondia resolutamente assim:

Todos esses prazeres são passageiros, Oh Fim de Tudo; Eles destroem o poder doador de vida. E, de fato, quão breve é a vida. Portanto, fique com os cavalos e dance e cante você. O homem não pode se satisfazer com riqueza. Como podemos desfrutar a riqueza com você à vista? Podemos viver enquanto você está no poder? Não, eu só posso pedir a dádiva que pedi.

É interessante notar que tudo que Yama ofereceu a Naciketa pertence ao mundo dos mortais. Ele estava preparado para dar-lhe tudo no reino dos mortais. Yama disse com todas as letras: "Peça qualquer desejo no mundo dos mortais, difícil de obter". Riqueza e longa vida, soberania de vastas terras e lindas donzelas com suas carruagens e cantos, ouro e gado, filhos e netos vivendo até uma centena de anos, tudo isso pertence ao mundo dos mortais. Yama foi cuidadoso em não mencionar nada que possibilitasse Naciketa ingressar nos limites do reino da imortalidade. Ele estava pronto para conceder-lhe longa continuidade na vida terrena, mas devia manter-se longe do reino sobre o qual ele presidia. Podia ter os prazeres da continuidade, mas não o segredo da imortalidade. Mas Naciketa tinha um intelecto brilhante, ele viu o que estava sendo oferecido por Yama. Acertadamente respondeu: como podem os homens viver enquanto a morte os governa? No verso acima, ele chama Yama com o epíteto – *Antaka* – significando o Fim de Tudo. Ele diz, como pode o homem desfrutar a riqueza quando Yama está à vista? Yama pode dar ao homem com uma mão, mas com a outra tirar o que deu. Quando a morte bate à porta, qual é a utilidade da riqueza, do poder e da pompa? E, portanto, Naciketa diz a Yama: "Fique com os cavalos e a dança e o canto para si, pois eu não posso ser tentado por nada disso". A despeito de todas as persuasões de Yama, Naciketa declara em termos inequívocos ao Senhor da Morte:

> *Solucione então essa dádiva quanto ao significado do Grande Além. Conceda-me a dádiva que penetra o véu do mistério. Essa é a única dádiva que Naciketa pode escolher.*

Yama provavelmente não havia se defrontado com nenhum investigador tão íntegro como Naciketa. Vendo que nenhuma tentação poderia distrair Naciketa de seu objeto principal de investigação, Yama agora prepara seu jovem discípulo para receber o Grande Segredo. Nesse trabalho de preparação, Yama começa falando a Naciketa sobre os Dois Caminhos. Ele diz:

> *O Bem é uma coisa, o agradável é outra. Ambos, servindo diferentes finalidades, estão ligados ao homem. Aquele que, entre os dois, escolhe o Bem faz bem, mas aquele que escolhe o Agradável erra o alvo.*

Aqui Yama indica os dois caminhos: um que denota o Bem e outro o agradável. Mas o Bem e o Agradável são opostos um ao outro? O prazer e a dor constituem-se em opostos. Eles, como todos os opostos, andam juntos. Os opostos da mente são tais que um está contido no outro. A dor está contida no prazer, não pode ser separada dele. Aquele que busca prazer deve estar pronto para receber também a dor. Pedir prazer e exigir que ele esteja livre da dor é querer o impossível. Na própria busca do prazer, a dor está, sempre imperceptivelmente presente. A causa da dor está no próprio prazer, pois a dor é, realmente, o produto do prazer.

Yama diz que aquele que se move ao longo do caminho do prazer erra o alvo, pois fica emaranhado no interminável jogo dos opostos.

Ao preparar Naciketa para receber a grande verdade com relação à Morte, Yama indica-lhe o Caminho do Bem que deve ser seguido. Pois bem, qual é esse Caminho do Bem, e em que ele é melhor do que o Caminho do agradável? Certamente o Bem sobre o qual Yama fala não é o oposto do Mal. Se ele fala de Bem oposto ao Mal, então dificilmente haveria qualquer diferença entre os dois caminhos. Se são opostos, então cada um está contido no outro, e o mal deve estar presente onde o bem está. Os pares de opostos, sejam quais forem, operam juntos, são como a sombra e a substância. Qual é a utilidade do Caminho do Bem se o Mal está contido nele? Obviamente, Yama aqui se refere ao Bem como e Bem Absoluto, não ao bem que é produto dos opostos da mente. O jogo dos opostos está na esfera da continuidade da mente. Os dois opostos são as fronteiras da Terra da Continuidade. O pensamento que é instrumento da mente se move dentro dessas fronteiras. Ora, se o Bem não é produto dos opostos, então certamente deve estar fora das fronteiras da mente. O Bem Absoluto é aquele que não é alcançado pela mente. Está fora da esfera da continuidade da mente. E, portanto, ao descrever os Dois Caminhos, Yama realmente indicou as duas categorias diferentes de experiência: uma que está dentro dos confins da continuidade e a outra que se encontra além. O caminho do prazer se encontra dentro das fronteiras da mente, mas o Caminho do Bem se encontra além dessas fronteiras. Desde que Naciketa perguntou o significado do Grande Além, Yama indica-lhe desde logo que é ao longo do Caminho do Bem que o segredo do Grande Além pode ser encontrado.

Yama congratula Naciketa por destacar o caminho do prazer e aceitar o Caminho do Bem. Yama diz a seu jovem discípulo:

> *Você ponderou sobre os prazeres e os rejeitou. Não aceitou aquela cadeia de posses na qual os homens prendem-se e debaixo da qual afundam. Há o caminho da Sabedoria e o caminho da não-sabedoria. Eles são distantes um do outro e conduzem a diferentes fins. Você é, Naciketa, seguidor do caminho da sabedoria – que os prazeres não o movam.*

Devemos entender claramente que Sabedoria não é algo oposto à ignorância. A sabedoria não tem oposto. Ela surge quando tanto a ignorância quanto o conhecimento são negados. No verso acima Yama diz que os homens afundam porque se tornam pesados com as posses que acumularam. Obviamente o caminho da Sabedoria é aquele em que o homem se torna mais leve, tendo se desprendido de todas suas posses – e é, portanto, capaz de nadar facilmente na corrente da vida. O homem de Sabedoria não é aquele que se senta ociosamente na margem, despreocupado acerca da corrente da vida. Ele está na corrente, mas não afunda, pois, despojado de todas as posses, nada tendo a guardar ou defender, pode abandonar a si próprio à corrente da vida. Tal pessoa desapegada não pode afundar porque a própria corrente o protege. Yama diz no verso acima que o homem sem sabedoria, "infantilmente despreocupado e iludido pela riqueza", vai reiteradamente para a morte. Ele declara que eles vão para a morte reiteradamente, mas nunca de fato morrem. Aquele que sabe como morrer não precisa ir reiteradamente para a morte, é a morte que vem a ele, não como um Mestre que quer carregar o escravo, mas como um amigo e um companheiro, tornando a vida a maior riqueza, assim como a luz e a sombra juntas conferem beleza à paisagem. Com a expressão "indo reiteradamente para morte" Yama obviamente está indicando que eles reiteradamente caem em seu domínio. Mas os sábios não estão sob o domínio da morte, eles venceram a morte e, portanto, moram com a morte mesmo enquanto vivos. Aqueles que reiteradamente caem no domínio da Morte não estão nem mesmo cientes do Grande Além. Yama diz:

> *Não são muitos aqueles que ouvem falar Dele, e desses, não são muitos os que O alcançam. Extraordinário é aquele que pode ensinar sobre Ele, e sábio é aquele que pode ser ensinado. Extraordinário é aquele que O conhece quando ensinado pelo sábio.*

É óbvio que só aquele que conheceu o Grande Além pode ensinar sobre ele. Mas esse conhecimento não se dá através de um processo do pensamento. Como pode o processo do pensamento levar um homem até além do reino do pensamento? O Grande Além muito certamente está fora das fronteiras do pensamento. Yama diz que "É superior ao pensamento mais elevado, e está acima de todos os pensamentos". Mas, então, como pode ser encontrado o Grande Além? Yama diz: "O caminho para Ele é o Instrutor". Não é o ensinamento que pode indicar o caminho, somente o Instrutor pode apontar o caminho. O Instrutor é maior do que o ensinamento. O Instrutor contém o ensinamento, mas o ensinamento jamais pode conter o Instrutor. O Instrutor está sempre além do ensinamento, pois ele permanece imanifestado, do ensinamento que possa manifestar. A Sabedoria surge somente quando o instrutor e aquele que é ensinado estão em um estado de comunhão. A real comunicação é possível somente quando existe comunhão. Como observa Yama: "O conhecimento sagrado não é obtido através do raciocínio". O segredo é comunicado pelo instrutor ao aluno somente em um estado de comunhão. Naciketa encontrou um Instrutor na pessoa de Yama. Para Naciketa a Morte realmente é o Instrutor. E Yama diz que o Grande Além não pode ser encontrado pelo raciocínio, mas somente através da comunhão com o Instrutor. Se Naciketa quiser conhecer o significado do Grande Além, precisa estar em comunhão com o Senhor da Morte que é seu instrutor. Yama diz que o segredo da morte pode ser conhecido somente através da comunhão com a morte, não há outra forma.

Yama diz a Naciketa que ele de fato entrou em um estado de comunhão onde o Grande Segredo pode ser comunicado. Ele descreve essa condição de comunhão belamente quando diz: "Naciketa é como uma casa aberta para o Senhor". Naciketa deixou sua casa aberta para o Senhor entrar. Ao rejeitar o caminho do prazer da posse ele deixou sua casa vaga para o Senhor residir. É através do processo da negação que Naciketa criou espaço – enorme espaço – em sua casa para o Senhor se mover. Não pode haver comunhão enquanto a mente do homem está engajada na ação positiva. Não é possível criar espaço na mente do homem através do esforço positivo. E só quando há espaço é que o Instrutor e o discípulo podem estar juntos. Um movimento é possível somente no espaço. Mas qualquer movimento feito pelo discípulo preenche o espaço e, portanto, o torna ineficaz para a comunhão. Quando todas as atividades do discípulo cessam, então nessa Casa de Inação, o Senhor chega. A mente do homem não pode ir à Verdade – é a Verdade que vem para a mente humana, mas ela só vem quando a mente está aberta, despojada de todas as posses. Naciketa chegou a esse estado e, portanto, o Instrutor diz que "Naciketa é como uma casa aberta para o Senhor". Yama começa sua instrução dizendo a Naciketa que:

> Quando o sábio repousa sua mente em Deus, que está além do Tempo, difícil de ser visto, morando no mistério das coisas, então ele se eleva acima da alegria e da tristeza.

Como pode a mente repousar em Deus, que está além do Tempo? A mente pode funcionar somente dentro da estrutura do Tempo. Como pode ela habitar em algo que está dentro do Tempo? Aqui o repouso da mente significa a mente que chegou ao repouso. Em tal mente não há movimento. Há uma serenidade, um profundo silêncio. Somente aqui é que o homem pode chegar à experiência de Deus que está além do Tempo, Aquele que habita no mistério das coisas. É nessa experiência que o homem se eleva além da alegria e da tristeza, além do prazer e da dor. É em profundo silêncio, e somente aí, que o homem descobre o Bem, pois o Bem está além dos pares de opostos. Mas aqui Naciketa faz uma pergunta muito pertinente a Yama – sua pergunta é:

> *Diga-me o que vê além do certo e do errado, além do que é feito e do que não é feito, além do passado e do futuro.*

Essa é a questão mais difícil que Naciketa colocou, pois como pode alguém dizer o que está além do certo e do errado, ou além do que é feito e do que não é feito? Podemos facilmente explicar os opostos, contrastando um com o outro, mas onde não há oposto, com o que pode ser dada a explicação? Na linguagem dos opostos não há explicação para aquilo que está além do certo e do errado, e fora do campo dos opostos não há linguagem com a qual explicar! Desde que a linguagem é o instrumento do pensamento, as fronteiras de seu campo são naturalmente estabelecidas pelo pensamento. E, portanto, Naciketa colocou Yama em uma posição muito embaraçosa ao fazer essa pergunta, para a qual não há resposta, seja no campo do pensamento ou no campo da linguagem. Naciketa perguntou a Yama o que há além do Passado e do Futuro. Ora, o passado e o futuro constituem o processo do tempo. Ele deseja saber o que há além do processo do tempo. Mais uma vez, como isso pode ser explicado? Não é preciso dizer que a comunicação existe no mundo relativo, no mundo do Absoluto a comunicação não é necessária, pois em um mundo de não-dualidade quem se comunica com quem? Essa comunicação ou linguagem é o instrumento empregado no mundo relativo. E o mundo relativo existe na escala do tempo. É totalmente sem sentido tentar explicar o Atemporal com a linguagem do tempo. Os instrumentos do mundo relativo são totalmente inadequados para compreendermos o Absoluto. Então, qual é a resposta que Yama dá para essa difícil questão que Naciketa lhe colocou?

> *A Palavra que todos os Vedas declaram, que todas as austeridades indicam, e que os homens aceitam quando levam a vida de continência, eu te direi brevemente – é OM.*

Yama é cuidadoso ao usar *Padam* – uma palavra, para responder a essa difícil questão de seu jovem discípulo. Uma palavra obviamente indica uma direção. Yama diz que aqueles que estão absortos na vida espiritual perseguem uma direção particular. Os Vedas, sendo conhecimento, também apontam para aquela direção. E é apenas a direção que pode ser indicada. Toda as escrituras, todos os gurus, tudo que é expresso por palavra, ou símbolo, ou gesto – tudo isso são apenas dedos apontando o caminho. São como apontadores indicando o caminho que pode ser percorrido pelo aspirante que deseja chegar à compreensão das verdades espirituais. Yama também não diz a Naciketa em termos positivos o que há além do Passado e do Futuro, ou além do certo e do errado, ele apenas indica uma palavra, uma direção. Se Naciketa quiser saber acerca do Além, ele precisa percorrer o caminho por si mesmo. Como um verdadeiro Instrutor, Yama está apenas apontando um dedo naquela direção. Mas, podemos perguntar, qual é a direção que Yama está indicando em resposta à pergunta de Naciketa com relação ao Além? Yama diz, essa direção, essa palavra, é *Padam*, é a palavra Sagrada *OM*. O que é esse *OM*? É somente uma sílaba de três letras que são A.U.M.? Se assim fosse, como essa sílaba de três letras explica o grande Além do que está entre o Passado e o Futuro, entre o certo e o errado? Nas escrituras hindus muita instrução é dada sobre como essa Palavra Sagrada deveria ser pronunciada. *OM* é considerada como o símbolo geral de todos os sons possíveis. É óbvio que todos os sons articulados são produzidos no espaço entre a raiz da língua e os lábios. Se apropriadamente pronunciado, *OM* representa toda a gama da produção de sons. Uma das explicações dadas para as três letras A.U.M. é que elas representam a criação, preservação e destruição respectivamente. O som A surge da raiz da língua, onde a língua não toca qualquer parte do palato. E o som M é o último que termina com os lábios. No meio está o som U, que representa o rolar para a frente do impulso que inicia na raiz da língua e termina nos lábios. E, portanto, todos os sons articulados jazem entre as letras A e M. Mas poderíamos perguntar o que tem tudo isso a ver com a questão sobre o Além que Naciketa levantou.

Temos que lembrar que *OM* não é somente uma sílaba de três letras. Com a prática, podemos pronunciá-la corretamente de acordo com as regras da produção de som. Mas a significação de *OM* não está naquilo que é pronunciado, porém no que permanece não-pronunciado. Não é o articulado, mas o som não-articulado que detém a chave da compreensão da Palavra Sagrada. O som articulado depende do inarticulado. Yama diz, o mistério do Além está na Grande Palavra *OM*, mas o mistério pode ser desvelado não no articulado, mas na natureza inarticulada do som.

Quando Yama declara que o mistério do Além jaz na Palavra, nos lembramos da famosa frase que aparece nas escrituras cristãs, no Evangelho segundo São João, onde se afirma que "No começo era o Verbo, o Verbo estava com deus, e o Verbo era Deus". No começo era o verbo, a Palavra, mas a palavra pode ser encontrada indo-se ao começo? Ir para o começo é explorar o processo do Tempo. A Palavra (o Verbo) pode ser encontrada na corrente do Tempo? Não, pois é dito que "o Verbo estava com Deus". E, portanto, temos que perguntar a Deus para que nos dê o significado da Palavra que contém o desvelamento do grande mistério do Além. Mas como obter essa palavra de Deus? Deus irá nos dizer onde Ele colocou aquela Palavra de modo que viajando para lá possamos encontrá-la? Mas a afirmação acima diz que " o Verbo era Deus" – Que a Palavra e Deus não eram diferentes. Dizer que a Palavra era Deus é falar da coexistência do Manifesto e do Imanifesto. A Palavra estava com Deus e, contudo, a Palavra era Deus. Ele pronunciou a Palavra e, contudo, manteve a Palavra Consigo. E, portanto, se a Palavra contém o mistério, então, certamente, temos que conhecer Deus – Deus o manifesto e Deus o imanifesto.

Yama diz a Naciketa que o mistério do Além está em *OM*. A questão pode surgir: *OM* é somente a palavra falada – ou é algo mais? Para usar a fraseologia do Upanixade *Katha* poderíamos dizer que é a Palavra das Palavras: *OM* é o que permite a todas as palavras articuladas virem à existência. Cobre toda a gama de produção de som e, contudo, não é o som articulado. É Aquilo que permaneceu inarticulado mesmo após todos os sons articulados terem sido produzidos. Essa idéia se torna mais clara quando examinamos o próximo verso do Upanixade *Katha*, que diz:

A sílaba OM é realmente Brahman. *Essa sílaba é o Superior. Todo aquele que conhece essa sílaba obtém tudo que deseja.*

Assim, *OM* é descrito como igual a *Brahman*. E *Brahman* é manifesto mesmo quando Ele é imanifesto. A Palavra *OM* é o lugar de encontro dos dois, o Manifesto e o Imanifesto – o articulado e o inarticulado – o som que é pronunciado e ao mesmo tempo o som que permaneceu não pronunciado. Embora no primeiro verso a Palavra tenha sido descrita como *Padam*, no segundo verso é referida pelo termo *Akshara*. Pois bem, *Akshara* significa o Imperecível. *OM* é realmente *Akshara Brahman* – O Imperecível. Se fosse apenas o som articulado, então seria perecível – só o inarticulado é Imperecível. Mas o Perecível tira seu sustento do Imperecível. E, portanto, Yama diz: "*OM* é o melhor apoio: Ele é a sustentação mais elevada". Mas como chegar ao conhecimento dessa Palavra Imperecível? Podemos conhecê-la? Se assim for, quem é o Conhecedor? A menos que o Conhecedor seja conhecido, como pode o conhecido ser compreendido? E, portanto, para conhecer o Grande Além deve haver o conhecimento do conhecedor. Mas quem é o Conhecedor? Yama dá uma indicação disso no seguinte verso:

O Conhecedor não é nascido; Ele não morre; Ele não surgiu de coisa alguma; nada surgiu Dele.

É interessante notar que a palavra usada para Conhecedor nesse verso é *Vipashcit*. Seu verdadeiro significado é "aquele cuja consciência vibra em harmonia com". A questão é: em harmonia com o quê? Obviamente em harmonia com *OM* ou *Brahman*. Em outras palavras, o Conhecedor é a Consciência Pura – uma consciência livre de modificações. Uma consciência que é sujeita a modificações não pode vibrar em harmonia com *Brahman*. Uma consciência modificada possui suas próprias vibrações e, portanto, não pode estar em sintonia com as vibrações de *Brahman*? Ora, uma consciência pode ser pura somente se está em seu estado original. O original não é produto do tempo – é um cidadão do Mundo Atemporal, e o Atemporal não é nascido nem morre. O Original não brotou de coisa alguma, e nada brotou dele. O original não é produto dos opostos nem cria qualquer oposto. Essa consciência pura ou original é o Conhecedor, pois está em completo uníssono com *Om* ou *Brahman*. É tão completamente sintonizado com *Brahman* que vibra com ele em perfeita harmonia. Obviamente, essa Consciência Pura é o *Atman* dos Upanixades. Esse *Atman* é o Conhecedor – e Yama diz a Naciketa que se ele quiser conhecer o mistério do Grande Além, ele precisa conhecer a Palavra Sagrada *OM*, que é idêntica a *Brahman*. Mas *Brahman* pode ser conhecido somente conhecendo o Conhecedor – e o Conhecedor é a Consciência Pura ou *Atman*.

Aqui o Upanixade *Katha* produziu uma das mais fundamentais doutrinas de todo o ensinamento upanixádico. Ele diz que *Brahman* pode ser conhecido somente através de *Atman*. Essa afirmação implica que o objeto pode ser conhecido somente conhecendo o Sujeito. Yama diz a Naciketa que somente conhecendo *Atman* é que *Brahman* pode ser conhecido. Naciketa pediu a Yama para falar-lhe a respeito do Grande Além. Yama indica-lhe que o grande segredo do Além está em *Atman* e em nenhuma outra parte. A questão é, o que é esse *Atman* e como podemos conhecê-lo? Yama diz:

> *O* Atman, *mais sutil que o sutil, e maior do que o grande, está sentado no coração de cada ser vivo. Aquele cuja mente e sentidos estão apaziguados contempla a majestade de* Atman, *e assim se torna livre da dor.*

É obvio que aquele que é "mais sutil do que o sutil e maior do que o grande" resiste a todas as mensurações quantitativas. A expressão acima não indica que *Atman* é mais sutil ou maior, implica que *Atman* é o sutil do sutil e o grande do grande – aquilo que dá ao sutil a qualidade da sutileza, e ao grande a qualidade da grandeza, isso é realmente *Atman*. Como Ele pode ser conhecido? O verso acima diz que Sua visão surge a alguém cuja mente e sentidos estejam totalmente tranqüilos. O que significa tranqüilidade dos sentidos? Os sentidos são obtusos e não respondem? Aqui, nesse verso, a palavra que é usada é *Dhatu-prasada* e significa o bom humor dos sentidos – os sentidos estarem em boa disposição. Evidentemente significa uma condição em que os sentidos não estão tensos, mas completamente relaxados. Os sentidos não experimentam qualquer tensão e são capazes de funcionar com completo relaxamento. Mas o verso acima diz que deve haver tranqüilidade tanto da mente quanto dos sentidos. O que é tranqüilidade da mente? A palavra usada nesse verso é *Akratu*, significando uma mente que é completamente livre de todas as ideações – a mente na qual todas as mentalizações tenham cessado, a mente que é livre de todos os compromissos, seja com o bem ou o mal. Esse é um estado supremamente negativo de mente, não um estado passivo, mas uma condição sensível na qual todas as ideações positivas, boas ou más, cessaram. O verso acima diz que *Atman* revela a Si mesmo em toda Sua majestade para aquele cuja mente é totalmente negativa e cujos sentidos sejam completamente relaxados. *Atman* que é o sutil do sutil e o grande do grande pode ser conhecido somente por uma consciência que seja sensível, uma consciência completamente relaxada por causa do Terreno de Negatividade no qual existe. Yama diz a Naciketa que somente para a consciência Pura e Original é que a natureza de *Atman* é revelada em toda Sua glória e majestade. Yama diz, além disso, que esse *Atman*:

> *Embora sentado sereno, viaja longe, embora deitado, Ele vai para toda parte; Ele regozija-se e ainda assim não se regozija – quem mais senão a Consciência Pura pode conhecê-Lo?*

Atman, que compartilha a qualidade de *Brahman*, parece comportar-se de maneira paradoxal. E todos os paradoxos têm sua solução no Intervalo que se encontra entre as duas afirmações aparentemente contraditórias. A coexistência de opostos deve ser vista no Intervalo que está fora da influência do Tempo. O que é esse Intervalo? Yama, no verso acima, indica esse Intervalo dizendo que *Atman* se regozija e ainda assim não se regozija. Regozijar-se e não se regozijar são dois opostos. Somente o Intervalo contém a ambos ao mesmo tempo. O aparente Vazio do Intervalo é o Pleno – o Repleto, no qual o regozijo e o não-regozijo podem coexistir, somente desse Intervalo é que podemos dizer que nele *Atman* "embora sentado sereno viaja longe, embora deitado aparece em todas as partes". Yama fala a Naciketa sobre esse *Atman* que é muito místico, pois diz:

> Atman *não pode ser alcançado pelo estudo dos Vedas nem pelo intelecto, nem através de todo aprendizado dos livros sagrados. Ele é alcançado somente por aquele que Ele escolhe. A esse,* Atman *revela Sua própria natureza.*

Yama já havia dito a Naciketa que para conhecer *Brahman* é preciso conhecer *Atman*. O Grande Além, o Segredo da Morte, é encontrado no Próprio *Atman*. E, assim, o esforço do aspirante deve ser no sentido de conhecer *Atman*. Mas como *Atman* pode ser conhecido? Aqui Yama diz que *Atman* não pode ser conhecido através de qualquer esforço consciente. Através do estudo e da mentalização a mente não o pode conhecer. Mas, então, o que deve ser feito? Yama diz que *Atman* revela a Si mesmo – Ele não pode ser alcançado. Mas ele revela a Si mesmo somente àqueles a quem escolhe. O que isso significa? Temos que ficar ao sabor do capricho e da piedade de *Atman*? O que significa a expressão "Ele escolhe"? Obviamente significa que *Atman* não pode ser buscado pela mente humana. Ele vem, não podemos ir até Ele. Quando largamos tudo, até mesmo a busca de *Atman*, então, para essa consciência, pura e inocente, é que *Atman* revela Sua própria natureza. A escolha não é com a consciência, porque a consciência que faz uma escolha está presa em um processo de pensamento, ela se movimenta entre dois pontos de dualidade. Tal movimento causado pela escolha traz à existência uma diversidade de modificações. Como pode *Atman* revelar Sua natureza a uma consciência agitada e exaltada por modificações? Somente quando a escolha da mente cessa é que a escolha do *Atman* pode aparecer. Certamente *Atman* pode revelar Sua natureza somente para uma consciência que é responsiva. *Atman* pode entrar em uma Casa que está vazia. Uma casa que está cheia não tem espaço para *Atman*. Mas, muitas vezes, uma casa pode estar vazia e, ainda assim, ser totalmente fria, indicando com sua frieza que ninguém seria bem-vindo ali. A casa precisa estar vazia e, entretanto, seu vazio deve ter um calor imperceptível. De outro modo, seu espaço vazio seria amedrontador. Embora vazia ela seria um lugar bastante visitado, e uma casa muito freqüentada certamente não é um lugar convidativo. O que confere frieza a uma casa vazia? Uma casa que teve que ser abandonada é vazia e fria. Aqueles que abandonaram a casa ainda estão imperceptivelmente presentes ali. É sua presença imperceptível que torna a casa não convidativa – é isso que transforma seu espaço bastante freqüentado e, portanto, amedrontador. A casa da consciência humana raramente está vazia, e mesmo quando está, seu vazio tem a aparência amedrontadora da frieza. Quem entraria em tal casa? Como pode *Atman* revelar-Se em uma casa assim? Mas o que torna a casa da consciência humana vazia e fria? É o esforço consciente de tornar a casa vazia que confere essa frieza a ela. Um homem que faz uma tentativa consciente de criar silêncio pode alcançar um vazio, mas é um vazio contaminado por uma frieza. Essa casa não tem calor. É um vazio com motivo, e é a presença desse motivo que expulsa todos, mesmo quando a casa está completamente vazia. É o motivo que continua a freqüentar o espaço vazio. E, assim, Yama diz a Naciketa que *Atman* não pode ser alcançado por nenhum esforço consciente por parte do homem. Ele é alcançado somente por aquele que *Atman* escolhe – e *Atman* não escolhe a mente que foi transformada em uma mente vazia, ele escolhe somente a mente que se tornou vazia. A mente que foi transformada em uma mente silenciosa é uma mente bastante visitada, mesmo que vazia, mas a mente que se tornou silenciosa é uma casa onde *Atman* é bem-vindo, pois é calorosa mesmo quando vazia. Em uma casa assim é que *Atman* revela sua própria natureza.

    Yama diz a Naciketa que "quando *Atman* manifesta-Se, o homem se torna livre das garras da morte". O Segredo da Morte é comunicado por *Atman*, mas tal comunicação requer uma consciência totalmente pura, vazia e, ainda assim, não freqüentada pela presença imperceptível do inquilino. Somente quando o inquilino não deixa marca de si para trás é que a casa da consciência humana pode ser vazia, calorosa e vital. Em tal casa *Atman* chega, e onde a Imortalidade chega, como pode haver temor da morte? Yama diz:

> Atman *está além do som e da forma, sem tato, gosto ou cheiro. É eterno, imutável – e sem começo nem fim.*

Aquilo que é sem começo ou fim obviamente é Atemporal e, portanto, Eterno. A imortalidade significa eternidade, não uma continuidade interminável. Quando *Atman* revela sua própria natureza, então a morte é despojada de toda sua temeridade, pois aqui *Shiva*, o Destruidor, se torna *Shiva*, o *Nataraja* – aquele que se expressa em uma Dança Cósmica de maravilhosa beleza.

Yama elabora esse tema de *Atman* ainda mais e diz a Naciketa que o *Atman* pode ser visto somente por aquele que possui "*insight* sutil e unidirecionado". Ele diz que aquele que deseja ver *Atman* deve ter uma mente muita aguda e alerta – uma mente capaz de ver a sutileza das coisas. Uma mente que é aguda e lógica pode ver até mesmo o mais sutil dos pensamentos, expressos em qualquer tema. Tal mente aguda pode observar imediatamente até mesmo uma falha na lógica das coisas. Nada passa desapercebido de uma mente sutil assim. Mas Yama diz que a mente deve ser sutil e, ao mesmo tempo, unidirecionada. Uma mente aguda tem a tendência de mover-se rápida e interminavelmente. Ela tem um amplo alcance e busca cobrir uma vasta variedade de temas. É uma mente que tem movimento, mas não pausa. Conhece o Movimento Infinito, mas não conhece o Repouso Infinito. Yama diz que a mente que é aguda precisa também ser, ao mesmo tempo, unidirecionada. Mesmo no movimento deve ser capaz de estar em repouso. O unidirecionamento deve ser capaz de estar em repouso. O unidirecionamento é uma condição de repouso. É uma condição em que a mente pode examinar as profundezas assim como a mente aguda é capaz de abarcar uma superfície cada vez maior. A mente deve ter amplitude assim como profundidade – é só essa percepção sutil e unidirecionada que pode levar o homem à percepção de *Atman*.

Yama dá instruções adicionais a Naciketa com relação a *Atman*, o qual, ele diz, detém a chave do Segredo da Morte. Yama diz que nossa própria vida, com suas várias distrações, pode ser descrita como uma Carruagem. A essa carruagem estão presos vários cavalos – e esses são os sentidos. Os cavalos são fortes e vivos, precisam ser controlados. É a mente que constitui as rédeas que controlam os cavalos. E as rédeas são seguradas pela Inteligência ou *Buddhi*, que é o cocheiro. E, dentro da carruagem, senta-se o Senhor e Mestre da carruagem, *Atman*. É óbvio que o Mestre ocupa seu assento na carruagem quando o cocheiro segura as rédeas. Mas, muitas vezes, nossa carruagem está sem cocheiro e, portanto, os cavalos estão correndo soltos sem rédeas. Em tal condição a carruagem permanece desocupada, pois como o Mestre poderia ocupá-la se não há ninguém para segurar as rédeas? Nossa carruagem da vida move-se a esmo, puxada pelos cavalos. A mente parece estar correndo por aí com os sentidos. A menos que o cocheiro esteja instalado, a menos que *Buddhi* ou Inteligência tome as rédeas em suas mãos, a carruagem não pode andar firmemente, realizando sua tarefa indicada. Somente o cocheiro é que irá convidar o Mestre para ocupar seu assento. Só quando *Buddhi* ou inteligência convida é que *Atman* virá. Diz-se que *Atman* é alcançado somente por aquele ao qual Ele escolhe. *Atman* escolhe entrar na carruagem onde *Buddhi* ou Inteligência controla as rédeas pelas quais a carruagem se move. Em outras palavras, *Atman* entra na casa onde a mente está completamente sob o controle de *Buddhi*. Quando *Buddhi* segura as rédeas, elas não ficam nem muito apertadas nem muito frouxas. Se forem muito apertadas, os cavalos ficam sufocados em seus movimentos, mas se forem muito frouxas, os cavalos ficam sem controle, levando por diante as rédeas e a carruagem também.

Em todas as religiões e disciplinas morais a questão mais difícil é o controle da mente. Em matéria de realização espiritual também é a mente que se constitui no maior problema. É a mente agitada que impede a percepção de *Atman*. São os véus projetados pela mente que ocultam a Face de *Atman*. Yama dá a Naciketa uma instrução intensamente prática sobre o controle da mente. Ele diz:

O sábio deveria sujeitar a fala à mente e a mente à inteligência.

Como pode a fala ser controlada pela fala e a mente pela mente? E, contudo, é exatamente isso que o homem faz através das várias disciplinas morais e religiosas. Quando a fala tenta controlar a fala, há frustração, ou, na melhor das hipóteses, isso resulta em alguma modificação com relação ao padrão da fala. Quando a fala tenta controlar a fala, então pode haver momentos alternados de fala e silêncio, mas tal silêncio somente se torna uma desculpa para acumular falas calculadas na qual irrompemos assim que o dito silêncio acaba. O controle da fala pela fala pode resultar somente em uma modificação dos padrões da fala; não pode haver transformação fundamental. Tal controle só acumula tensão e acaba em frustração. Esse é ainda mais o caso quando a mente busca ser controlada pela mente. Como pode a mente controlar a mente? Para tal controle o homem criou uma entidade artificial chamada Mente Superior e através dela ele deseja controlar o que chama de Mente Inferior. Afinal, mente é mente, tanto faz que a chamemos de Superior ou Inferior. Como pode uma parte da mente controlar outra parte quando a mente não se presta à compartimentalização? Uma abordagem compartimentalizada busca apenas manter o controlador e o controlado em dois compartimentos distintos e estanques. Mas aqui o controlador nada pode fazer, a não ser manter uma mira constante sobre o controlado para que ele não fuja de sua gaiola. Todos os esforços para controlar a mente inferior com a mente superior são frustrantes e produzem pressões e tensões no homem que adota tal disciplina. É possível que, algumas vezes, a Superior e a Inferior cheguem a um armistício temporário, onde a inferior concorda em mudar seu padrão comportamental de modo a parecer mais respeitável. Tal ajuste pode durar algum tempo, pode se tornar até mesmo um novo hábito para a mente inferior. Mas uma mudança pela adoção de um novo hábito não é mudança alguma – é apenas uma mudança de uma vestimenta exterior. Yama diz que um homem sábio controla a fala com a mente e a mente com a Inteligência. É óbvio que a fala pode ser efetivamente controlada somente quando a mente está em silêncio. Uma mente tagarela e o silêncio de palavras dificilmente andam juntos. Se permitirmos à mente tagarelar, então qualquer esforço que possa ser feito para o controle da fala será infrutífero. Analogamente, qualquer esforço para silenciar a mente com o esforço da mente é totalmente frustrante. Isso jamais pode ser feito. O controle da mente, que significa o cessar do movimento da mente, jamais pode resultar de um esforço consciente. Um silêncio forçado torna a mente ainda mais irrequieta. A mente chega ao silêncio e nesse estado, silenciosamente, segura as rédeas do controle com a Inteligência ou *Buddhi*. Assim como o esforço para controlar a fala através da fala resulta em tensão, analogamente o controle da mente com a mente nada produz a não ser pressão. Quando os esforços da mente se desvanecem, então é que *Buddhi* segura as rédeas, sem excesso de firmeza e sem excesso de folga. A mente por si mesma tende a ir aos extremos – esses extremos são seus opostos. Ela se move de um oposto a outro, de um extremo a outro. Mas a mente que está sob a influência de *Buddhi* move-se sem qualquer tensão, ao longo do Caminho do Meio. Quando a mente se move ao longo do Caminho do Meio, o Cocheiro tem as rédeas em suas mãos, as rédeas através das quais ele mantém os cavalos sob controle. Quando isso ocorre, o Senhor e Mestre da carruagem, *Atman*, ocupa seu assento na carruagem. Com *Atman* sentado na carruagem, há graça e dignidade em seus movimentos, pois ele flui através do espaço, inconsciente de qualquer atrito, seja qual for. Yama diz a Naciketa que o caminho para *Atman* é:

> ... *um caminho de fio de navalha, difícil de trilhar e difícil de atravessar.*

O Caminho do Meio, sem dúvida, é o caminho do fio da navalha. Manter-nos no estreito fio da navalha é uma tarefa difícil. Não é preciso dizer que qualquer hesitação faria o homem cair no outro lado. Até mesmo o mais leve, até mesmo um pequeno movimento da mente levaria o aspirante a um dos extremos, o da esquerda ou da direita. A mente não consegue percorrer o Caminho do Meio por seus próprios esforços. Um caminho assim seria apenas um meio-termo entre os dois opostos. Mas o Caminho do Meio não é um meio-termo entre dois extremos – não é com um pouco de indulgência e um pouco de negação que se produz o Caminho do Meio. O Caminho do Meio é aquele no qual não há indulgência nem negação. É na completa negação tanto da indulgência como da resistência a ela que o Caminho do Meio é percorrido. Mas a mente só conhece a indulgência e a negação, ou um meio-termo entre as duas, que ela chama de síntese entre os dois extremos. A mente não consegue percorrer o caminho do meio por seus esforços conscientes – é só quando os esforços da mente cessam e o controle é assumido pela Inteligência, por *Buddhi*, que o Caminho do Meio é percorrido. Ele é como o fio de uma navalha porque é muito estreito – é como uma linha matemática que tem extensão mas não possui largura. Não pode ser concebido pela mente. *Atman* deve ser encontrado no Caminho do Meio – o caminho que não é conhecido pela mente, mas ao longo do qual a mente se move quando é iluminada e guiada pela Inteligência ou *Buddhi*. Yama pede a Naciketa que avance pelo Caminho do Meio se ele quiser conhecer o Segredo da Morte, se ele quiser estar em comunhão com o Grande Além.

O Segredo da Morte não pode ser captado pela Mente porque ele está com *Atman*, e *Atman* é intangível. Yama diz que aqueles que estão destituídos de sabedoria tentam agarrar o intangível como se ele fosse tangível. O que é captado pelo não-sábio não é o Ser[2], mas o não-ser. O que a mente pode captar não é *Atman* – é a negação de *Atman*. O Segredo da Morte que é captado pela mente é apenas uma condição pós-morte, não é o significado da morte. Porque a mente mantém em seu poder apenas a continuidade e su-

---

[2] Nessa e em várias outras passagens, a palavra *Self* está sendo traduzida por "Ser". Opcionalmente, poderia ser traduzida por "Eu". (N. ed. bras.)

as modificações, aquilo que é descontínuo sempre escapa da rede da mente. E o Segredo da Morte é esse momento descontínuo, não é a continuidade do tempo. Yama diz:

> *As crianças buscam prazeres externos e caem na rede da morte generalizada; mas as almas calmas, tendo sabido o que é a Imortalidade inabalável, não cobiçam nenhuma coisa incerta do mundo.*

Aqui Yama diz claramente para Naciketa que aqueles que buscam segurança nas coisas tangíveis da vida estão presos para sempre na rede da morte generalizada. Ser capturado na rede da morte é ser destruído internamente. Eles ingressam no reino da completa insegurança. Eles caem em poder da morte e não têm poder sobre ela. São esmagados uma e outra vez porque a rede da morte está espalhada. Quem é preso nela vive frustrações causadas pela insegurança. Mas Yama afirma que o sábio, havendo conhecido as profundezas da descontinuidade, e tendo conhecido no momento da morte a verdade inabalável da Imortalidade, não tenta entrar em comunhão com o Intangível através do apego ao tangível. Ele descobriu sua verdadeira segurança no reino do Intangível e não é capturado nas inseguranças do tangível. A segurança do Intangível é, na realidade, a percepção de *Atman*.

Podemos fazer uma pergunta, e com razão. Naciketa havia pedido a Yama que lhe fizesse o terceiro favor. O que aconteceu com aquele pedido? Yama o esqueceu? Será que ele levou Naciketa para outros temas com digressões, fazendo com que esquecesse desse pedido? Toda a discussão em que Yama estava empenhado até agora tinha o objetivo de levar Naciketa à situação em que o pedido pudesse ser atendido. Yama faz uma pergunta pertinente a Naciketa: "Há alguma coisa que permaneça desconhecida de *Atman*?" Se não há coisa alguma desconhecida de *Atman*, então, certamente o Segredo da Morte também está com *Atman*. Se esse é o caso, Yama diz a seu discípulo: "Atendo ao terceiro pedido e digo a você que procure *Atman*, porque ao encontrar *Atman* você saberá o Segredo da Morte." Yama diz a Naciketa:

> *É através de* Atman *que percebemos todos os objetos, seja durante o sono ou em estado de vigília. Tendo compreendido o vasto* Atman *que a tudo permeia, o homem sábio nada teme.*

As condições do estado de vigília e do sono, citadas no verso acima, se referem a condições físicas ou não-físicas. Yama diz que toda percepção, seja no nível físico ou não, é possibilitada por *Atman*. É a onipresença de *Atman* que torna possível a percepção. A própria percepção dos objetos é possível por causa da presença imperceptível de *Atman*. Se conhecemos o Intangível, sempre presente no tangível, então ficamos completamente livres do medo da morte e, conseqüentemente, da insegurança. É porque o Intangível está presente que o tangível se torna perceptível. A própria existência do tangível se deve ao Intangível. Yama diz:

> *O que está aqui, a mesma coisa está lá – e o que está lá, a mesma coisa está aqui. Aquele que vê separação entre as duas coisas avança de morte em morte.*

O Intangível está tanto lá quanto aqui. Do ponto de vista do Intangível, não há diferença entre "aqui" e "lá". Mas quem vê aqui o tangível e lá a perda do tangível não sabe o que é a morte. Tal pessoa vai de morte em morte porque não conheceu o significado da morte. Aquele que vê só o tangível nas coisas existentes é sempre capturado pela força da morte. Mesmo quando vivo, ele fica sob o poder da morte. Mas aquele que viu o Intangível, mesmo quando vivo vê o Intangível na própria morte e, mais que isso, ele vê o Intangível em toda sua glória. A diferença entre "aqui" e "lá" surge só quando no "aqui" é visto o tangível e no "lá" é vista a ausência do tangível. Mas ver o Intangível aqui é sair da esfera da continuidade da mente. Aquele que pode fazer isso conhece a morte no meio da vida. Aquele que não vê o Intangível no tangível vai uma vez após a outra para a casa da morte, mas retorna dela com as mãos vazias, sem encontrar o significado da morte.

Yama diz a Naciketa que o favor que ele havia pedido lhe está sendo dado. Em vários versos do Upanixade *Katha*, Yama declara: "Isso em realidade é aquilo", o que significa que a realização do terceiro favor ocorre quando é indicado onde o Segredo da Morte pode ser descoberto. Em um verso após o outro, ele indica: é o *Atman* que detém esse segredo, e portanto é entrando em comunhão com o *Atman* que Naciketa pode encontrar o Grande Além. Novamente, Yama diz:

> *Como uma Chama sem fumaça, do tamanho de um polegar, assim é o* Atman *– o Senhor do Passado e do Futuro, que é o mesmo tanto hoje como amanhã.*

Aqui, o *Atman* é descrito como Chama sem fumaça – o que significa isso? Quando essa fumaça surge na Chama? Ela surge, obviamente, quando há impurezas. Enquanto as impurezas durarem, deve haver fumaça. Mas *Atman* é completamente puro e incorruptível, e isso significa Chama sem fumaça. Yama diz que *Atmam* é o Senhor do Passado e do Futuro, porque ele transcende o processo do tempo. Ele é imanente no tempo e também está além do tempo. O tempo simboliza mudança, mas *Atman* permanece imutável mesmo no meio da mudança. Yama declara isso ao dizer que *Atman* é "o mesmo tanto hoje como amanhã". Pelo fato de que é imutável, ele é o iniciador de todas as mudanças. *Atman* não é estático. Na verdade ele é o centro imutável de uma mobilidade interminável. Yama diz a Naciketa que esse é, na verdade, o Segredo que ele havia solicitado em seu terceiro pedido.

Em Naciketa, Yama encontrou um discípulo valioso. Assim, o Instrutor explica a ele uma e outra vez o tema de *Atman*, mostrando diferentes facetas da mesma verdade. Ele pergunta:

Quando a alma identificada com o corpo e que habita nele é separada do corpo, quando ela se liberta dele, o que permanece, então? O que permanece é verdadeiramente Aquilo.

Quando a força que doa vida ao corpo se retira, o que é que fica para trás? Naturalmente, o que é deixado para trás é o corpo morto – o corpo destituído de vida. Mas então onde está a Vida? Ela desapareceu subitamente para além do alcance do homem. Em um momento o corpo estava pulsando com vida, e no momento seguinte ele fica como um tronco de madeira, incapaz de mover-se ou de respirar. Aquilo que dava movimento e respiração escapa do alcance do homem. Yama diz que esse *algo* Intangível que mantém o corpo vivo ou o deixa morto é na realidade aquele *Atman* sob cuja guarda está o segredo da vida e da morte. Não há dois segredos – um sobre a vida e outro sobre a morte. Há um só segredo que explica tanto o fenômeno da vida como o da morte. É o Intangível que, em sua aproximação ou afastamento, determina a vida e a morte. Já no início Naciketa havia feito uma pergunta para Yama: "Diga-me, por favor, o que acontece no momento da morte. Há existência ou não-existência?" Por que razão Yama não respondeu imediatamente dizendo "Sim", ou "Não"? Como Yama poderia responder? Dizer que há existência, seria errado, mas seria igualmente errado dizer que há não-existência. O que guarda o segredo da vida e da morte é aquilo que vitaliza o corpo, mas que não é captado quando o corpo morre. Yama explica isso melhor para Naciketa no seguinte verso:

> ...*mortal algum jamais vive por* Prana, *que vai para cima, nem por* apana, *que vai para baixo. O homem vive por uma coisa diferente, da qual esses dois dependem.*

Yama diz que a força doadora de vida que vitaliza o corpo não é *Prana* – seja expansivo ou retraído. Ele diz que esses dois alentos vitais dependem para seu movimento de *algo* mais, e sem esse *algo*, até mesmo a respiração não seria possível. O que causa a morte do corpo? É o recolhimento de *Prana*? Yama diz que não é assim. Pois mesmo o recolhimento de *Prana* depende de algo, esse algo ele descreve como *Atman*, que vitaliza o corpo e, contudo, não está no corpo. Se estivesse no corpo, seríamos capazes de encontrá-lo quando o corpo morre e, contudo, não podemos dizer que ele está além do corpo, pois se Ele estivesse, então como o corpo seria vitalizado? No corpo e, entretanto, não nele, esse é o paradoxo de *Atman*. Aquele que pode resolvê-lo conhece o segredo da morte e conhece também o significado da vida. Mas a solução do paradoxo deve ocorrer na fração de segundo do exato momento da morte. *Atman* é compreendido somente nesse momento, pois aquilo que é Atemporal não pode ser conhecido na extensão do tempo. É o momento Atemporal que realmente é o momento da morte. É aqui que o paradoxo da existência e da não-existência é resolvido. É aqui que o Intangível, que é a causa tanto da existência quanto da não-existência, é percebido. É uma experiência que vem em um piscar de olho. É súbita e instantânea. É em um Súbito Despertar que o homem conhece o segredo da morte e o significado da vida. Porém o homem não vive para sempre nesse momento; o momento precisa ser momentâneo, mas o homem retorna ao campo do Tempo. Da não-existência surge uma existência renovada Do momento Atemporal emerge uma jornada renovada para o Tempo. Mas qual é a natureza dessa jornada? Yama diz:

> *O homem vai novamente para o útero da mãe, obtendo assim um corpo novo – ou ele pode ir para a região do Imperecível.*

Yama diz que o homem comum retorna a um novo nascimento depois da morte. Mas há também a possibilidade do homem ir à região do imperecível e, assim, ficar livre da necessidade de renascer. Aqui, nesse verso, a palavra *Sthanu* é usada. E muitos comentadores interpretaram-na como significando que o homem pode nascer como uma planta ou um tronco de uma árvore. Isso parece sem sentido. Não havia razão para Yama enumerar os detalhes do renascimento, se assim fosse, por que deveria ele mencionar somente árvores, existem tantos outros objetos e categorias de existência, que uma mera menção à planta pareceria completamente fora de lugar. Mas por que deveria *sthanu* ser interpretado como um tronco de árvore? *Sthanu* significa realmente Firme e Imóvel. Yama está explicando a Naciketa a natureza de *Atman* que é Imutável e Imperecível. Os homens que estão enraizados no Imutável e no Imperecível estão além da necessidade de re-nascimento – estão livres da cadeia do nascimento e da morte. Existem muitos que são governados pelas necessidades do renascimento, mas existem alguns que superam essa necessidade. Eles podem nascer, mas não estão sob qualquer compulsão ou necessidade. Yama aqui fala de duas categorias de homens que chegaram à morte manifestando tendências totalmente diferentes. Todos chegam à morte, mas da morte alguns retornaram sob a necessidade de re-nascimento, enquanto outros estão livres de tal necessidade. Eles venceram a morte e, portanto, venceram a vida também.

Yama antecipa a dúvida que pode surgir na mente de seu discípulo com essa resposta e, assim, como verdadeiro Instrutor, formula a dúvida e esclarece a dúvida. Yama formula a pergunta de Naciketa, que é a seguinte: "Por que deveria haver diferenças que emergem do momento da morte, de modo que alguns são compelidos a renascer e outros passam além da necessidade de renascer?" Yama aqui dá uma resposta muito significativa. Pois ele diz:

Aquele que não conhece Atman *nesta vida, antes do corpo morrer, deve nascer novamente em novos mundos e novas criações.*

Por que há necessidade de renascimento para alguns e não para outros? Yama diz que aquele que conhece *Atman* enquanto vive, conhece o significado do Manifesto e também o segredo do Imanifesto. Mesmo enquanto vivo ele conhece o que a morte implica. Aquele que percebe o Intangível, mesmo no tangível, conhece a morte na vida. Para tais pessoas a morte física é apenas um incidente entre muitos incidentes, pois elas conheceram tanto a morte quanto a renovação antes do desvanecimento do corpo. Elas sabem como renascer sem a morte física. Para aquele que conhece a morte e a renovação de momento a momento, a morte física não tem lição a ensinar. Tal pessoa passou além do domínio da morte. Mas aqueles que não conheceram a morte enquanto vivos, precisam reiteradamente retornar do portal da morte. Mesmo na morte física eles se apegam à existência e, portanto, são compelidos a retornar. Em tal compulsão há o temor da morte e, dessa forma, não há alegria de viver. Movem-se entre a frustração de viver e o temor da morte. Incapazes de largar seu apego à existência, temem entrar no reino da não-existência. Mas sem a experiência da não-existência, a própria

pria existência se torna mera poeira e cinza na boca daquele que é compelido a viver e, portanto, compelido também a morrer. Tal homem não conhece a liberdade além das compulsões da vida. Como alguém pode viver criativamente sob compulsão? Como as alegrias da vida podem ser experimentadas quando estamos sob a compulsão da morte?

Se ao conhecermos *Atman* enquanto vivos vencemos a morte, então como esse *Atman* pode ser conhecido? Naciketa faz uma pergunta muito pertinente a Yama. Ele diz:

> *O sábio diz que* Atman *não pode nem mesmo ser indicado dizendo Ele é algo – então, como conhecê-Lo? Ele brilha por Si mesmo ou Ele brilha com uma luz refletida?*

Se *Atman* brilhar com uma luz refletida, então certamente Ele será dependente de outra coisa. Se Ele brilha com Sua própria luz, então por que Ele não pode ser descrito? Certamente, aquilo que brilha com Sua própria luz pode ser facilmente descrito, pois não tem momentos de escuridão nos quais não pode ser visto. Por que então *Atman* é tão intangível, tão fugidio que não pode nem mesmo ser descrito? Yama diz:

> *Na terra de* Atman, *o sol não brilha, nem a lua, nem as estrelas, as luzes não brilham lá, muito menos o fogo da terra. A partir de Sua luz todos esses dão luz – e Sua radiância ilumina toda a criação.*

Yama diz que *Atman* é autoluminoso. Sua luz não depende de nada ou ninguém. Na verdade, é a luz de *Atman* que a tudo ilumina – é a luz de *Atman* que torna todas as coisas visíveis. Mas se *Atman* é autoluminoso, então por que não pode ser facilmente visto? Não há meios pelos quais Ele pode ser percebido? Yama diz:

> *Em uma consciência pura e clara, como um espelho, ele pode ser visto nesta vida; mas nas regiões dos que partiram, somente como uma lembrança de sonhos – ou como um reflexo nas águas ondulantes.*

Podemos perguntar: o que é essa consciência pura e clara como um espelho? Um espelho não se apega a nada e, portanto, pode refletir tudo – a pureza do espelho acaba quando ele tenta possuir qualquer imagem particular. Analogamente, uma consciência que a nada se apega é pura e clara. Em tal consciência se reflete a imagem de *Atman* sem qualquer distorção. A face de *Atman* pode ser vista na consciência que é pura e clara. Mas o que significa o não-apego de parte da consciência? É uma consciência que, embora viva, entra na Casa da Morte. Antes de entrar na casa da morte, todos os metais e valores, todas as posses precisam ser descartadas, pois a morte exige que o homem vá só, desarmado e indefeso, para a mansão de Yama. Mas a questão é: o homem deixa suas posses para trás ou elas lhe são tiradas? Ele as largou ou foram levadas à força? Quando as posses são largadas, como os reflexos são largados pelo espelho, então a consciência se torna pura e clara. É nesse estado de largar as posses que a consciência, enquanto viva, experimenta o estado da morte. Mas nesse estado não há perturbação ou anseio pelo que se foi. Pois o tangível não se agarra a essa consciência. Essa consciência pura conhece com clareza o tangível e, ainda assim, o tangível não continua agarrado a ela. O tangível vem e vai, deixando a superfície da consciência pura e clara como um espelho. Mas normalmente o homem não experimenta o largar das posses, ele conhece somente o arrancar das posses. É nessa condição que ele parte para o reino da morte. Ele carrega para aquele reino as lembranças daquilo que lhe foi arrancado e, portanto, o reflexo de *Atman* é como um reflexo em águas ondulantes. Não é na terra do que partiu que o segredo da morte é compreendido. É somente na terra do vivo que podemos conhecê-lo. Quando o tangível vem e vai, mas não encontra moradia na consciência do homem, então, nesse estado puro e claro, o homem vê o reflexo de *Atman*. Quando não se dá continuidade ao tangível, então nessa consciência entra a experiência da descontinuidade. A capacidade de ver o tangível e, entretanto, a sabedoria de não se agarrar a ele – é isso que significa a experiência da morte enquanto vivo. É nessa experiência que o homem proclama que conhece, e tudo que pode dizer sobre *Atman* é: ELE É. Nada mais se pode dizer sobre ele. Yama diz:

> *Essa estabilidade de consciência é chamada Ioga. Deveríamos estar alertas e vigilantes, pois a Ioga vem e vai.*

A estabilidade de consciência não pode ser conhecida em termos de continuidade, ela vem em um *flash* momentâneo. Ioga não é uma continuidade, é essencialmente uma experiência de descontinuidade. O verso acima diz "a ioga vem e vai", ela não pode ser fixada em uma moldura de continuidade. Mas os *flashes* momentâneos de Ioga podem ser conhecidos por aquele que é vigilante. Mas vigilante de quê? Ele deve cuidar para que a consciência não dê continuidade a qualquer experiência. A continuidade da experiência é a posse da consciência. Quando isso acontece, o espelho não é mais um espelho. A visão de *Atman* se vai, ele pode ir para o reino da morte, mas retorna sem conhecer o segredo da morte.

Yama resume todo o ensinamento do Upanixade *Katha* dizendo:

> *Quando todos os desejos que se agarram ao coração desaparecem, então um mortal se torna imortal. Esse é o ensinamento sagrado. Quando todas as amarras que prendem o coração são afrouxadas, o mortal se torna imortal. Esse é o ensinamento sagrado.*

Yama aqui mostra o caminho da imortalidade a Naciketa e fala para ele da experiência sem acúmulo. Ele não lhe pede para matar todos os desejos, ele diz apenas que o apego dos desejos deve ir embora. O apego significa dar continuidade. Se não se dá continuidade aos desejos, não há anuviamento da visão. Deixe os desejos vir e ir, pois esse é realmente o estado de viver. Mas pobre daquele que dá morada, continuidade, a essa corrente de desejos. Uma vez que isso é feito, a consciência não mais serve de espelho. Como pode haver percepção do Eterno e Imperecível quando a mente está fechada por causa das posses às quais se agarra? O pensamento dá continuidade à experiência e, portanto, somente a mente que é livre de todos os pensamentos é que conhece o que é a Visão de *Atman*. Mas uma mente livre de pensamentos é uma experiência momentânea, somente nesse momento é que vem o *Flash* do Eterno. A morte é uma experiência momentânea, mas é nesse momento da morte que a Imortalidade reside. Yama pede a Naciketa para ficar ciente desse Momento da Morte, então, como um *flash* de luz, ele conhecerá o segredo da morte e o significado do Grande Além.

Yama concedeu a terceira dádiva a Naciketa – e Naciketa emerge da Mansão da Morte como um Grande Vencedor, pois ele venceu a morte, mesmo enquanto vivo entrou no Palácio da Morte. Quando o tangível foi largado, ele viu a insuperável beleza do Intangível, quando o Manifesto foi voluntariamente deixado para trás, então a Visão do Imanifesto lhe foi concedida em toda sua majestade. O homem que sabe como morrer constantemente, só ele conhece o segredo da Imortalidade – e essa é a mensagem vitalizadora dada pelo Senhor da Morte para todos os investigadores que desejam conhecer o significado da morte e, portanto, o significado da própria vida.

*Upanixade
Prashna*

IV

O Fogo da Criação

Max Mulller, o grande erudito europeu, disse que os Upanixades são "a fonte da filosofia Vedanta, um sistema no qual a especulação humana parece ter alcançado seu ápice. Eles são para mim como a luz da manhã, como o ar puro das montanhas tão simples, tão verdadeiros, uma vez compreendidos". Alguns pensadores ocidentais modernos disseram que o Vedanta é a única abordagem científica à religião que os homens e as mulheres desta civilização podem aceitar. Podemos perguntar: o Vedanta tem uma abordagem científica? O que é, afinal, uma abordagem científica? Sua característica fundamental é uma percepção objetiva das coisas. A ciência se esforça para olhar para as coisas de um ponto de vista objetivo e não-tendencioso. Precisamos, entretanto, compreender que dois agentes estão envolvidos em todas percepções: os sentidos e a mente. Um mero impacto sensorial não é percepção. Só quando a mente coloca sua assinatura nos impactos sensoriais é que o ato da percepção se completa. Pois bem, esses dois fatores da percepção têm suas limitações. As limitações surgem de sua seletividade. Em todos os atos de percepção há primeiro a seletividade dos sentidos e, a seguir, a seletividade da mente. É óbvio que não é possível uma percepção perfeitamente objetiva enquanto houver esse processo seletivo. Ora, a ciência se preocupa em reunir fatos. Suas proposições e hipóteses se apóiam nos fatos que ela consegue reunir. Mas como podemos ter certeza dos fatos que reunimos, enquanto o elemento da seletividade estiver presente? É possível que no próprio processo de reunir os fatos, os sentidos e a mente deixem de fora muitas coisas que podem ser importantes para chegar-se às conclusões corretas. Ora, vimos que a ciência se preocupa com a percepção objetiva não-tendenciosa das coisas. Nessa tarefa, a ciência se esforça para eliminar a seletividade dos sentidos ampliando a extensão da resposta sensorial. Através de telescópios, microscópios e muitos outros instrumentos, ela rompe os limites dos sentidos. Através desses instrumentos a ciência pode reunir mais fotos do que seria capaz se dependesse somente das informações trazidas apenas pelos sentidos. Mas essa é apenas uma parte do problema da percepção objetiva. A segunda parte mais difícil é a mente e sua seletividade. A seletividade da mente funciona através de seu processo de interpretação. E a mente funciona tão rapidamente que antes de conhecermos os fatos já demos uma interpretação a esses fatos! Assim, através de sua seletividade, a mente confere uma tendência à nossa percepção. Assim, a menos que a seletividade da mente seja efetivamente eliminada, não pode haver esperança de alcançar-se aquela objetividade de percepção que é a meta da ciência. Pois bem, os Upanixades se ocupam fundamentalmente com o problema da eliminação da interpretação seletiva da mente. Sua tese principal é que, para conhecer o objeto, precisamos primeiro conhecer o sujeito. A menos que o conhecedor seja conhecido, não pode haver percepção objetiva do conhecido. Enquanto o sujeito projeta a si mesmo no ato da percepção, não pode haver uma percepção não-tendenciosa do objeto. Assim, os Upanixades levam o processo científico mais adiante. A sua filosofia é realmente uma filosofia objetiva, pois ela permite-nos ver os objetos como eles são, sem os processos interferentes da mente. Quando a interferência do sujeito é eliminada, o objeto pode ser visto como é. Os Upanixades declararam que todo o mundo é impregnado por *Brahman* ou Realidade, mas nós não podemos vê-lo porque a mente introduz uma distorção em nosso próprio ato de percepção.

Em parte alguma a abordagem científica do Vedanta é vista tão claramente quanto no Upanixade *Prashna* onde o instrutor e os estudantes estão empenhados em uma verdadeira investigação científica da natureza das coisas. Esse Upanixade conduz o investigador do conhecido para o Desconhecido, do manifesto para o Imanifesto, da matéria densa para o supremamente Espiritual.

Certa vez seis aspirantes espirituais estavam desejosos de conhecer a verdadeira natureza das coisas. Estavam em busca de um instrutor que pudesse transmitir-lhes seus ensinamentos. Finalmente encontraram tal instrutor, cujo nome era Pippalada. Os seis aspirantes colocaram seus problemas diante dele buscando conhecimento e compreensão. Mas Pippalada não era um instrutor comum. Ele disse:

Fiquem aqui por mais um ano com Austeridade, Pureza e Fé. Peçam então qualquer coisa que desejam, e, se eu souber, lhes direi o que desejam saber.

Por que o instrutor solicitou aos aspirantes para esperarem mais um ano antes de lhes fazer suas perguntas? Ele não lhes pediu para esperar um ano para conhecerem as respostas, ele lhes pediu para esperarem para formular as perguntas. É fato que quando uma pergunta não é formulada apropriadamente, sua resposta verdadeira não pode ser encontrada. Em qualquer investigação séria, a formulação da pergunta é de suprema importância. A resposta para uma questão depende de como foi colocada a pergunta. Se a questão é formulada erroneamente, a resposta também está fadada a ser errada. Além disso, uma questão que é perguntada superficialmente recebe uma resposta igualmente superficial.

E, assim, o Instrutor diz a esses seis aspirantes para ficarem mais um ano, no final do qual eles poderiam fazer qualquer pergunta que desejassem. Mas como esses estudantes irão qualificar-se para fazer perguntas depois de gastar mais um ano no *ashrama* do Instrutor? Como estarão mais bem preparados em razão da passagem do tempo? Temos de lembrar que o instrutor pediu aos estudantes para esperarem mais um ano, mas tal espera não devia ser feita de forma ociosa. Essa espera devia ser feita com austeridade, pureza e fé. Se uma questão deve ser uma investigação séria, aqueles que embarcam nessa jornada devem ter muita energia. Sem tal energia a árdua jornada para a Terra da Verdade não pode ser empreendida. A maior parte das pessoas é incapaz de empreender tal jornada porque não tem energia, suas energias estão presas em inúmeras coisas, em várias preocupações. O instrutor pede a seus estudantes para se prepararem para fazer as perguntas e, portanto, para empreenderem uma jornada para a verdade através de *Tapas* ou Austeridade, através de *Brahmacharya* ou Pureza e através de *Shraddha* ou fé. Podemos perguntar: os estudantes serão capazes de empreender a jornada espiritual com a energia requerida, seguindo a prática acima de *Tapas*, *Brahmacharya* e *Shraddha*?

É algo estranho que se precise de qualificação para fazer uma pergunta, mas foi isso que Pippalada indica aqui bem no início do Upanixade *Prashna*. Muitas vezes nossas questões podem ser sérias, mas será que elas foram feitas com seriedade? Pippalada sabia que os seis aspirantes iriam fazer perguntas sérias, isto é, perguntas pertencentes a tópicos sérios, mas ele queria que os estudantes compreendessem que não é suficiente que os tópicos sejam sérios, deve haver seriedade ao se fazer as perguntas. Não raro fazemos uma pergunta sobre um tópico sério, mas então sentamos confortavelmente para obter uma resposta que é aceita ou rejeitada. Sentar para esperar uma resposta é mostrar uma mente superficial. Muitas vezes um tópico pode ser sério e, contudo, a pergunta baseada naquele tópico pode vir de uma mente muito superficial. Fazer uma pergunta séria sem qualquer seriedade, isso é o que muitos ditos investigadores fazem. Para demonstrar esse fato aos seis discípulos, Pippalada diz no verso acima que os aspirantes devem fazer-lhe suas perguntas após um ano e que "se eu souber responderei suas perguntas". O instrutor não diz que ele vai dar respostas, ele diz somente que se souber as respostas para suas perguntas responderá, caso contrário, não. Aqui o instrutor mostra uma honestidade intelectual da mais alta ordem. Ele não tem a pretensão de saber tudo. Mas a afirmação acima contém mais do que a honestidade intelectual do instrutor. Ela indica que não existem respostas estabelecidas para questões de profunda investigação espiritual. Se houvesse respostas estabelecidas o instrutor as daria imediatamente ao invés de pedir aos estudantes para que esperassem um ano. Se não há respostas estabelecidas, então onde se encontram as respostas?

As respostas para uma profunda investigação espiritual devem ser encontradas nas próprias perguntas. A solução de um problema não está fora do problema, está no próprio problema. Mas para encontrar uma resposta contida em uma pergunta, é da maior importância que a pergunta seja corretamente formulada. Para encontrar uma resposta precisamos, portanto, examinar todo o processo de questionamento. Se soubermos como colocar uma questão, então com certeza encontraremos uma resposta, e uma resposta correta. Para um problema matemático há uma resposta estabelecida que podemos procurar, mas para uma questão psicológica não há uma resposta estabelecida. Em uma questão psicológica a resposta está na pergunta. E para descobrir essa resposta, todo o processo de questionamento precisa ser examinado. A necessidade de explorar o próprio processo de questionamento está indicada neste verso do Upanixade *Prashna*.

Pippalada sabia que seus discípulos seriam capazes de colocar questões sobre temas sérios, mas não tinha certeza se eram capazes de explorar o próprio processo de questionamento, sem o qual jamais pode surgir a profunda compreensão. Esse é o porquê dele sugerir aos discípulos que esperassem um ano e durante esse período se preparassem através de *Tapas* ou austeridade, *Brahmacharya* ou pureza e *Shraddha* ou fé. Pois bem, o que é *Tapas* ou austeridade? É um processo pelo qual a energia da mente é liberada de emaranhamentos com o não-essencial. Para uma investigação séria, o homem precisa de muita energia, particularmente a energia da mente. A ciência nos diz que a energia é indestrutível. Isso significa que o homem tem energia, mas ela está bloqueada em algum lugar, e que ela pode se tornar disponível para ele em sua jornada para a Terra do Real. E a liberação de energia é o primeiro problema que o homem precisa enfrentar. O instrutor do Upanixade *Prashna* pede a seus pupilos para que liberem essa energia do não-essencial em que está enredada. Fazer isso é se envolver em *Tapas* ou austeridade. *Tapas* é o processo de separar o essencial do não-essencial. É uma negação do não-essencial. Essa negação ocasiona uma liberação de energia. Com a liberação de energia o homem enfrenta um novo problema e esse diz respeito à conservação de energia. Ele precisa cuidar para que a energia liberada por *Tapas* não seja desperdiçada, mas conservada. Pois bem, *Brahmacharya* significa realmente conservação de energia. A energia liberada do não-essencial é canalizada para o que o homem considera essencial ou bom. Afinal, o homem determina o essencial e o não-essencial somente através da categorização da mente. Certamente a mente precisa primeiro ser liberada daquilo que é considerado não-essencial, pois ela se envolve nisso pelo hábito e pela tradição. Mas com a negação do não-essencial a mente com certeza vai se envolver nas delícias do essencial – o que ela considera essencial. E, portanto, a energia liberada por *tapas* precisa ser conservada por *Brahmacharya*. Mas qual é a condição da mente em que o não-essencial é negado e não há indulgência em relação ao essencial?

 É uma condição em que a mente permanece serena, pois não tem para onde ir. Quando há uma negação tanto do bem quanto do mal, do essencial e do não-essencial, então ela deve chegar ao repouso. Seu campo de conhecimento é o essencial e o não-essencial – quando ambos são negados, ela fica face-a-face com o Desconhecido. E é na presença do Desconhecido que nasce a verdadeira Fé ou *Shraddha*. Fé no conhecido não é fé alguma – é apenas lealdade. Mas lealdade e fé são extremos opostos. Uma é movida por motivo, a outra é destituída de motivo. Somente o homem de fé pode empreender uma jornada para o Desconhecido. A verdade não pode ser buscada. A mente que busca a Verdade apenas se move no reino do familiar, e descreve o familiar como Verdade. Quando a terra do familiar é completamente abandonada, então o não-familiar anuncia a chegada da Verdade. O homem de fé não é um ser sentimental, ao contrário, ele tem uma força e uma coragem tremenda. Pois pode haver maior coragem do que se postar diante do Desconhecido?

O instrutor do Upanixade *Prashna* indicou aos discípulos uma preparação pela qual, tendo negado o conhecido através de *tapas e brahmacharya*, se encontram face-a-face com o Desconhecido. Quando com Fé eles postam-se diante do Desconhecido, aí estão prontos para fazer perguntas, pois então suas próprias questões contêm as respostas. Quando nasce a Fé, o instrutor pode auxiliar seus pupilos a examinar o próprio processo de questionamento, pois nesse encontra-se as respostas para todas as perguntas.

O Upanixade *Prashna* diz que os estudantes fizeram aquilo que lhes foi solicitado e, assim, após terem completado o período requerido, um dos discípulos aproximou-se do Mestre e disse: "Mestre, de onde vêm todos os seres criados?" Aqui o discípulo indaga sobre a origem da criação, de onde se origina a criação. Ele indaga acerca do início do mundo criado. O Instrutor responde:

> *No começo,* Prajapati, *o Criador, ansiava pela alegria da criação. Ele permaneceu em meditação e então veio* Rayi, *a matéria e,* Prana, *a Vida. "Esses dois", Ele pensou, "produzirão seres para mim".*

Prajapati, que é descrito como o Criador no verso acima, obviamente é a Mente Cósmica. O Instrutor diz que Prajapati permaneceu em meditação e, então, vieram à existência a matéria e a vida. Toda a criação obviamente é descrita como uma projeção do pensamento do Mente Cósmica. James Jeans, o grande cientista e pensador, descreveu o Universo como um Grande Pensamento. A afirmação acima dos Upanixades fala da criação como tendo vindo à existência através da meditação. Mas o questionador deseja saber como continuou a criação, como veio à existência a variedade de seres. O que foi que o Criador criou, por cujo meio foi mantida uma continuidade de coisas criadas? O Instrutor claramente afirma que Prajapati criou uma dualidade – e a dualidade era a própria origem da continuidade. O homem também cria seu mundo com o pensamento e o mantém com a dualidade. O pensamento é intensamente construtivo quando usado corretamente, embora não possa trazer à existência nada de novo. O pensamento pode trazer à existência novos padrões e estruturas, mas ele não pode introduzir nos mesmos um novo conteúdo. De onde Prajapati trouxe o conteúdo com o qual preenche a estrutura da criação? Chegamos a essa questão quando avançamos com a discussão iniciada no Upanixade *Prashna*. Com relação à primeira questão, estamos preocupados somente com a estrutura das coisas e os fatores que dão continuidade àquela estrutura. Pippalada diz que Prajapati criou uma dualidade de Matéria e Vida, de *Rayi* e *Prana*. A criação move-se e mantém sua continuidade através de uma interação dos dois princípios duais. O Instrutor a seguir amplia o tema da dualidade, através da qual o mundo manifestado é mantido. Ele diz:

> *O sol é vida e a lua é matéria. Tudo que tem forma, sólida ou sutil, é matéria, portanto a forma é matéria.*

O Instrutor deixa esse ponto de dualidade bem claro para que os discípulos não criem confusão ao pensar sobre o tema. Ele fala da dualidade presente no nível de todo o Universo manifestado, pois manifestação sem dualidade é inconcebível. Ele diz que sol é vida e lua é matéria. Qual é o significado disso? Nessa ilustração ele indica que a matéria é dependente da vida assim como a lua é dependente do sol. O sol brilha com sua própria luz, mas a lua recebe luz do sol. Ele diz que a matéria deriva sua existência da vida – uma afirmação que a ciência física rejeitava totalmente no século dezenove, mas cuja verdade está sendo cada vez mais reconhecida pelos pensadores científicos progressistas de hoje. Esse tema da matéria depender da vida para sua existência é examinado com mais detalhe na segunda questão desse Upanixade. Há, entretanto, uma afirmação no verso acima que precisa ser seriamente observada. O Instrutor diz que todas as formas, sólidas ou sutis, constituem matéria. A religião e a filosofia hindu falam dos planos sutis da existência – vão até os planos *Búdico* e *Átmico*. O Instrutor desse Upanixade diz que a estrutura até mesmo do plano mais sutil é simplesmente matéria. Ele também afirma que a matéria pode existir em vários estados, desde o mais denso até o mais sutil. Só porque um homem viaja para os planos invisíveis ele não transcende necessariamente o reino da matéria. O Upanixade *Prashna* não apenas diz que a matéria pode existir em diferentes estados, do denso ao sutil. Ele diz que a Forma é Matéria. Desse ponto de vista, a forma do pensamento ou a forma do som é simplesmente matéria, nada mais. Um pensamento, conquanto belo possa ser, é somente matéria. Uma forma, só porque é sutil, não se torna Vida, permanece matéria. Tal é o vasto conceito da matéria que o Upanixade *Prashna* oferece ao descrever a história da criação. Há uma diversidade de formas e há uma variedade de estados no qual a Matéria pode ser vista – mas, uma vez mais, toda matéria depende da vida. A continuidade da manifestação é mantida através da interação da Vida com a Matéria.

Elaborando esse tema da Vida e da Matéria, o Instrutor diz que a Criação é sinônimo de tempo, pois o tempo é o campo no qual a criação continua. É o Tempo que dá continuidade à criação. O Tempo, obviamente, é um movimento na dualidade. Onde não há dualidade, ali também não existe o tempo. Um movimento entre os pontos da dualidade é realmente o curso do tempo. E, portanto, quando o Criador criou a dualidade, ele com isso trouxe à existência o movimento do Tempo. O Upanixade *Prashna* diz:

> *O Senhor da Criação é na verdade o tempo do ano.*

O Instrutor toma a primeira medida de tempo como um ano, o tempo levado pela terra para dar uma volta ao redor do Sol. A mente que cria seu próprio mundo também traz à existência uma escala de tempo na qual a criação realiza as suas atividades. Mas o Instrutor está dedicado à primeira questão com o problema da Dualidade, que é a própria base da Criação. Portanto ele indica a expressão da dualidade em todas as partes. Explicando isso, ele diz que mesmo o ano, uma medida de tempo, tem dois caminhos: o "Caminho do Sul e o Caminho do Norte". Isso é comumente compreendido como o sol se movendo para o norte e o sol se movendo para o sul. As características desse movimento são descritas pelo Instrutor em termos de dualidade – o que leva a bons resultados e o que leva a más condições. Para a indagação do discípulo a respeito da continuidade da criação, o instrutor apontou o princípio da Dualidade existente em todos os níveis da manifestação. Ele diz que ainda que tomemos como medida do tempo apenas um mês, mesmo assim esse princípio da dualidade é percebido. Pois há a quinzena clara e a quinzena escura, uma pode ser chamada de Vida e a outra de Matéria. O instrutor diz que ainda que a medida do tempo seja tomada como um período de vinte e quatro horas, mesmo assim, há uma dualidade de dia e noite. Ele diz:

> *O dia é vida e a noite é matéria. Aqueles que se unem em amor durante o dia desperdiçam vida, mas aqueles que se unem em amor à noite seguem o bom caminho.*

Aqui o Instrutor dá uma explicação muito simples e contudo profunda de todo o problema do Bem e do Mal, pois ele diz que uma ação realizada no momento apropriado deve ser considerada boa. Não é preciso dizer que a ação deve ser compreendida não meramente em termos de padrão, mas também em termos de motivo ou intenção. Há uma interação contínua entre os dois pontos da dualidade, mas cada interação tem seu ponto emanando, seja da Vida ou da Matéria.

Cabe mencionar aqui que o momento apropriado no verso acima não deve ser compreendido como a expressão física do tempo. Na verdade, os versos do Upanixade *Prashna* que falam sobre a noite e o dia ou sobre a metade escura e a metade clara não se referem às condições físicas, mas a estados psicológicos. A dualidade da manifestação não se restringe às manifestações físicas apenas, ela indica o princípio da dualidade que é mental ou psicológico e do qual as dualidades físicas são apenas expressões grosseiras. Todo o mundo manifestado repousa na dualidade, mas as dualidades físicas são apenas os aspectos visíveis dessa dualidade. O Instrutor do Upanixade *Prashna* usou as expressões físicas da dualidade somente para ilustrar as manifestações profundas e psicológicas do princípio dual. E, portanto, quando o verso acima diz que "aqueles que se unem em amor durante o dia desperdiçam a vida, mas aqueles que se unem em amor à noite, seguem o bom caminho", isso deve ser compreendido em seu aspecto psicológico e não físico. Unir-se em amor durante o dia é um desperdício de vida – por quê? Porque o dia é um momento de muitas preocupações – como pode haver amor quando o homem está preocupado com muitas coisas? O amor é uma ação total, a mente ocupada não sabe o que é o amor. Uma mente ocupada pode exibir um padrão de amor, mas tal padrão não tem o conteúdo do amor. Unir-se em amor durante o dia é realmente um desperdício de vida. A noite é, de fato, o momento apropriado para o amor, mas noite não no sentido físico. Psicologicamente a noite é uma condição na qual a mente está livre de todas suas ocupações. Ela está em um estado de total entrega – e não é esse o "momento apropriado" para unir-se em amor? O instrutor do Upanixade *Prashna* acertadamente diz que todas as ações realizadas no "momento apropriado" devem ser consideradas boas. Finalizando a discussão sobre essa primeira questão, o Instrutor diz aos estudantes que:

> *Aqueles que obedecem a lei do Senhor da Criação, por sua vez se tornam criadores e, como ele, dão origem a um par.*

O homem de fato vive no mundo de sua própria criação, ele não conhece o mundo do Criador, pois sobrepôs seu próprio mundo sobre o mundo maior de Prajapati. E o homem cria seu mundo trazendo à existência um par ou uma dualidade. O movimento entre os pólos de dualidade realmente mantém essa criação. Kabandhi Katyayana queria saber "de onde provinham todos os seres criados". Pippalada indicou claramente que a dualidade é de fato o pai e a mãe de todas as coisas criadas. Então o segundo discípulo, Bhargava Vaidarbhi, se aproximou do Instrutor e perguntou-lhe:

> *Mestre, quais são os elementos que mantêm a união da existência, quantos mantêm acesas as chamas da vida, e quem entre eles é supremo?*

Ao abordar a primeira questão, o Instrutor explicou aos discípulos a base da criação, e expôs toda a história da criação até o surgimento do corpo físico – o corpo que extrai seu sustento do alimento. Em outras palavras, ele indicou a criação de *Annamaya-kosha* – o corpo físico. Falando sobre a criação dos seres, ele naturalmente finalizou com o alimento, pois o alimento é a base de toda a criação física. Sem alimento a dualidade no nível físico é importante. Tendo ouvido essa explicação, o segundo discípulo deseja levar a discussão adiante. Ele indaga sobre as forças que mantêm essa existência física unida e integrada. Ele sem dúvida entendeu com a primeira pergunta que é a dualidade que traz a criação à existência e é a dualidade que lhe dá continuidade. Mas agora o estudante deseja saber o que induz o movimento da dualidade pelo qual a criação é mantida. O instrutor disse que há cinco elementos – terra, água, fogo, ar e éter – que mantêm o corpo unido. A manutenção do organismo corporal unido se deve, certamente, a esses cinco elementos, mas o corpo mantido unido meramente pelos cinco elementos permaneceria uma casa envolta na escuridão. Seria uma casa destituída de qualquer atividade. E, portanto, o discípulo acertadamente pergunta quem mantém o corpo em uma brilhante atividade, quem mantém as chamas da vida nesse organismo corporal. Obviamente aquilo que mantém o corpo em movimento são os sentidos do organismo. São os sentidos que mantêm a chama acesa. São os sentidos que diferenciam o vivo do morto. O sensível e o insensível se distinguem pelo funcionamento dos sentidos. Mas o estudante acrescentou mais uma pergunta e essa também muito difícil: quem é supremo entre aquelas forças que mantêm o organismo corporal unido e funcionando? Aqui o Upanixade oferece um episódio imaginário no qual todos os sentidos são retratados como se reivindicassem a supremacia. Cada sentido considera-se o supremo e todos juntos declaram que sem eles o corpo se desintegraria e as chamas cessariam de arder. Os sentidos pensavam, em seu equivocado orgulho, que eram supremos e mantinham a criação através de seus movimentos incessantes. O Upanixade diz que para lembrar aos sentidos que estavam errados, *Prana* ou Vitalidade falou assim:

> *Não se iludam. Sou eu que, em minha quíntupla divisão, mantenho a união da existência: eu sou sua fundação.*

Mas como poderiam os sentidos, em seu orgulho e arrogância, aceitar isso? Eles afirmaram que só eles eram supremos, e não *Prana* ou Vitalidade. Nossa história diz que *Prana* não pronunciou uma palavra, mas começou a se recolher. Mesmo um pequeno movimento de recolhimento de *Prana* foi suficiente para fazer os sentidos ficarem inquietos. O Upanixade *Prashna* nos diz:

> *Assim como quando a abelha rainha levanta vôo todas as abelhas voam com ela, e quando ela repousa, tudo volta novamente ao repouso, o mesmo aconteceu com os sentidos. Eles compreenderam que* Prana *era supremo e prestaram-lhe obediência.*

Esse verso nos dá uma descrição apropriada do que acontece quando *Prana* ou Vitalidade começa a se retirar do corpo. Como podem os sentidos funcionar quando o elemento vitalizador não está ali? O corpo pode permanecer como uma estrutura com os cinco elementos, mas suas chamas estão apagadas. É verdade que os sentidos mantêm as chamas acesas, mas como podem as chamas arder se não há óleo? É *Prana* que fornece o óleo às chamas que os sentidos mantêm acesas. Assim como todo o enxame de abelhas se mantém em funcionamento enquanto a abelha Rainha está presente, analogamente, os sentidos mantêm-se em funcionamento enquanto *Prana* está presente. Com o recolhimento de *Prana* os sentidos se desintegram, as chamas estão ali, mas não ardem por falta de óleo. Pippalada diz a seus discípulos:

> *Todas as coisas repousam em* Prana *como os raios no centro da roda.* Prana *é o principal portador de dádivas aos deuses, a primeira oferta feita que partiu.* Prana *é a poesia dos videntes, a verdade dos antigos sábios.*

Prana é descrito aqui como o centro de uma roda – é o eixo em torno do qual o aro se move. *É Prana* que habilitou os videntes e os sábios a escrever o que escreveram para inspirar as pessoas em todas as épocas. Mas o verso acima introduz uma afirmação estranha quando diz que *Prana* é "a primeira oferta feita ao que partiu". Nessa segunda pergunta o Instrutor está conduzindo os estudantes do corpo físico denso, *Annamaya-kosha*, para o corpo vital, *Pranamaya-kosha*. A tradição religiosa diz que quando o corpo físico morre, a corrente de vida que partiu permanece no Corpo Vital. Assim é que *Prana* é a primeira oferta ao que partiu. O verso acima diz que *Prana* é o principal portador de dádivas aos deuses. A palavra usada para deuses é *Pitri*. É através do Corpo Vital que as oferendas aos ancestrais são feitas, porque o Corpo Vital é uma ligação entre o físico e o superfísico.

O Instrutor diz que os sentidos seriam impotentes sem *Prana* ou o Alento Vital. Ele indica que a seguinte bem poderia ser a prece dos Sentidos a *Prana*:

> Conceda-nos a sua graça, Oh Prana, com a sua forma invisível que está na fala, no ouvido, no olho e que existe continuamente na mente. Oh Prana, não se afaste de nós.

A forma de *Prana* é de fato invisível – o olho não pode vê-la, mas o olho não pode funcionar sem ela, o ouvido não pode ouvir sem ela. O verso acima diz que *Prana* existe continuamente na mente. A mente contém *Prana*? Como ele vive na mente? É isso que forma a investigação da terceira pergunta feita ao Instrutor do Upanixade *Prashna*. Enquanto a primeira questão trata da criação do corpo físico denso, a segunda questão diz respeito ao *Prana* que vitaliza o corpo e sem o qual o corpo se desintegraria. Mas a discussão sobre *Prana* levou os pupilos a um ponto em que seu interesse é despertado para investigar onde *Prana* reside e de onde ele opera.

O terceiro pupilo, Kausalya, o filho de Ashvala, fez uma pergunta muito aguda a Pippalada. Sua pergunta foi:

> Oh reverenciado senhor, de onde nasce esse Prana? Como ele entra no corpo? Como, depois de se difundir, ele reside aqui? Como ele deixa o corpo? Como ele sustenta o Universo fora e dentro?

O Instrutor teve que dizer a esse aluno que ele estava pedindo uma *Atiprashna*, ou seja, uma pergunta que transcende a compreensão da consciência normal do homem. A pergunta acima contém muitos pontos de profunda importância. Mas, compreendendo que o discípulo estava qualificado para fazer tal pergunta, o instrutor aceitou a indagação e pediu a atenção séria dos alunos. Ele diz:

> Prana *nasce do Espírito. Assim como um homem lança uma sombra, da mesma forma o Espírito lança sua sombra e ela é conhecida como* Prana. Prana *entra no corpo através das atividades da mente.*

Certamente tudo nasce do Espírito, pois nada poderia existir sem Ele. Mas aqui o Instrutor oferece um símbolo sobre a substância e a sombra. A sombra é projetada pela substância, assim, todo o Universo é uma projeção do Espírito. A sombra não tem existência intrínseca, ela desfruta apenas uma existência projetada. Uma sombra é fugidia, e jamais pode ser agarrada. Ela escapa do controle do homem, pois é intangível. Isso indica que o Espírito está presente no Universo somente de uma maneira intangível. O intangível é a insinuação do Imanifesto no manifesto. A intangibilidade que reside em todos os objetos é de fato uma sombra lançada pelo Espírito – e como sombra ela permanece intangível. Ao encerrar a discussão da segunda pergunta o Instrutor disse que *Prana* tem uma forma invisível que informa o olho, mas que o olho não pode dominar, que informa o ouvido, mas que o ouvido não pode dominar. Essa forma invisível é a intangibilidade de *Prana* – como uma sombra lançada pelo Espírito. Mas o Instrutor, no verso acima, introduz um novo fato na discussão, pois ele diz que "*Prana* entra no corpo através das atividades da mente".

Portanto, a própria existência de *Prana* no corpo depende do movimento da mente. Os sentidos são vitalizados por *Prana,* mas *Prana* também, por sua vez, é impulsionado pelas atividades da mente. É um postulado aceito por todos os sistemas de Ioga que *Prana* segue o pensamento. O movimento de *Prana* no corpo pode ser controlado pelo pensamento. É possível focalizar a atenção de *Prana* em qualquer centro do corpo através de um processo do pensamento claramente definido. Na verdade, *Prana* pode ser movido de centro a centro no interior do corpo através da concentração do pensamento. Assim, o Instrutor conduz seus alunos do *Pranamaya-kosha*, o Corpo Vital, para o *Manomaya-kosha,* o Corpo da Mente. Ele mostrou sistematicamente como o físico depende do vital e agora ele mostra como o vital também depende da mente. Mas antes que esse tema da mente possa ser mais explorado, o Instrutor volta-se para outras partes da questão colocadas por Kausalya. O Instrutor respondeu sua pergunta tratando a indagação que o pupilo lhe faz: como *Prana* se associa ao corpo? Mas agora a questão colocada pelo estudante é: como *Prana* perdura após se difundir no corpo? Pippalada diz:

Assim como um imperador comanda seus oficiais e os indica para governar partes de seu reino em nome do imperador, da mesma forma Prana *encarrega os outros alentos vitais das suas respectivas funções.*

O Upanixade descreve aqui a natureza quíntupla de Prana. O Alento Vital ou Prana é apenas um; no entanto, ele é conhecido por diferentes nomes devido às diferentes funções que desempenha. O rio Sagrado, Ganges, corre dos Himalaias para o mar, mas em sua longa jornada é designado por diferentes nomes. Mesmo que seja o mesmo rio, é conhecido diferentemente em diferentes partes. Esse é o caso de *Prana*. É a força vitalizadora de todo o corpo, mas nos diferentes centros do corpo e através deles, ele desempenha várias funções. A natureza quíntupla de *Prana* é somente uma divisão funcional. É preciso enfatizar isso para não pensarmos que existem cinco diferentes Alentos Vitais vitalizando o corpo. A natureza quíntupla de *Prana* é *Prana, Apana, Vyana, Udana* e *Samana*. Essa divisão quíntupla do Alento Vital é feita de acordo com a sua localização, o centro de onde funcionam. *Prana* é o alento vital localizado nos pulmões. *Apana* está localizado nas regiões baixas. *Samana* é a sede da área do umbigo, *Udana* funciona próximo à garganta e *Vyana* impregna todo o corpo. O funcionamento apropriado de todos esses Alentos Vitais é essencial para a saúde e a vitalidade do corpo. O entupimento de qualquer alento vital afeta o funcionamento do corpo. Hoje, conquanto a ciência médica conheça muito a respeito das doenças orgânicas do corpo, sabe muito pouco sobre as enfermidades funcionais que estão enraizadas nos Alentos Vitais. Se eles não fluem suavemente, com certeza o corpo sofre em sua saúde. Mas por que o movimento do Alento Vital entope? E como seu movimento pode ser liberado dos obstáculos que impedem seu fluxo suave e harmônico? Não é através de drogas ou de instrumentos físicos que o fluxo do Alento Vital pode prosseguir. Seu movimento, como foi dito na primeira parte dessa discussão, depende do pensamento. É o pensamento e só ele que pode direcionar o movimento de *Prana*. Se o fluxo de *Prana* está impedido, a causa não está no corpo. Nenhuma quantidade de tratamento físico pode ocasionar a recuperação do fluxo suave do Alento Vital. A causa está na mente e, portanto, é na mente que a correção deve ser feita. A ciência médica moderna está começando a compreender o efeito da mente sobre o corpo. As doenças funcionais têm sua raiz na mente, pois é o funcionamento defeituoso da mente que causa a obstrução no fluxo fácil do *Prana* através dos diferentes centros do Corpo.

A menos que o homem saiba como tratar de sua mente, ele não poderá recuperar sua vitalidade perdida – e sem suficiente vitalidade o corpo deve deteriorar-se, causando um retardamento em seu mecanismo de funcionamento. O Instrutor, concluindo suas observações sobre a terceira pergunta, diz:

> *Aquele que conhece o surgimento de* Prana *e como ele chega ao corpo, como ele habita ali em sua divisão quíntupla, desfruta longa continuidade.*

O Instrutor diz que um homem que conhece o relacionamento de *Prana* com a mente descobre um elixir da continuidade da existência. A mente e o corpo estão inter-relacionados, mas esse inter-relacionamento deve-se ao funcionamento de *Prana*. *Prana* é realmente uma ponte entre o corpo e a mente. *Prana* precisa ser distribuído uniformemente no corpo de modo que possa desempenhar suas funções apropriadas. Contudo, não é meramente a localização de *Prana* em diferentes centros do corpo que importa, é o funcionamento de *Prana* que tem suprema importância se o corpo quiser permanecer saudável e vital. Mas o funcionamento de *Prana* depende da mente e, portanto, o aluno deve se voltar para essa mente em sua profunda investigação sobre a natureza das coisas. Portanto, Sauryayani Gargya coloca para o Instrutor a quarta questão, que se refere ao funcionamento da consciência humana – ou às operações da mente.

Essa questão sobre a consciência é bastante elaborada, pois Gargya, o neto de Surya, pergunta:

> *Venerável senhor, quem são aqueles que nele dormem? Quem é que concede a maravilha dos sonhos – e quem é que desfruta o mistério do sono sem sonhos? Quem é aquele em quem tudo isso está estabelecido?*

Obviamente as questões acima se referem aos poderes da consciência. A consciência humana funciona através da mente – por mente não se quer indicar somente o mecanismo do pensamento, mas também os sentimentos e as emoções. A classificação hindu da constituição do homem fala de *Manomaya-kosha* – o Corpo da Mente e em seguida de *Pranamaya-kosha* – o Corpo ou Alento Vital. Ela não fala do Corpo das Emoções antes do Corpo da Mente. Isso é na verdade mais científico e verdadeiro em relação ao funcionamento psicológico do que aquelas classificações que falam do Corpo das Emoções e do Corpo da Mente. Na verdade, a própria palavra corpo não é um termo muito feliz. A palavra corpo denota algo estático e fixo. Quando a ciência moderna chegou a considerar até mesmo a matéria física como uma mera "onda de probabilidade" e não algo sólido, é incorreto falar em estado não-físico de matéria como algo estático. Na realidade, os estados não-físicos da matéria são mais semelhantes a uma onda do que a uma substância – e uma onda em um meio muito mais sutil do que a água ou o ar. A palavra *kosha* tem um significado que indica uma cobertura. Pode ser uma cobertura como uma fina nuvem, ou pode ser um véu quase transparente. Os diferentes princípios que consideramos como os componentes do homem têm mais a natureza de coberturas do que de corpos sólidos e estáticos. O manifesto é como um véu – um véu dourado – que oculta a Face do Imanifesto. Às vezes o véu é tão espesso que a Face fica completamente oculta, mas quando o véu é fino e iridescente, então um vislumbre do Imanifesto aparece através do manifesto. Essa é a sugestão intangível de sua presença através do tangível.

O Instrutor do Upanixade *Prashna* se ocupa agora com o Véu da Mente – o *Manomaya-kosha*. Há outro equívoco contra o qual um estudante das profundas verdades da vida deve estar atento. É que o Corpo da Mente e a Mente não são idênticos. O Corpo é a morada, mas a morada não é idêntica à consciência em funcionamento. Assim como a estrutura de um pensamento e um pensamento não são idênticos, analogamente o Corpo da Mente e a Mente não são iguais. A Mente é a faculdade da consciência que funciona através do Corpo da Mente. É a mente que vitaliza a morada na qual vive, mas a casa e o mestre da casa não são o mesmo. Pois bem, essa faculdade da mente não é somente o pensamento, é algo composto que pode ser descrito como pensamento-emoção. Usualmente separamos pensamento e emoção e consideramos cada um como uma morada diferente. Mas na psique do homem o pensamento-emoção é um processo composto. Dificilmente temos pensamento completamente livre de emoção, e dificilmente experimentamos uma emoção que seja completamente despojada de pensamento. O *Manomaya-kosha* do *Vedanta* segue o princípio científico de considerar o pensamento-emoção como um processo composto e não artificialmente separado um do outro.

No verso acima do Upanixade *Prashna,* Gargya averigua sobre as várias camadas da consciência humana: a que está desperta, a que sonha e a que desfruta o sono não perturbado nem mesmo por sonhos. O Instrutor responde-lhe assim:

> *Como os raios do nascer e do pôr do sol, esses poderes da consciência estão centrados na mente.*

Quando o sol se põe, todos os raios se tornam um no grande disco de luz e, novamente, quando o sol nasce, esses raios são espalhados longe e amplamente. De modo similar, a mente funciona em seu campo de consciência de formas variadas. A vigília, o sonho e o sono profundo são todos modos da mente – esses modos ocasionam uma modificação na consciência. São as modificações que chamamos de sono profundo, sonho e vigília, mas todas as modificações têm sua raiz na mente – a função composta que chamamos pensamento-emoção. As condições de vigília, sonho e sono profundo referem-se às camadas consciente, subconsciente e inconsciente da mente. A mente não é o que se vê no nível consciente apenas, ela tem uma camada logo abaixo da superfície do funcionamento consciente, e tem também uma profundidade que o funcionamento consciente não pode sondar.

Ao tratar dessa questão de Gargya, o Instrutor não pensa ser necessário referir-se à camada consciente da mente. Essa parte do funcionamento da mente já foi tratada quando se falou sobre a vitalização dos sentidos por *Prana* e sobre o *Prana* que se movimenta sob o comando do pensamento. Enquanto a visão, a audição, o cheiro, o tato e o gosto perdurarem, isto é, enquanto os sentidos, vitalizados por *Prana*, trouxerem notícias do mundo externo, a mente estará funcionando em seu nível consciente. Mas então há também um nível subconsciente da mente – esse se revela no estado de sonho. O Instrutor descreve essa condição muito vividamente no seguinte verso.

> *E em sonhos a mente contempla sua própria imensidão. O que foi visto, é visto novamente, e o que foi ouvido, é ouvido novamente. O que foi sentido em diferentes lugares ou regiões distantes, retorna à mente. O visto e o não-visto, ouvido e não-ouvido, sentido e não-sentido, a mente vê tudo quando está sonhando.*

Por que a mente vê novamente em sonho o que já viu ou já ouviu? Esse ver e ouvir novamente é a experiência dos desejos não realizados na condição do sonho. Durante o estado de vigília vemos e ouvimos, mas a experiência permanece incompleta. Gostaríamos de ver e ouvir mais, mas não podemos, devido a vários fatores. Nossa visão e audição foram interrompidas pelo "censor" que nos pediu para nos comportarmos bem e não cairmos em atividades "não-respeitáveis". Ou durante a visão e a audição nos distraímos e, assim, os eventos e incidentes passaram sem que os percebêssemos bem. Há também um terceiro fator que contribui para a condição de sonho. Durante a vigília vimos e ouvimos, mas a imaginação do homem projeta algo mais nos eventos e incidentes da vida. E, assim, o homem sente que há algo mais do que aquilo que vê ou ouve. Esse algo mais não está ali, porém ele deseja que esse algo mais exista. Esse é o elemento da criação ilusória de fatos que gostaríamos que fossem verdade. E, assim, o material dos sonhos é extraído de sentimentos reprimidos, de distrações que fizeram com que as experiências ficassem incompletas e também da criação ilusória de fatos que gostaríamos que fossem verdade, devido à qual o homem vê mais do que aquilo que existe.

Todos esses três fatores que constituem o estado de sonho foram indicados no verso acima, pois ele diz "o visto e o não-visto, ouvido e não-ouvido, sentido e não-sentido – a mente vê tudo quando está sonhando". Essa é uma condição em que o homem está dormindo, mas seu sono é interrompido por sonhos. E, nos sonhos, enquanto a mente consciente está inativa, a mente subconsciente está em atividade, pois quando o "censor" está dormindo, a questão da respeitabilidade é lançada aos ares. O Instrutor resumiu todo o tema do sonho em umas poucas linhas, mas seu resumo oferece um quadro completo do estado de sonho. O verso acima diz que em sonho a mente vê sua própria imensidão. A palavra usada é *Mahima*, que mais apropriadamente pode ser chamada de Glória. No sonho, a mente vê toda sua glória, pois ela tem um vasto campo diante de si, e pode movimentar-se livre das interrupções do censor. A mente pode dar livre curso às suas imaginações de modo que experimenta o visto e o não-visto, o ouvido e o não-ouvido, o sentido e o não-sentido.

Mas há um estado mais avançado do que o sonho – um estado de sono completo, onde não há perturbação, nem mesmo do sonho. Qual é a experiência desse sono completo? Como podemos dizer? É uma condição onde o que dorme e o sono se tornaram um. O que dorme está ciente de que está dormindo. É essa condição de sono que foi descrita no Upanixade *Prashna*. Está dito que no momento do sono profundo...

> *A pessoa não ouve, não vê, não cheira, não toca; não fala, não pega, não se regozija, não se move – então eles dizem "Ele dorme".*

Há uma diferença entre sono e morte, pois do sono o homem desperta e prossegue com suas atividades normais nas quais os sentidos participam.

Mesmo durante o sono as atividades involuntárias do corpo continuam, o coração bate e os órgãos digestivos desempenham suas tarefas respectivas. Como diz o Upanixade: "**Na cidade do corpo os fogos da vida estão ardendo; não dormem**". O alento vital funciona, mas não os sentidos, pois a mente consciente não está presente para direcionar o movimento de *Prana*. É verdade que *Prana* vitaliza os sentidos, mas se não houver mente para impulsionar o Alento Vital, os sentidos permanecem adormecidos.

Mas o homem raramente experimenta o sono completo como faz uma criança. E, mesmo que caia em sono completo, ele nem sempre desperta dele renovado, mas pesado de inércia. Por que é assim? Porque, conquanto tenha sido um sono completo, não foi um sono repousante. Mesmo que os sonhos do subconsciente não o tenham **perturbado, houve** impactos mais fortes do inconsciente, e esses impactos o tornam pesado. Ao despertar ele não se lembra deles e, portanto, conclui que teve um sono completo. Embora aparentemente não perturbado, esse é um sono que torna um homem pesado interiormente, inclinado a não fazer coisa alguma devido à inércia do sono.

A questão é: deve sempre haver uma perturbação no sono, seja através dos sonhos do subconsciente ou através dos impactos embotadores do inconsciente? Se esse é o caso, então o homem não pode estar relaxado e renovado. O homem deve buscar seu relaxamento em outro lugar? A mente funcionando por si mesma precisa **ter experiências** inquietantes e, portanto, tem um cansaço que não pode ser removido pelo sono. A mente que funciona por si mesma não sabe o que é um sono repousante, pois seu sono é sempre entrecortado por sonhos ou embotado por efeitos entorpecedores do inconsciente. O Instrutor do Upanixade *Prashna*, contudo, diz que:

> *Quando a mente é sobrepujada por sua própria radiância, então os sonhos não mais são vistos; alegria e paz chegam ao corpo.*

O que significa a mente ser sobrepujada por sua própria radiância? Quando a mente humana se torna pura e inocente, então ela é banhada com a luz fulgente da Inteligência. A mente sobrepujada por sua própria radiância é uma condição em que o Intelecto é iluminado pela Inteligência. Para uma mente assim não há distrações de **experiências** incompletas e, portanto, não há interrupções no sono. Para tal mente não há nada que separe a condição de vigília da condição de sono profundo. Não há passagem através do estado de sonhos. Como nós vimos, os sonhos surgem devido aos sentimentos reprimidos, às distrações mentais ou ao pensamento distorcido pelo desejo. Quando esse fator não existe, então o homem passa imediatamente do estado de vigília para a condição de sono profundo, e volta de lá completamente renovado e relaxado. Assim como os sentidos precisam ser vitalizados por *Prana*, e *Prana* pela mente, analogamente a mente também precisa ser iluminada pela Inteligência se quiser desempenhar suas funções bem e sabiamente. É a essa condição do intelecto iluminado pela inteligência que Pippalada se refere quando usa a palavra *Vijnana-Atman*, a existência Inteligente. Enquanto a mente vê, ou ouve, ou cheira, ou sente gosto, ou toca, o resíduo da experiência deve permanecer. E é esse resíduo que surge reiteradamente nos sonhos. Ter uma experiência sem qualquer resíduo é ter o nascimento da Inteligência no Intelecto. Aqui a mente compreende que ver, ouvir, tocar, cheirar e sentir gosto são feitos pelos poderes da mente sem auxílio – a mente faz isso porque a Inteligência está por trás. Quando a mente reconhece a supremacia da Inteligência, então ela está integrada. E só a mente integrada sabe o que é repouso e relaxamento. O Instrutor diz a seus discípulos:

> *Ela, realmente, é a que vê, que toca, que ouve, que cheira, que sente o gosto, a pensadora, a conhecedora, a realizadora – a pessoa que possui a natureza da Inteligência.*

O Instrutor levou seus discípulos da Morada da Mente para a Morada da Inteligência – de *Manomaya-kosha* para *Vijnanamaya-kosha*. Ele mostrou que a integração da mente depende da Inteligência pela qual deve ser iluminada. A discussão do Upanixade *Prashna* chegou ao ponto da iluminação da mente pela Inteligência ou *Buddhi*.

E, assim, Satyakama, o filho de Sibi, o quinto discípulo, pergunta ao Instrutor.

> *Venerável senhor, aquele que, entre os homens, realmente medita até o fim de sua vida no som OM – que mundo ele conquista desse modo?*

É para o tema sublime da meditação que os pupilos precisam agora se voltar se quiserem entender o estado de mente iluminado pela Inteligência. É a meditação que capacita a mente a abrir-se para as influências de *Buddhi* ou Inteligência. O discípulo indaga do Instrutor o que encontraria um homem que meditasse toda sua vida na palavra sagrada. O Instrutor, contudo, é cauteloso e informa-lhe que tudo depende da parte do *OM* em que se medita. *OM* (AUM) – é uma palavra de três letras. Ela cobre uma extensão de som que inicia na raiz da língua e termina nos lábios fechados. Nessa extensão, as três letras são pronunciadas sucessivamente. Mas nessa pronúncia da palavra, o som articulado é somente entre a primeira e a terceira – é uma extensão em que a língua se move entre sua raiz e os lábios. Assim, nas três letras da palavra *AUM*, A e M permanecem inarticuladas, somente o U representa o som articulado. Mas há uma diferença entre o A inarticulado e o M inarticulado. É essa diferença que é indicada pelo Instrutor quando ele fala sobre a Meditação na palavra Sagrada. Ele diz:

> *Aquele que repousa no primeiro mantra ou compasso é iluminado desse modo, e após **a morte retorna** rapidamente para a terra.*

O primeiro mantra ou compasso denota um som onde a língua nem mesmo toca o palato. Indica uma inocência de som, mas essa inocência é como a de uma criança. A criança diz mais com sons inarticulados do que com sons articulados. Porém, sua inarticulabilidade nasce da inocência, a inocência da ignorância. Há uma pureza em seu som, mas essa pureza pertence a um período em que as tentações ainda não surgiram. A meditação no primeiro mantra ou compasso é como a meditação de uma criança – uma meditação em seu estágio elementar. O verso acima diz que a iluminação realmente surge naquele que medita, mas a meditação no primeiro mantra é de tal natureza que o homem logo retorna à terra. As asas da mente não têm força para voar mais alto. Ele atinge a grandeza terrena, mas não pode se elevar acima das atrações da terra. Esse é o caminho da Ação, onde o homem alcança grande sucesso em suas ações na terra. O Instrutor então diz:

> *Se ele repousa sua mente em meditação nos dois primeiros mantras ou compassos, ele é conduzido às regiões da lua.*

Ora, a lua indica as emoções. E, portanto, a meditação nos dois mantras ou compassos simboliza *Bhakti* – o caminho da Devoção. O verso do Upanixade *Prashna* diz que "após desfrutar a felicidade do céu, ele retorna à terra". Um devoto experimenta a felicidade do céu, ele conhece o êxtase da emoção. A experiência emocional da devoção surge quando o devoto vê a forma manifesta da Deidade. Ele sente que viu, ouviu e tocou sua Divindade. O segundo mantra ou compasso da Palavra Sagrada trata do som articulado – daquilo que é manifesto. O Devoto sempre anseia ver a forma Manifesta da Deidade. É *Brahman* com atributos – é *Saguna Brahman* – que é realmente o tema da meditação do devoto. E aqui no segundo mantra da Palavra Sagrada, o discípulo vê *Saguna Brahman* – a Realidade com atributos. Isso é meditação com semente. Ela conduz o homem às regiões da lua. Quando o homem retorna à terra, o faz com a felicidade das dádivas do céu. A meditação no *OM* tem ainda outro aspecto – o aspecto da Meditação sem semente, pela qual o homem viaja para as regiões do Imanifesto, ele se eleva ao som inarticulado. O som inarticulado do discípulo nesse estágio tem inocência, porém não é uma inocência nascida da ignorância, mas é uma inocência que surge do conhecimento. O Instrutor diz:

> *Aquele que medita em OM com os três mantras ou compassos chega às regiões do sol e se torna um com sua luz.*

Meditar nos três mantras é chegar à experiência do Imanifesto, mas depois de conhecer as glórias do Manifesto. Esses três estágios da meditação indicam um movimento que significa a jornada da alma da inocência da infância, através das imperfeições do homem, até a perfeição do superhomem. Quando o homem aprende a meditar nos três mantras do *OM*, então ele conhece a natureza Manifesta e Imanifesta da Realidade. Do Intelecto ele transcende para a terra da Inteligência – a região de *Buddhi*. O Instrutor diz que o homem que medita nos três mantras do *OM* é:

> *Livre de toda corrupção, assim como uma serpente larga sua antiga casca.*

A serpente desliza de sua casca antiga, ela não precisa lutar para se livrar dela. Ela a larga. Analogamente, toda corrupção da mente é largada quando o homem alcança as alturas do Imanifesto, na medida em que medita nos três mantras do *OM*.

A palavra *OM* usada nesses versos é apenas um símbolo. O Instrutor do Upanixade *Prashna* diz que:

> *A palavra* OM, *Oh Satyakama, é o imanente e transcendente* Brahman.

E, portanto, o tema da meditação discutido na quinta pergunta refere-se à Imanência e à Transcendência de *Brahman*. Enquanto o homem trata do aspecto Imanente de *Brahman*, sua meditação é com semente, mas quando ele se eleva para a meditação que o conduz para as regiões da Transcendência, então ele é livre de todas as sementes, sua meditação é um estado em que aquele que medita e o objeto de meditação se tornaram um. Ele não mais está nos reinos da ideação, ele chegou a uma categoria diferente de conhecimento – é conhecimento que se dá através do que se é. A meditação no primeiro e no segundo mantras trata da Ação e da Devoção. A meditação nos três mantras leva o homem ao Conhecimento – um Conhecimento direto da Realidade. O Instrutor termina a discussão dizendo que essa meditação nos três mantras leva um aspirante ao conhecimento daquela Pessoa que é *Ajara* e *Amara* – aquele que permanece incorruptível pelo tempo, aquele que é Imortal. Essas duas palavras descrevem o *Brahman* Imanente e Transcendente. *Ajara* está no tempo e, contudo, não é corrompido pelo tempo. *Brahman* está na Manifestação e, entretanto, permanece intocado pelo curso do Tempo no qual o manifesto existe. Por que é assim? Porque *Brahman* é *Amara* – Imortal ou Atemporal. Porque *Brahman* é Atemporal, Ele não é afetado pelos processos do Tempo mesmo quando Ele se manifesta no tempo.

O Instrutor conduziu os discípulos de *Manomaya-kosha,* a morada da Mente, para *Vijnamaya-kosha,* a Morada da Inteligência. A Inteligência ou *Buddhi* é o cocheiro, mas somente o Mestre da carruagem pode dizer onde a carruagem deve ir. Ele conhece a direção, pois é A*tman* tão somente que conhece seu *Svadharma* – a direção de sua própria Vocação. Onde poderá a inteligência direcionar a carruagem sem a orientação dada pelo Mestre da carruagem? E, portanto, a Inteligência sempre está voltada para o Mestre que está sentado na carruagem. E, onde o Mestre está sentado, é realmente A*nandamaya-kosha* – a morada da Eterna Bem-aventurança.

O Upanixade *Prashna* diz que Sukesha Bharadvaja fez a última pergunta a Pippalada. Sua indagação foi: Onde está a Pessoa de dezesseis formas? Parece que certa vez um Príncipe, cujo nome era Hiranyabha Kausalya perguntou a Sukesha se ele conhecia a Pessoa de dezesseis formas. Sukesha disse que não conhecia. O Príncipe saiu em silêncio não tendo encontrado uma resposta para sua pergunta. E, portanto, Sukesha agora se volta ao Instrutor dizendo: "Mestre, diga-me onde está essa Pessoa de dezesseis formas."

O Instrutor responde: "Meu amado filho, a Pessoa de dezesseis formas está aqui e agora, não está longe de seu corpo". Pippalada diz aos discípulos que certamente a Pessoa de dezesseis formas deve ter pensado: "O que constituirá minha natureza manifestada, e quando o manifesto cessará de ser manifesto?" Tendo pensado assim, Ele se manifestou nas inúmeras coisas que Ele criou. E a cada coisa criada ele deu um nome. É o nome que diferencia um objeto do outro. Assim, Ele deu nomes às inúmeras formas que criou. O mundo manifesto é uma região de *Namc e Rupa* – de nome e forma. Cada objeto é conhecido pelo seu nome, mas o homem logo esquece o Verdadeiro nome dos objetos. Ele lhes dá seus próprios nomes – o nome surgido da experiência acumulada de sua mente. A Pessoa dá a cada qual um Verdadeiro Nome, mas o homem assinala cada um com um nome nascido de seus gostos e desgostos. Tão habituado ele se torna a esse nome que esquece o nome Verdadeiro, melhor dizendo, ele esquece que o nome é apenas um símbolo, uma marca, e que por trás do nome está a própria pessoa. Ele se apega ao nome, e como o nome está associado à forma, ele se apega à forma também. E, quando a forma morre, e com ela também o nome, o homem mergulha na tristeza. Mas esse é um homem cuja mente não é iluminada por *Buddhi*. Aquele cujo intelecto é iluminado pela Inteligência sabe o que indica o segundo verso do Upanixade *Prashna*:

> *Assim como os muitos rios que correm para o mar desaparecem ao alcançar o mar, os seus nomes e formas se dissolvem, e falamos apenas do mar; do mesmo modo essas dezesseis formas desaparecem, seus nomes e formas dissolvem-se, e falamos apenas da Pessoa, aquele que não é constituído de partes, mas é Sem forma e Imortal.*

O Instrutor levou os alunos às alturas da iluminação, onde vemos os Muitos no Um e o Um nos Muitos. Os rios são chamados rios enquanto estão em seus cursos, mas cessam de ser rios quando mergulham no oceano. Há o Um mas há também os Muitos. Os Muitos e o Um não se contradizem. Aquele que vê os Muitos, mas vê também o Um nos Muitos conhece o Manifesto e Imanifesto. Conhece as dezesseis formas, mas conhece também a Pessoa que cria e destrói à sua vontade essas formas de grande diversidade. Essa pessoa não é outra senão *Atman*, pois o Instrutor do Upanixade *Prashna* diz que a Pessoa das dezesseis formas está aqui e agora, presente, no próprio corpo do investigador.

Encerrando toda a discussão, que começou com a primeira pergunta, o Grande Instrutor do Upanixade *Prashna* diz:

> *Essas dezesseis formas encontram repouso Nele, como os raios no centro de uma roda. Conheça a Pessoa, o* Atman *que deve ser conhecido para que a morte não o aflija.*

Então Pippalada disse aos discípulos que isso era tudo que sabia sobre os grandes problemas da vida.

O Instrutor havia comunicado tudo que podia ser comunicado. Há comunicação por palavras e há comunicação em silêncio. As palavras são usadas para a mente falar com a mente. Todo o Upanixade *Prashna* é a mente falando para a mente. Mas quando a mente chega ao limite da comunicação ela se torna silenciosa. Pippalada diz: "Isso é tudo que sei, e isso que sei comuniquei a vocês". Fica claro que o instrutor e o discípulo estão se movendo no âmbito da mente a partir das seguintes palavras dos pupilos. Eles interpelaram o Instrutor dizendo:

> *Tu és de fato nosso pai que nos levou para a outra margem além da ignorância.*

A outra margem além da ignorância – esse é o lugar para onde o Instrutor os conduziu. Ignorância e conhecimento são as duas margens opostas. De pergunta em pergunta o Instrutor levou os pupilos da margem da ignorância para a margem do conhecimento. Juntos cobrem os dois opostos da mente. Mas, embora os tendo levado para a margem do conhecimento, o instrutor indicou aos pupilos o limite do conhecimento. Ele lhes disse que a Terra Além ainda permanece inexplorada. Ele disse aos discípulos que nada há além em termos de mente. A mente não pode ir além. Aquilo que é inexplorado não pode ser mensurado pela escala da mente.

O Instrutor levou os pupilos para o portal do Palácio onde *Atman*, o Rei dos Reis, reside. Através da compreensão dos sentidos e de *Prana*, da mente, tanto consciente quanto inconsciente, e da Inteligência direcionando a mente, o Instrutor indicou aos pupilos a Casa da Pessoa que exibe Suas dezesseis formas e ainda assim as reúne dentro de Si. Comungar com a Pessoa é o que os pupilos devem fazer por si mesmos. Toda comunicação deve levar a um ponto de comunhão – além disso ela não pode ir. Pois a comunicação não pode ser ensinada. Ela vêm, mas ela vêm somente quando o homem se afasta de ambas as margens, tanto da margem da ignorância quanto da margem do conhecimento, dessa forma, ele ingressa sozinho no reino da Bem-aventurança. O trabalho do Instrutor terminou, pois agora é o vôo do solitário para o Solitário.

Upanixade
Mundaka

V

Existência Sem Identidade

Os Upanixades *Prashna* e *Mundaka* pertencem ao *Atharva* Veda e, portanto, há muita semelhança entre os dois. Na verdade, o Upanixade *Mundaka* toma os ensinamentos do Upanixade *Prashna* e desenvolve-os. Ao indicar essa semelhança entre os dois, observamos que ambos os Upanixades têm a mesma invocação. O Upanixade *Mundaka* também começa com o ver e o ouvir, sem o que não é possível a integração do homem. Saber como ouvir e saber como ver, esses são os pré-requisitos para a investigação séria. Aprender demanda um ouvir total e um ver total. Ouvir sem qualquer interpretação e ver sem qualquer avaliação, somente essa é a prática na qual é possível a descoberta da Verdade.

É interessante notar que um dos significados de *Mundaka* é navalha. Esse significado é muito apropriado em relação aos ensinamentos desse Upanixade. Os ensinamentos do Upanixade são afiados como uma navalha, abrindo as florestas da mente, cortando sem misericórdia todas as ervas daninhas e parasitas. Esse Upanixade é muito intransigente em sua abordagem fundamental à vida. Realmente ele corta a confusão de pensamento com uma navalha afiada, limpando a mente de todas as tendências à vacilação e à transigência.

O *Mundaka* Upanixade inicia com uma questão colocada por Shaunaka, um chefe de família, para Angiras, um instrutor de grande reputação e erudição. A questão é muito simples. Ele pergunta:

> Mestre, o que é aquilo que quando conhecido tudo passa a ser conhecido?

O Instrutor não dá uma resposta direta a essa pergunta, porque não é possível dar uma resposta direta. Ele, portanto, diz a seu pupilo Shaunaka que há dois tipos de continuidade – *Para* e *Apara* – o Superior e o Inferior. Talvez possamos descrever *Para* e *Apara* como Sabedoria e Conhecimento. Não é preciso dizer que Sabedoria e Conhecimento não são idênticos. Não chegamos à Sabedoria através da ampliação do Conhecimento. Nem mesmo uma ampliação infinita do Conhecimento pode nos levar para mais perto da Sabedoria. Precisamos lembrar que Sabedoria e Conhecimento pertencem a duas dimensões diferentes. Há um abismo qualitativo entre os dois. Conhecimento é *Paroksha*, o que significa indireto; enquanto Sabedoria é *Pratyaksha*, o que significa direto ou imediato. Um aumento quantitativo de conhecimento indireto não nos conduz ao conhecimento direto. O que então distingue *Para* de *Apara* – o Superior do Inferior? O Instrutor diz:

> *Conhecimento Inferior é o conhecimento do Rig Veda, Yajur Veda, Sama Veda, Atharva Veda, e também o conhecimento da Fonética, do Ritual, da Gramática, da Etimologia, da Métrica e da Astronomia. E o conhecimento Superior é aquele através do qual o Imutável é conhecido.*

Essa descrição do conhecimento Superior ou conhecimento *Apara* é muito destruidora. Dizer que mesmo o conhecimento dos Vedas é um conhecimento Inferior é de fato devastador. O que pode haver de mais sagrado que os Vedas? Se os Vedas também se constituem em conhecimento Inferior, então o que pode ser superior a isso? Juntamente com os Vedas, os seis ramos ou instrumentos do estudo dos Livros Sagrados foram considerados pelo Instrutor do Upanixade *Mundaka* como Inferior ou *Apara*. Isso é realmente afiado como uma navalha, pois demole todos nossos conceitos a respeito do conhecimento Superior. De acordo com a afirmação acima, todo conhecimento reunido através de fontes externas é Inferior, porque é indireto. O conhecimento reunido de livros sagrados não se torna sagrado ou superior. Não é o caráter sagrado do livro que importa, o que importa é a abordagem sagrada. A palavra "Sagrado" significa aquilo que é Inviolado ou Inviolável. E, portanto, aquilo que é sagrado é incorrupto ou incorruptível. Até mesmo o mais sagrado dos livros pode se tornar corrompido se a abordagem a ele não for sagrada. Assim, o caráter sagrado não se encontra no objeto, mas na abordagem feita pelo sujeito. Se a abordagem do sujeito for corrupta, então qualquer coisa tornar-se-á corrompida, até mesmo os Vedas.

Qualquer livro ou sujeito pode se tornar profano quando abordado por uma mente corrupta. Analogamente, qualquer coisa pode se tornar sagrada se a mente que investiga não é corrompida. Se os Vedas e seus seis ramos de estudo são conhecimento inferior, não significa que precisamos colocar outros livros em seu lugar para chegar ao conhecimento Superior. Não é a substituição dos livros ou sujeitos que transforma o profano em sagrado. Não é descartando os Vedas e seus seis ramos que podemos chegar ao conhecimento Superior. Não se trata de aceitar ou rejeitar os Vedas e outros ramos do conhecimento. O que importa é o caráter profano ou sagrado da mente que empreende uma investigação. O verso acima diz que o "conhecimento Superior é aquele através do qual o imutável é conhecido". Pode surgir a questão: há um livro através de cujo estudo o homem pode chegar à compreensão do Imutável? Há um ramo particular do conhecimento que confere esse conhecimento Superior – o conhecimento de *Akshara* ou o Imutável?

O seguinte verso do Upanixade *Mundaka* deve esclarecer todas as dúvidas de Shaunaka com relação ao Conhecimento Superior. O Instrutor dá aqui a prova de alguém que chegou à Sabedoria, pois ele diz:

Através do conhecimento Superior o sábio vê Brahman *em toda parte, que de outro modo não pode ser visto ou captado, que não tem raiz ou atributo, olhos ou ouvidos, mãos ou pés, que é eterno e onipresente, oniabarcante e extremamente sutil, que é imperecível e a origem de todos os seres.*

O verso acima diz que o Sábio vê *Brahman* em toda parte embora de outro modo *Brahman* não possa ser visto. Obviamente o sábio precisa possuir visão especial para ver Aquele que de outro modo não é visto. É essa uma visão oculta ou superfísica? Para essa pergunta o Instrutor também oferece uma enfática resposta. Para ver *Brahman*, que de outro modo é imperceptível, não é necessário qualquer visão clarividente. *Brahman* permanecerá tão imperceptível para a visão clarividente quanto para a visão normal. O Instrutor diz: "*Brahman* é Eterno e Onipresente". O Eterno é obviamente atemporal. E a mensuração do tempo é essencial para qualquer compreensão a que a mente chega. A mente precisa medir tudo; e seu metro é o tempo. Mesmo quando o homem põe em operação a visão superfísica, a interpretação do que foi visto é feita pela mente. A clarividência é somente uma extensão da visão normal. É um fato reconhecido que não é o olho que vê; é a mente que vê. Mesmo quando o alcance do olho é ampliado, a percepção ainda é feita pela mente. Mas como pode a mente medir aquilo que é Imensurável? O Instrutor, Angiras, diz que *Brahman* é Onipresente. Pois bem, a Onipresença jamais pode ser compreendida em termos de espaço. Aquilo que é onipresente está presente em todas as partes. Como pode algo estar presente em todas as partes? Se está presente em um lugar, então não pode estar presente em outro lugar, a menos que por onipresença queiramos dizer presente sucessivamente. Uma presença sucessiva não é onipresença de modo algum. Para a presença sucessiva precisamos da estrutura do tempo. Se introduzirmos o fator tempo, então precisamos admitir que *Brahman* é onipresente, mas Sua onipresença é qualificada por uma condição, qual seja, que Ele não está presente em todos os lugares ao mesmo tempo. Isso implica que existem certos momentos em que *Brahman* não está presente em um lugar particular. Tal onipresença qualificada não é onipresença alguma. Se em certo momento do tempo *Brahman* não está presente em algum lugar particular, então obviamente Ele não pode ser chamado de Onipresente. Se *Brahman* é Eterno e Onipresente, então certamente Ele está além do Tempo e do Espaço. Tempo e Espaço andam juntos – são um par que não pode ser separado. Na verdade, tempo e espaço não são duas coisas diferentes. Dois pontos separados necessitam tempo para que se percorra a distância, e dois pontos separados no tempo requerem espaço para sua própria existência, pois o que mantém os dois pontos de tempo separados? Por que eles não se fundem? Certamente é o espaço que mantém os dois pontos de tempo distantes um do outro. E, portanto, *Brahman*, sendo Eterno e Onipresente, é Atemporal e Infinito. Mas o tempo e o espaço constituem a estrutura indespensável na qual a mente funciona. E, portanto, *Brahman*, o Imperecível, não pode ser conhecido através de quaisquer processos de funcionamento da mente. A Sabedoria ou *Para Vidya* é dotada de uma visão pela qual ela vê *Brahman*, mas não é uma visão governada pelas interpretações da mente. *Brahman* não pode ser visto por clarividência nem por qualquer outra função paranormal. O sábio vê *Brahman* em todas as partes, e de outra maneira ele não pode ser visto. O Upanixade *Mundaka* se ocupa com essa visão do sábio, e o Instrutor conduz, passo a passo, seu pupilo para essa percepção que é totalmente livre da interpretação da mente. Falando sobre *Brahman*, o Instrutor diz:

> *Assim como uma aranha produz e tece seu fio, assim como as plantas brotam da terra e os cabelos crescem do corpo do homem, também toda a criação surge do Imperecível.*

Aqui o Instrutor oferece uma ilustração dos reinos vegetal, animal e humano. É verdade que tudo procede de *Brahman*, o Imperecível. Mas *Brahman* tem que fazer um esforço para criar Seu Universo? O Instrutor diz que a criação é absolutamente sem esforço, tão sem esforço quanto o crescimento dos cabelos do corpo do homem. Ele diz: olhe para a terra que é inerte mas dá origem a plantas que são ricas em cores e variedades. E veja a aranha, ela tece um fio de si mesma e quando ela recolhe o fio, ele se torna mais uma vez parte da aranha. A aranha cria e também "destrói" à vontade, não precisando da ajuda de ninguém. Assim é de fato a criação de *Brahman*. Ela é sem esforço, contém rica variedade e surge de *Brahman* assim como a aranha tece o seu próprio fio. Mas a criação do homem precisa de esforço exaustivo. Ela é monótona por natureza, contendo as marcas da continuidade da mente, mas acima de tudo é uma criação que depende do material recolhido de seu ambiente. Onde há plenitude interior, a criação externa está fadada a ser espontânea, cheia de variedade e portando a marca do único e do original. O Instrutor diz que *"Brahman* expande-se através de *tapas"*. *Brahman* precisa praticar austeridade? E se a criação é feita a partir da austeridade, então como pode ser sem esforço e espontânea? Aqui *Tapas* não significa austeridade. Um dos significados de *Tapas* é Ardor. *Brahman* cria a partir do ardor. Isso significa que a criação do Universo é um ato de amor. E o amor é sem esforço e espontâneo. O esforço surge somente quando há um motivo. Se o amor tem um motivo, então não é amor algum. *Brahman* cria o Universo a partir do amor, pois Ele é sem motivo. Não há motivo subjacente ao Universo. Na verdade, a simpatia de *Brahman* está presente em todas as partes do Universo. É essa simpatia que o sustenta. E a simpatia está em toda parte. Ver essa simpatia na criação, é sentir a presença de *Brahman*, pois *Brahman* é onipresente, mas sua Onipresença revela-se através do ardor que nutre todo o Universo – do mais sutil ao mais grandioso. O Instrutor diz que o conhecimento de *Brahman* é o conhecimento Superior, é Sabedoria ou *Para Vidya*.

Mas pode surgir uma questão sobre qual é a utilidade de *Apara Vidya*, o conhecimento Inferior. O homem deve abandonar o conhecimento Inferior a fim de perseguir o superior? As palavras Inferior e Superior não denotam corretamente o significado de *Apara* e *Para Vidya* respectivamente. *Apara* ou Inferior é o conhecimento do Imanente, enquanto *Para* ou Superior é o conhecimento do Transcendente. Mas o que o homem deve fazer a fim de chegar ao conhecimento Transcendental? A rejeição do Imanente é o caminho para ele? *Apara* e *Para Vidya* são os meios para alcançar o fim que estamos buscando. O fim que determina os meios. E, portanto, o Inferior e o Superior estão relacionados com o fim. O conhecimento é chamado Inferior ou Superior em termos do fim. Um homem pode fazer o que gosta, mas seu fazer é influenciado pelo fim que persegue. Ele pode fazer aparentemente grandes coisas, pode estudar as escrituras superiores, pode retirar-se para a floresta, mas a questão é: com que fim? O padrão da ação por si mesmo não é bom nem mau, é o fim que o torna uma coisa ou outra. O Instrutor do Upanixade *Mundaka* transmite a seu pupilo esse mesmo fato nos versos que seguem. Ele diz:

> *Esta é a verdade. Os trabalhos sacrificiais que foram revelados aos* rishis *nos hinos foram descritos de várias maneiras nos Três Vedas. Pratique-os, desejando alcançar seus verdadeiros resultados. Esse é seu caminho que conduz aos frutos de seus trabalhos.*

Essa é uma estranha instrução dada pelo Instrutor, especialmente quando no início desse Upanixade ele declara que os Vedas e seus seis ramos são todos conhecimento Inferior ou *Apara Vidya*. Como o verso acima se harmoniza com a afirmação anterior do Instrutor? O verso acima fala de hinos descritos nos três Vedas. Por que três Vedas e não quatro? Os três Vedas são o *Rig* Veda, o *Yajur* Veda e o *Sama* Veda. Esses três Vedas contêm hinos que tratam da realização de sacrifícios. O *Atharva* Veda não contém qualquer injunção com relação à realização de sacrifícios, esse é o motivo de ter sido excluído do verso acima. Os sacerdotes dos três Vedas são *hota*, *udgata* e *adhvaryu*. Eles presidem os vários sacrifícios mencionados nos três Vedas. A participação desses sacerdotes é necessária a fim de produzir os resultados desejados. Os fins pelos quais os sacrifícios são feitos podem ser alcançados bem e verdadeiramente devido à participação desses sacerdotes. O Instrutor do Upanixade *Mundaka* diz: "Pratique esses sacrifícios, desejoso de alcançar seus verdadeiros resultados". Ele acrescenta:

> *Quando o fogo está bem aceso e as chamas tremulam, deixe um homem oferecer suas oblações no espaço entre as duas porções de manteiga derretida.*

Angiras, o instrutor, diz ao pupilo que essas oblações devem ser oferecidas com fé no momento apropriado. Se o homem não tem fé no que está fazendo, então certamente não pode esperar obter a recompensa pela qual faz o sacrifício. Fé aqui obviamente significa convicção. Uma ação realizada sem convicção não tem significado. Pois bem, há uma diferença entre convicção e fé. Uma convicção é baseada na lógica. É o produto do pensamento matemático. Surge do exame dos "prós" e "contras" de uma situação, e os prós e os contras são os dois opostos da mente. Uma convicção representa um conhecimento positivo da mente. Mas a mente pode falar com positividade somente com relação àquilo que é previsível ou recorrente. Seu conhecimento positivo tem validade naquilo que se refere à lógica ou à matemática. Nas experiências que não cabem na estrutura da lógica ou da matemática, o conhecimento positivo da mente não tem valor. Uma mente pode chegar a uma convicção, mas essa não pode chegar à fé. A fé vem à mente, mas a uma mente que conhece os limites de seu conhecimento positivo. Desde que o conhecimento Inferior ou *Apara Vidya* pertence ao domínio da mente, para agir efetivamente precisamos ter convicção. Aquele que age sem convicção no reino do conhecimento Inferior está fadado a ser ineficaz em suas ações. Isso é o que o Instrutor Angiras diz a seu pupilo com relação à realização de sacrifícios. Ele diz: isso deve ser realizado com convicção. Realizar qualquer ação com convicção é compreender a implicação de tal ação. Uma convicção indica uma percepção do fim ou da meta com relação à ação realizada. O Upanixade diz:

> *Um homem que realiza sacrifícios quando as chamas estão brilhando e oferece oblações no momento certo, é carregado por essas oblações para os raios do sol onde mora o soberano único dos deuses.*
>
> *As oblações luminosas dizem ao que realiza o sacrifício: vem aqui, vem aqui, e o conduz aos raios do sol, adorando-o todo o tempo e saudando-o com as palavras amáveis: esse é o céu sagrado obtido por suas boas ações.*

O soberano único dos deuses é obviamente Indra. O Upanixade *Mundaka* diz que aqueles que realizam sacrifícios de acordo com as instruções das escrituras obtêm recompensas do céu. Supõe-se que Indra é o governante do céu. O céu tem uma localização geográfica particular? Obviamente não, o que então significa a obtenção de recompensas do céu? Céu é um estado mental. A mente projeta seu céu assim como seu inferno, e o céu da mente é exatamente o oposto da existência terrena. A realização de sacrifícios ajuda-nos a chegar a uma disposição particular de mente. Nessa disposição o homem sente-se feliz e relaxado. Esses sacrifícios ajudam-no a contatar entidades superfísicas que auxiliam o homem a obter uma estrutura de mente que ele considera celestial. É uma experiência comum de muitos que o som exerce uma influência particular na mente do homem. Quando versos sânscritos são recitados com a entonação apropriada e, além disso, quando há uma fragrância de incenso e o efeito energizado do fogo plenamente aceso com suas chamas sétuplas, então chega ao homem um sentimento estimulante de alegria e felicidade. Essa disposição dura enquanto os sacrifícios prosseguem e enquanto seus efeitos secundários permanecem, mas logo o homem retorna a sua existência terrena. Uma felicidade dependente de fatores externos está fadada a ter vida curta. É verdade que a realização de sacrifícios produz alguns resultados desde que haja convicção mental em tal realização. Mas os resultados são extremamente temporários porque estão dentro dos confins da mente. O céu é o oposto da terra, e aqueles que colhem recompensas celestiais movem-se somente de um oposto ao outro da mente. Logo, do céu, o homem retorna à terra, e daí novamente luta para alcançar outro céu. Ele se move de sacrifício em sacrifício, de oblação em oblação e de sacerdote em sacerdote como uma fuga dos problemas da existência terrena para o descanso do céu, conquanto temporário possa ser.

E, assim, o Instrutor Angiras diz:

> *Frágeis realmente são aquelas balsas de sacrifícios, conduzidas por dezoito pessoas, sobre as quais repousa o trabalho inferior; portanto são destrutíveis. Tolos os que se regozijam nisso como o Mais Elevado Bem, são vítimas uma e outra vez da idade avançada e da morte.*

A menção às dezoito pessoas no verso acima se refere àquele que faz o sacrifício e sua esposa, e aos dezesseis sacerdotes que são considerados necessários para realizar os sacrifícios. Mas o Instrutor diz que a balsa de sacrifícios é muito frágil, não pode conduzir o homem até a outra margem. Pode permitir que um homem atravesse pequenos córregos, mas certamente não o vasto oceano de *samsara* ou o mundo. A realização de sacrifícios pode alcançar fins limitados porque se constitui em "trabalho inferior" e, portanto, produz resultados inferiores. Com freqüência se pergunta: os rituais e as cerimônias são necessários? Essa questão não tem significado enquanto não investigarmos outra questão, qual seja, necessário para quê? Em outras palavras, a menos que se tenha claro o fim que se busca, uma questão como essa não pode ser respondida satisfatoriamente. Se estamos buscando uma pequena fuga das preocupações e ansiedades da vida, então tais rituais e cerimônias podem ser úteis. Eles podem temporariamente tirar um homem das misérias da existência terrena e conduzi-lo às delícias do céu. Mas aquele que busca essas delícias temporárias reiteradamente se encontra em um estado mais miserável após seu retorno à terra. Essas delícias temporárias servem como drogas, quanto mais as ingerimos, tanto mais viciados nos tornamos. O Upanixade *Mundaka* diz:

> *Crianças, imersas na ignorância de várias formas, lisonjeiam-se dizendo: realizamos o propósito da vida. Em razão desses fazedores de sacrifício não conhecerem a Verdade, devido a seu apego, caem do céu, feridos pela miséria, quando o fruto de seu trabalho é exaurido.*

A realização de um sacrifício deve ser compreendida como se referindo a todas as observâncias das práticas religiosas exteriores. Pois tais práticas são de fato cerimoniais em sua natureza. Essas práticas quebram, de outra forma, a rotina monótona da vida e portanto servem como fugas temporárias. Mas como diz o verso acima, tais pessoas caem do céu quando o efeito da droga acaba. Não compreendem que os resultados que alcançaram são transitórios, passam e criam uma nova ânsia por outro intoxicante. Os ensinamentos do Upanixade *Mundaka* são realmente como uma navalha, pois são impiedosos em sua natureza, são pão-pão, queijo-queijo. O instrutor chama os fazedores de sacrifícios de crianças, referindo-se àqueles que não têm maturidade. São pessoas imaturas, perdidas no não-essencial, agarrando-se ao secundário e pensando que ele é essencial. O instrutor diz que "lisonjeiam-se dizendo – realizamos o propósito da vida". Essas pessoas pavoneiam-se, olhando de cima para os demais que não se envolvem nesses rituais e cerimônias, que não obedecem a padrões religiosos. Esses são os conformistas de todos os credos e religiões, para eles aquele que não segue essas práticas é um renegado, quase uma alma perdida além da redenção! O Upanixade *Mundaka* acrescenta:

> *Tolos ignorantes, que consideram sacrifícios e trabalhos humanitários como o mais elevado, não conhecem bem superior algum.*

Tendo desfrutado de sua recompensa nas alturas do céu, obtida por bons trabalhos, retornam a este mundo – ou até mesmo a um inferior.

Por que os trabalhos humanitários foram colocados ao lado dos sacrifícios? O homem não deve se envolver em trabalhos humanitários? O homem deve estar tão imerso em sua própria salvação que esqueça das misérias dos demais? Qual é o **significado de ambos** – os sacrifícios e os trabalhos humanitários – terem sido associados? Por que um homem realiza sacrifícios? Ele o faz porque existem injunções nesse sentido nas escrituras. E sacrifícios trazem resultados somente se são realizados em estrita obediência às instruções das escrituras – isso é o que o sacerdote e também aquele que faz o sacrifício acreditam. Assim, não é por causa da felicidade do sacrifício, mas por causa da recompensa que ele pode trazer, que uma pessoa realiza sacrifícios. E, desde que a recompensa é mais importante do que a realização do sacrifício, aquele que faz o sacrifício fica atento no que tange ao seguimento das instruções das escrituras. Seguir as instruções é mais importante do que a alegria da realização de um sacrifício. A conformidade a regras é mais importante do que o fazer as coisas. Por quê? Porque o interesse não está no fazer, mas na recompensa – seja material ou supostamente espiritual – esse será o seu motivo para seguir as instruções. Pois bem, uma mente que busca recompensa, *status,* reconhecimento, é uma mente corrupta. Muito freqüentemente o trabalho supostamente humanitário é empreendido por uma tal mente corrupta. Não é preciso dizer que tal trabalho humanitário dificilmente difere da realização de sacrifícios em concordância com injunções das escrituras. O aparente humanitário também se torna um conformista que se engaja no serviço porque é bom servir, pois o serviço traz uma recompensa celestial na forma de *status* social ou espiritual! É preciso lembrar que um serviço que não seja natural e espontâneo, um serviço cultivado, um serviço que tem um motivo – seja material ou supostamente espiritual – não é serviço de modo algum. Um serviço para ser verdadeiro precisa ser anônimo, pois somente quando o servidor não está presente é que o verdadeiro serviço ocorre. Como é que uma mente pode engajar-se em trabalho humanitário? Uma mente corrupta pode seguir as injunções do trabalho humanitário, pode realizar quantidades e quantidades de trabalho caritativo, mas seu trabalho não é melhor do que um sacrifício, um cerimonial realizado com interesse na recompensa celestial. Uma mente corrupta não sabe o que é compaixão, e onde não há compaixão, como pode existir caridade? O Instrutor do Upanixade *Mundaka* diz, sem piedade, que o homem de sacrifício e trabalhos humanitários entra reiteradamente neste mundo, ou "mesmo em um inferior". Ele é pior do que uma pessoa comum, pois a última não finge ser santa. Aquele que finge ser santo ou pensa que pode se tornar santo através da observância de práticas externas, tenham elas a natureza do sacrifício ou a natureza humanitária, entra de fato em um mundo inferior, pois é um mundo de fingimentos e faz-de-conta.

O Instrutor está expondo a idéia do conhecimento Inferior e Superior. Ele claramente indicou o caminho do conhecimento Inferior. Ele diz a seu pupilo para deixar as pessoas realizarem sacrifícios e se engajarem em trabalhos humanitários, mas que eles devem saber o que estão buscando. Como foi dito anteriormente, o fim determina os meios; na verdade, o fim está nos meios e, portanto, uma conformidade a meios ou padrões não conduz o homem às alturas da experiência espiritual. O problema não é o refinamento dos meios, o problema se encontra na formulação do fim. Se o fim é poluído, como pode o refinamento dos meios ter algum valor? Se o fim é corrupto sua corrupção estará presente também nos meios, mesmo que os meios possam parecer refinados e polidos por fora. Quando o fim é puro, os meios irão se tornar puros naturalmente e quase sem esforço. Que estranho que em todas as nossas religiões e disciplinas espirituais estejamos preocupados com o refinamento dos meios, o refinamento dos instrumentos, ao invés de estarmos preocupados com a descoberta do fim e seu conteúdo. O problema da vida espiritual não é tanto o refinamento dos meios quanto a purificação do fim.

O Instrutor no seguinte verso faz uma afirmação muito profunda e significava, considerando o fim que o homem deve perseguir. Ele diz: "Nada que é Eterno pode ser produzido por aquilo que não é eterno". O Eterno é livre da corrupção do Tempo. Não há influência mais corruptora do que o tempo. Como pode o Eterno que é puro e incorrupto ser produzido pela influência corruptora do tempo? Assim, o fim que é produzido pelo tempo deve ter consigo a corrupção do tempo. Se o fim deve ser puro, então seu nascimento não deve se dar no tempo, mas no atemporal. Pois bem, o tempo é a criação da mente e o tempo é também o campo no qual a mente funciona. E, portanto, qualquer produto da mente deve conter as influências corruptoras do tempo. Um homem que busca o fim criado a partir das projeções da mente está seguindo algo perecível, algo que logo ficará corrompido. Como pode o tempo que é perecível conhecer aquilo que é Imperecível? Buscar os propósitos e fins formulados pela mente é perseguir uma miragem – pode parece atrativo, mas nunca pode saciar a sede do aspirante espiritual.

Por estranho que possa parecer, o Instrutor conduziu o pupilo a um ponto em que ficou marcado nele o fato de que na vida espiritual o problema fundamental não é o Como – é o *Porquê*. Como levar uma vida espiritual não é tão importante quanto descobrir por que queremos seguir um caminho espiritual. A investigação sobre o conteúdo do fim indicará ao investigador os meios que podem ser empregados para alcançar tal fim. Na verdade, os meios emergirão naturalmente desse mesmo processo de investigação sobre a natureza do fim. O *Como* está contido no *Porquê* – esse é o mistério da vida espiritual.

Mas como descobrir esse mistério? Desvelar esse mistério é realmente conhecer *Para Vidya* – o conhecimento Superior. Mas a questão ainda permanece: onde temos que ir para desvelar esse mistério? O Upanixade *Mundaka* diz:

> *Para que o aspirante espiritual possa compreender o Eterno, ele deve, carregando o fogo em suas mãos, aproximar-se do guru que é versado nos Vedas e que tem sua base em* Brahman.

O verso diz que o aspirante deve se aproximar de um guru com o fogo em suas mãos. Por que dessa estranha maneira? No *ashrama* de um guru, o fogo é algo sagrado. E, portanto, vigiar o fogo é um dos aspectos importantes da vida no *ashrama*. Esse vigiar do fogo simboliza uma condição de constante vigilância sem a qual a investigação espiritual não tem valor. Vigilância eterna é o preço que a Verdade cobra daqueles que desejam compreender seus segredos. O pupilo que vai até um guru precisa ir com o fogo em suas mãos para indicar que ele também participará desse ato de vigilância. A descoberta da Verdade não é algo que o guru dá e o pupilo agarra. A descoberta da Verdade surge somente em momentos de vigilância, e nesse ato supremo de vigilância o guru e o pupilo precisam estar juntos. O fogo que o pupilo carrega nas mãos indica o seu desejo de participar nesse ato de vigilância. Aquele que vai sem o fogo nas mãos não possui a requerida qualificação para uma profunda investigação espiritual.

Embora o verso acima descreva a maneira como o pupilo deve ir até o guru, ao mesmo tempo ele revela as verdadeiras características de um guru. Ele diz, um guru precisa ser "versado nos Vedas e ter sua base em *Brahman*".

Aqui o Upanixade *Mundaka* fala de um guru bem versado tanto em *Apara Vidya* quanto em *Para Vidya* – o conhecimento Inferior e Superior. A proficiência nos Vedas ou conhecimento Inferior é necessária, pois ela agudiz a mente. *Apara Vidya* é o reino da mente. A mente não deve ser negligenciada. A mente deve ser alerta e também negativa. A mente alerta é proficiente em todos os aspectos do conhecimento Inferior. É capaz de explorar todo o campo de *Apara Vidya*. Mas a mente alerta também conhece os limites e as fronteiras do conhecimento Inferior. É nessa percepção dos limites de *Apara Vidya* que ela se torna negativa. Tendo conhecido o que *Apara Vidya* pode ensinar, tal mente também conhece o que *Apara Vidya* não pode ensinar. Mas tal percepção surge somente em uma mente vigilante. Se o guru não é bem versado nos Vedas ou conhecimento Inferior, então certamente não possui uma mente alerta. Como pode ele dissolver as dúvidas de seu pupilo? Mas se o guru é apenas bem versado nos Vedas, então como pode ele conduzir o pupilo à descoberta da Verdade que é Imperecível? Portanto, o guru precisa ter sua base no Imperecível. Isso significa que o guru precisa ser capaz de mover-se desimpedido no reino sobre o qual o Tempo preside. A inspiração do Atemporal e a técnica do movimento eficiente na esfera do Tempo – é isso que constitui as características de um verdadeiro guru. A um tal guru o pupilo deve ir carregando o fogo em suas mãos, declarando sua disposição de participar no ato da Vigilância Eterna, de modo que tanto o instrutor quanto o discípulo possam chegar à descoberta da Verdade.

Parece haver uma estranha contradição nos ensinamentos dos Upanixades, pois enquanto por um lado eles enfatizam a completa liberdade de pensamento e investigação de parte do aspirante, ao mesmo tempo dão ênfase à necessidade de um guru. É essa contradição real ou apenas aparente? Para compreender isso, precisamos entender claramente o papel do guru. O homem precisa de um guru no caminho da investigação espiritual? A presença de um guru não restringirá a liberdade de investigação sobre a qual os Upanixades dão tanta ênfase? Como pode a necessidade de um guru se reconciliar com a liberdade que é a base da verdadeira investigação espiritual?

O guru como está indicado nos Upanixades não é um mero instrutor. Como diz o verso anterior do Upanixade *Mundaka*, o guru precisa ser um *Brahmanishtha,* aquele que não fala com o conhecimento intelectual, mas com a sabedoria da alma. Ele fala não a partir da mente, mas dos profundos recessos do coração, do próprio centro da realização espiritual. É por causa disso que o instrutor dos Upanixades nunca faz um discurso moralizante. Ele usa o instrumento da lógica, mas com esse mesmo instrumento ele mostra as limitações da lógica. Ele mostra logicamente como a lógica é inadequada! Ele induz seus estudantes a fazer perguntas, pois sua principal preocupação é encorajar o pensamento claro e lógico de sua parte. O papel do guru nos Upanixades é ajudar seus pupilos a afiar suas mentes. Mas isso não é tudo. Ele mostra-lhes que a mente afiada não pode ir além de um ponto particular. Através de discussão e questionamento, ele conduz seus estudantes a esse ponto. Através da lógica e do pensamento claro ele habilita seus pupilos a ir para a outra margem da mente. Mas nesse ponto ele os deixa, para resolverem os problemas por si mesmos. Ele indica-lhes que o guru não pode ir com eles além daquela outra margem da mente. O guru dos Upanixades ajuda os estudantes a ver claramente os dois opostos da mente. Quando vêem os opostos os próprios estudantes descobrem que o problema permaneceu sem solução. O trabalho do instrutor dos Upanixades é levar os estudantes a compreender por si mesmos como a mente é incapaz de ir além dos opostos, e como os opostos não têm resposta para a investigação profunda do aspirante. Assim, o guru dos Upanixades desempenha um papel negativo. Ele não permite que os estudantes descansem a menos que tenham chegado a um ponto de total negatividade com relação ao tema de sua investigação. A partir desse ponto de negatividade o estudante deve descobrir o conteúdo da Verdade. Nenhum instrutor pode levar um estudante além desse ponto de negatividade. Ali o instrutor declara: "Meu trabalho chegou ao fim. A partir daqui você deve ir sozinho, pois só o solitário pode encontrar o Solitário". E, portanto, o guru dos Upanixades não tira a liberdade do investigador; ao contrário, ele o auxilia a aprofundar sua liberdade. Ele não condiciona sua mente com qualquer afirmação definida em relação à Realidade última, ele lhe dá um bastão de Nada com o qual pode galgar a ladeira íngreme que conduz ao grande ápice da Verdade.

O Upanixade *Mundaka* nos oferece um dos grandes exemplos que mostram o papel do instrutor sobre a negação. A própria palavra *Mundaka* denota um processo de negação. E isso é o que o instrutor, Angiras, faz. Ele conduziu seu pupilo, Shunaka, à total negação de *Apara Vidya* ou Conhecimento Inferior. Mas o que vem depois? O que se encontra além das negações da mente? *Apara Vidya* foi negado, mas onde pode ser encontrado *Para Vidya*? *Para Vidya* é realmente o conhecimento de *Brahman,* a Causa Sem Causa de toda a criação. Os Upanixades tratam de dois fatores fundamentais: *Brahman* com atributos e *Brahman* sem atributos. O primeiro é causado pelo último, mas o último não é causado por nada, Ele é uma causa Sem Causa. O instrutor diz:

> *É Purusha autoluminoso e sem forma, incriado e existente fora e dentro. É destituído de Prana, destituído de Mente, puro e mais elevado do que o supremo Imperecível.*

O supremo imperecível no verso acima indica *Saguna Brahman* – *Brahman* com atributos. O Instrutor diz que *Brahman* último é mais elevado do que esse, pois é sem atributos. *Para Vidya* ou conhecimento Superior preocupa-se com a compreensão desta realidade última – *Brahman* sem atributos. Mas mesmo aqui o Instrutor tem que usar termos de negação. No verso acima, ele diz que o *Brahman* supremo é *Amurta*, *Aprana* e *Amana*. É destituído de Forma, destituído de *Prana* e destituído de Mente. Embora Sem Forma, dá origem a inúmeras formas; embora Sem Mente, traz à existência a mente com suas muitas expressões. Toda a criação é uma projeção de *Brahman*, surge Dele, assim como os fios da aranha. O fio não tem existência independente da aranha. Analogamente, a criação não tem existência independente, ela vive e se move e tem sua existência em *Brahman*. Toda a criação é destituída de significado intrínseco, ela tem um significado projetado. Ela existe assim como uma imagem existe no espelho, mas a imagem no espelho dura somente enquanto a pessoa cuja imagem é espelhada estiver na frente do espelho. Toda a criação é exatamente assim. Enquanto o homem a considera como tendo um significado projetado, ele é livre de *Maya* ou ilusão, mas no momento em que ele dá ao significado projetado um atributo ou significado intrínseco, ele fica preso nas malhas de *maya*, ele é incapaz de ver as coisas como elas são, exceto obscuramente, como através de uma vidraça.

Mas uma questão pode surgir: os significados projetados e intrínsecos são completamente separados um do outro? Há um abismo entre ambos? E, se houver um abismo, ele é intransponível? Se não for, como se pode construir uma ponte sobre o mesmo? A criação é apenas a projeção do Criador. Mas, então, como a criação sustenta a si mesma? Uma imagem-pensamento é a projeção da mente humana. Mas como ela se sustenta? A imagem vive enquanto a mente a sustenta. Quando a mente cessa de habitar nela, ela se desintegra, se desvanece, sua existência não mais ocorre. Essa criação toda estará sustentada enquanto *Brahman* a sustentar em Sua consciência. E, portanto, *Brahman* deve estar imperceptivelmente presente em Sua criação, sem essa presença imperceptível o Universo se desvaneceria, se desintegraria, cessaria de existir. Quando a mente humana sustenta uma imagem, a presença do pensador está imperceptivelmente ali, pois, sem ela, a imagem se desvaneceria no tempo. O Criador está imperceptivelmente presente em Sua criação. Essa é a sublime verdade a que o Instrutor chega na medida em que expõe esse profundo tema do conhecimento superior a seu discípulo, Shaunaka. O Instrutor diz:

> *Somente* Brahman *é realmente o Universo. Aquele que conhece esse* Brahman, *o Supremo e o Imortal, oculto na cavidade do coração, desfaz aqui mesmo o nó da ignorância.*

Desfazer o nó da ignorância é chegar ao conhecimento superior, chegar até *Para Vidya*. Enquanto olha para a imagem de um espelho, aquele que vê também a pessoa que lançou a imagem, conhece a criação, e também o Criador presente na criação. Ver o Criador na criação é, de fato, chegar ao conhecimento superior. Aquele que vê somente a criação está perdido em *Apara Vidya,* e será enredado nos problemas da criação. Mas aquele que vê o Criador na criação é tanto *Shrotriya* como *Brahmanishtha,* para usar a fraseologia do Upanixade *Mundaka* empregada em outro contexto. Aquele que conhece apenas a criação é um *Shrotriya* – bem versado nos Vedas. Mas aquele que vê o Criador na criação está enraizado em *Para Vidya* e ao mesmo tempo está plenamente familiarizado com a abordagem de *Apara Vidya.* O Criador pode ser encontrado em cada ponto da criação. Para indicar isso, o Instrutor diz que Ele está "oculto na cavidade do coração". A palavra cavidade indica aquilo que é imperceptível. Precisamos de extraordinária sensibilidade para ver o Criador na criação, pois, embora manifesto, Ele está oculto. O Upanixade *Mundaka* O descreve como "movendo-se em segredo".

Para Vidya é de fato conhecimento esotérico assim como *Apara Vidya* é exotérico. Mas esotérico não é algo mantido em segredo pelo homem. Paradoxalmente, o segredo jaz no aberto, o esotérico está sempre exposto ao olhar de qualquer um. Está ali para vermos, mas é a cegueira do homem que o impede de ver aquilo que está na sua frente. Essa cegueira não se deve a algum defeito orgânico. Diz-se que não há ninguém tão cego quanto aquele que não quer ver! A cegueira do homem é dessa natureza. Nenhum homem pode afastar o esotérico do olhar de outro. Aquele que não pode ver o esotérico fechou seus próprios olhos, o homem volta suas costas à luz e grita que está escuro! O conhecimento exotérico é o conhecimento da criação, mas o esotérico é o conhecimento do Criador imperceptivelmente presente na criação. Esse é o significado de *Brahman* "morando na cavidade do coração". Ao olhar superficial, *Brahman* é invisível; mas aquele que traz uma dimensão de profundidade à sua percepção, vê o Criador sentado no coração de sua criação. O Instrutor diz a Shaunaka:

> *Aquilo que é radiante, mais sutil do que o sutil, aquilo pelo qual todos os mundos e seus habitantes são auxiliados – aquilo é realmente o indestrutível* Brahman. *Somente aquilo deve ser alcançado. Alcance-o, meu bom amigo.*

O Instrutor pede ao discípulo para alcançar o imperecível *Brahman*. O que o Instrutor indica é que *Brahman* se torne a meta, o fim, o objetivo. Na parte anterior dessa discussão examinamos a questão do Fim e dos Meios. Vimos que o problema da vida espiritual é fundamentalmente aquele do Fim, mas o fim que a mente projeta contém todas as corrupções do projetor. Está contaminado pelos motivos e pelas intenções da mente. A mente pode usar belas palavras para denotar e descrever seus fins, mas por trás da palavra jaz toda a corrupção da mente. Aqui o Instrutor diz a seu pupilo: "faça de Brahman a meta, o próprio fim de sua investigação". Mas *Brahman* pode se tornar a meta apenas quando cessarem todos os ideais e as metas da mente. Quando a mente é completamente livre de todos seus ideais, então pode chegar diante do homem o alvo de *Brahman*. A perseguição de ideais é parte do conhecimento Inferior, não importa o quão bela e nobremente tenha sido expresso o ideal. Seguir um ideal é perseguir uma imagem da mente. É tão infrutífero quanto a realização de sacrifícios ou a realização do dito trabalho humanitário. O ideal que é projetado pela mente é tão feio quanto a própria mente. Angiras pede a Shaunaka para fazer de *Brahman* a meta e para atingi-la. Mas como atingi-la? O Instrutor instrui o pupilo assim:

> *Tome o Upanixade como o arco, a grande arma, e coloque nele a flecha afiada pela meditação. Então, tendo retrocedido, com a mente direcionada ao pensamento de* Brahman, *atinja a marca.*

Tome o Upanixade como o arco: o que significa isso? O que é o Upanixade? É o ensinamento – e ensinamento é conhecimento da mente. E, portanto, o Instrutor diz, faça de seu conhecimento aquilo que sua mente reuniu – um arco. Um arco tem duas extremidades que são puxadas uma em direção à outra, mas não muito próximas, pois de outro modo o próprio arco quebraria. As duas extremidades do arco são os dois pontos de conhecimento da mente, os dois opostos que cobrem a extensão da compreensão da mente. No arco, as duas extremidades são amarradas com uma corda, e a corda assim amarrada fica tensa, pois a menos que a corda seja esticada o arco não pode ser eficaz. Quando os dois opostos da mente são trazidos para perto um do outro, eles então são percebidos juntos, não é uma coexistência dos opostos, mas é uma condição em que os opostos são trazidos tão próximos quanto possível. A proximidade dos opostos naturalmente cria uma tensão. Eles exercem uma grande pressão um sobre o outro. É a visão dos dois opostos próximos um do outro que faz a mente experimentar um estiramento, uma tensão semelhante a que a corda do arco experimenta quando as duas extremidades são trazidas para perto uma da outra. É nessa corda tensa do arco que a flecha deve ser colocada. Mas a flecha deve ser afiada e não rombuda, se quiser acertar o alvo. O que é essa flecha afiada? O verso acima diz que a flecha deve ser afiada através da meditação. A palavra usada é *Upasana,* que significa realmente prática. A mente é obviamente a flecha, mas essa flecha deve ser afiada para poder atingir o alvo. Deve ser afiada pela prática. Isso significa realmente que ela deve se tornar alerta. Apenas a mente alerta pode servir como uma flecha afiada. Mas o que é essa mente alerta? É a mente que repousa na corda esticada do arco, o arco que trouxe os dois opostos para perto um do outro. A mente alerta é aquela que vê claramente os dois opostos, mas ver os opostos é conhecer o que eles indicam e implicam. A mente que conhece as implicações dos dois opostos com relação a qualquer situação é realmente alerta e afiada. Ver as implicações é ver como e por que elas pressionam uma à outra, o que jaz por detrás dessas tensões que tornam a corda tão esticada e a consciência tão tensa. A mente que vê as tensões e suas implicações é uma mente afiada e alerta. É uma flecha que pode cumprir seu trabalho. Mas como?

    Para afrouxar a flecha, a corda sobre a qual ela repousa deve retroceder um pouco. Quando a corda retrocede, então sua própria tensão arremessa a flecha longe, onde se encontra o alvo. Esse retrocesso, mesmo quando a corda está esticada, é o relaxamento da mente durante sua tensão. Esse relaxamento libera a energia armazenada na tensão. A flecha que repousa na corda tensa não tem utilidade. Ela se torna útil quando a corda é relaxada sem quebrar a tensão. Relaxar durante a tensão é uma contradição em termos – é um paradoxo. E, contudo, é nesse paradoxo que se encontra a solução. A tensão da mente é causada pela proximidade dos opostos que intensificam a tensão um sobre o outro. Nisso, o processo de pensamento da mente é trazido a uma condição candente. Pois bem, um relaxamento é possível somente nessa condição candente. A corda que não é esticada irá afrouxar quando puxada para trás, mas uma corda esticada não afrouxa e ainda apresenta relaxamento quando retrocedida. Essa é exatamente a condição da mente tensa que experimenta o relaxamento. A mente é tensa e contudo não pensa, isso é o que realmente significa o retrocesso da flecha afiada repousando na corda esticada. O verso acima diz que quando a corda retrocede, então a mente é direcionada ao pensamento de *Brahman*. Mas não se pode pensar em *Brahman* – o que então significa essa afirmação? Significa uma mente que se tornou livre de todos os processos de pensamento. Mas isso não significa uma mente embotada que foi liberta de seus processos de pensamento. É uma mente afiada, livre do movimento do pensamento – a flecha repousando na corda esticada pronta para voar por causa do retrocesso da corda.

Quando a flecha é lançada, com a corda relaxada e, contudo, tensa, então ela atinge o alvo – atinge a marca. No seguinte verso o instrutor descreve essa condição muito claramente, ao dizer:

A flecha deve ser lançada por uma mente não distraída, pois então a flecha se torna una com o alvo.

Como pode a flecha deixar de atingir o alvo quando ela se tornou una com ele? A consciência relaxada durante a tensão é afiada como uma flecha. Ela atinge o alvo, pois nessa condição ela se tornou o próprio alvo – os dois se tornaram um – o alvo e a flecha – o fim e os meios. Quando A*tman* descobre a natureza de *Brahman* dentro de si, então onde está o fim e onde está o começo? O fim está no começo. Saber isso é chegar a *Para Vidya* – o conhecimento superior.

O Instrutor diz a seu discípulo:

Conheça apenas o Atman *não-dual, e abandone todas as outras discussões. Essa é a ponte para a Imortalidade.*

Ao ler o verso acima nos lembramos das palavras de Jesus Cristo quando Ele diz: "Entre primeiro no reino de Deus". A entrada no reino deve acontecer primeiro, não por último. Quando entramos nesse reino, todo o resto vem por acréscimo. O Instrutor do Upanixade *Mundaka* diz a mesma coisa, pois ele declara: "Abandone todas as outras discussões e conheça o *Atman* não-dual". Sem conhecer *Atman* todas as outras discussões são sem sentido. Prosseguir com outras discussões é pura perda de tempo e energia. Sem conhecer *Atman*, todas as disciplinas espirituais e todas as descrições da Realidade são destituídas de qualquer significado. O Instrutor enfatiza a palavra "não-dual" com relação a A*tman*. Haverá também um segundo *Atman*, para que precisemos falar do não-dual? O que o instrutor Angiras indica é que esse *Atman* não pode ser conhecido pela mente, pois a mente conhece tudo em termos de dualidade. O *Atman* da mente é o oposto do não *Atman*. Não é preciso dizer que o *Atman* que tem um oposto é um *Atman* dual. E, portanto, o Instrutor diz que o *Atman* a ser conhecido não é o da mente, mas aquele que está além do conceito da mente. Só o *Atman* que está além do quadro conceitual da mente é não-dual. É esse *Atman* que é a ponte para a Imortalidade. O *Atman* que tem um oposto pode servir como uma ponte para a continuidade, mas não pode nos levar à experiência da Imortalidade. A continuidade existe na esfera da dualidade. Um movimento entre os dois pontos da dualidade é um movimento na continuidade. A imortalidade é vivida na cessação de todo movimento, pois onde não há movimento, não há nem nascimento nem morte. Um movimento inicia em algum lugar e, portanto, termina em algum lugar. Mas onde a mente chegou a uma cessação de todo movimento de pensamento, não há dualidade. A experiência de *Atman* é essa experiência da **não-dualidade**. Quando a consciência humana chega à experiência da não-dualidade, ali ela conhece *Atman* – e como a natureza de *Atman* é idêntica à natureza de *Brahman*, a experiência não-dual é realmente uma ponte para a Imortalidade. *Brahman* é Imperecível – se *Atman* nos possibilita estar em comunhão com *Brahman*, então comungamos com o Imortal e o Imperecível. Dizer que *Atman* é a ponte para a Imortalidade é indicar que em *Atman* reside a natureza de *Brahman*. Conhecer o *Atman* não-dual é realmente conhecer *Brahman*. O Instrutor diz que, para tal homem:

> *Os grilhões do coração são quebrados, todas as dúvidas são resolvidas e todas as ações são libertas da escravidão da causa e do efeito, quando* Brahman *é visto tanto como imanente quanto como transcendente.*

A imanência de *Brahman* é tema de estudo dos Vedas e dos vários ramos dos Vedas. Constitui o campo do conhecimento Inferior ou *Apara Vidya*. Mas a transcendência de *Brahman* é o que está indicado em *Para Vidya* ou conhecimento Superior. Quando o Superior e o Inferior são conhecidos, então o homem fica livre de todos os grilhões, inclusive os grilhões da causa e do efeito – a escravidão do carma.

Mas a imanência e a transcendência devem ser conhecidas uma após a outra, ou a experiência das duas é simultânea? Se essa experiência não é simultânea, então há um lapso de tempo entre o imanente e o transcendente. Tal lapso de tempo separa os dois no espaço, de modo que o Transcendente não se torna o substrato da Imanência. Mas como pode o Imanente existir sem o Transcendente? Em termos do verso acima, *Brahman* é visto simultaneamente como imanente e transcendente, pois somente assim os grilhões do coração são quebrados e o homem fica livre da escravidão do carma. Essa experiência simultânea do imanente e do transcendente foi expressa muito belamente no seguinte verso do Upanixade *Mundaka*:

Dois pássaros, sempre unidos e conhecidos pelo mesmo nome, pousam proximamente sobre a mesma árvore. Um deles come a fruta doce, o outro assiste.

Essa descrição dos dois pássaros indica que mesmo que aparentemente dois, eles são um, pois estão sempre unidos, e são conhecidos pelo mesmo nome e pousam sob a mesma árvore. E, portanto, embora dois, são um. É a existência simultânea dos dois – os dois existindo juntos. Nenhuma linguagem pode jamais explicar a coexistência, mas a descrição acima é tão próxima a isso quanto possível. Pois aqui a descrição sugere que os dois pássaros existem no mesmo lugar e ao mesmo tempo. O Instrutor, contudo, diz que dos dois pássaros, um come a fruta doce da árvore e o outro assiste. O que isso significa? Isso indica-nos que enquanto um pássaro come a fruta, o outro é simplesmente uma testemunha do que está acontecendo. Nessa coexistência há um estranho fenômeno, pois estão ocorrendo ao mesmo tempo e no mesmo lugar duas atividades totalmente contraditórias. Há um testemunho no meio da participação. Um pássaro come e outro observa, mas o testemunho não ocorre depois do pássaro ter terminado de comer. O comer e o testemunho são simultâneos. Aqui vemos a imanência e a transcendência existindo juntas. Na imanência há uma participação de *Brahman* em tudo que é manifestado, porém na transcendência *Brahman* é testemunha de Sua própria participação. O homem veria *Brahman* como imanente e transcendente se ele manifestasse em sua consciência esse testemunho durante a participação. Participar em todos os trabalhos e atividades e, ainda assim, ao mesmo tempo testemunhar o próprio ato da participação, esse é o caminho que o Instrutor do Upanixade *Mundaka* indica para chegar à experiência de *Atman* não-dual, que é uma ponte para *Brahman,* o Imperecível. Quando nos tornamos testemunhas de nossa própria participação, descobrimos o Transcendente e o Imanente. O Instrutor não diz que o homem deve se isolar de todas as atividades nem diz que ele deveria ser arrebatado por aquelas atividades. Na vida nós vamos aos extremos, ou nos envolvemos completamente na indulgência da atividade ou manifestamos uma total indiferença através de uma negação daquelas atividades. O Instrutor diz que o homem que não cede nem nega, que não aceita nem rejeita, que não justifica nem condena, só ele sabe como ser testemunha durante a participação. Ele fala de percepção na ação, não de percepção fora da ação. O Instrutor fala aqui do Repouso Infinito durante o Movimento Infinito, do relaxamento durante a tensão. Quando a consciência está relaxada no meio da tensão, a flecha atinge a marca, pois o relaxamento durante a tensão não busca uma reconciliação de opostos, nos traz à transcendência dos opostos, nos conduz à experiência da não-dualidade – à experiência de *Brahman*. O Instrutor diz:

> *Brahman não pode ser visto pelo olho, e palavras não podem revelá-lo. Ele não pode ser alcançado pelos sentidos, por austeridade ou por boas ações. Através da graça da sabedoria e da pureza da mente Ele pode ser visto, Indivisível, no silêncio da não-distração.*

O Instrutor é bastante claro sobre a questão do conhecimento de *Brahman*. Ele diz que nem os sentidos nem a fala podem conhecê-lo. Mas nem mesmo as austeridades e ações humanitárias têm serventia. As austeridades indicam um recolhimento do mundo das ações, enquanto o trabalho humanitário indica uma participação no mundo das atividades. Nem através da introversão nem pela extroversão, nem por *Pravritti* nem por *Nivritti*, nem através do retiro nem através da participação ativa chegamos à experiência de *Brahman*, a experiência da Verdade ou Realidade Última. Ele diz que somente através da "graça da sabedoria e da pureza da mente" essa experiência pode ser encontrada. Essa experiência chega à consciência humana como uma graça do céu – a consciência humana não pode ir até ela. Mas tal graça surge somente quando a mente se torna pura. A pureza da mente é obviamente um estado de total negatividade. O puro é aquilo ou aquele ao qual nada adere. A mente que não adere a nada e que nada adere a ela, é uma mente pura. Tal mente é totalmente livre, pois não tem compromisso de nenhum tipo. É uma mente que não tem distração, pois o que distrai é o compromisso da mente. Uma mente que não está compromissada com nada é perfeitamente aberta, ela pode vagar por toda parte, pois em parte alguma pode ser pega. Ela pode se mover por toda parte, pois nada pode prendê-la. É a uma tal mente pura que a graça da Sabedoria chega. A Sabedoria é o conhecimento Superior – *Para Vidya*. Só uma mente que se encontra em um estado de total negação, que repudia todo seu conhecimento positivo está qualificada para chegar à compreensão de *Para Vidya*. E essa Sabedoria chega como uma graça, sem pedirmos, pois a mente que pede é impura, ela ainda está apegada a seu conhecimento, está ainda presa a seus compromissos. Aquele que pede nunca recebe. Onde o próprio pedir é negado, ali, nessa condição de imaculada pureza, o homem é iniciado nos segredos do conhecimento Superior. Essa é a verdadeira iniciação do homem – uma estrada na vida superior, uma entrada em uma nova casa – "uma casa não construída pelas mãos, Eterna nos céus".

O Instrutor diz:

> *Como os rios que correm para o oceano encontram seu lugar final e seus nomes e formas desaparecem, assim também o sábio se torna livre do nome e da forma, e entra na radiância do Espírito Supremo que é maior do que toda grandeza.*

O rio emergindo no oceano não é um estado de aniquilação? O desaparecimento do nome e da forma não é uma condição de total destruição? O fim da vida espiritual é a total aniquilação? A mente do homem que busca sustento através do jogo dos opostos não pode compreender que haja existência sem Identidade. Na verdade, a existência começa quando a identidade se vai. Na identidade, o homem se move com um nome falso, pois a identidade é o produto de uma natureza adquirida através do processo do tempo. Quando a identidade se vai, quando o nome e a forma desaparecem, somente então inicia para o homem sua verdadeira existência. Ele existe em sua verdadeira natureza, não a natureza adquirida pelas reações da mente. Uma natureza adquirida é um composto. O Senhor Buda disse: "Todas as coisas compostas são impermanentes". Uma Identidade é um composto e, portanto, é impermanente por sua própria natureza. Guardar nossa identidade é defender algo que é transitório, algo que é impermanente. Aquele que perde sua identidade constantemente, somente esse conhece o que é a existência imortal. Jesus disse:

> *Todo aquele que quiser salvar sua vida a perderá; e todo aquele que perder sua vida a encontrará.*

Encontrar a vida perdendo-a, esse é realmente um paradoxo. Mas, como Jesus, o Instrutor do Upanixade *Mundaka* também fala em paradoxos. Aquele que é livre de nome e forma entra em uma nova vida! Mas quem está ali quando o nome e a forma se vão? Ainda há alguém para entrar na nova vida? Sim, a entrada na nova vida é possível somente quando não há ninguém para entrar! Quem entra então? Pergunte ao Sábio que encontrou uma resposta para essa questão na iluminação do conhecimento Superior. Mas o Sábio declara que a resposta não pode ser comunicada, seja em pensamento, seja através da fala. Para encontrar uma resposta para essa pergunta o homem deve ele próprio chegar à experiência, onde há existência sem Identidade. O Upanixade *Mundaka* termina com essa observação elevada, pois faz uma profunda afirmação quando diz *Brahmavid Brahmaiva bhavati* – o conhecedor de *Brahman* ele próprio se torna *Brahman*. Para *Vidya* não é conhecimento através da ideação – é conhecimento através do Ser. Aquele que conhece *Brahman* se torna *Brahman,* não há dualidade do conhecedor e do conhecido. O conhecedor se tornou o conhecido. A identidade do conhecedor se vai, mas na própria fusão da identidade do Conhecedor com o Conhecido, o conhecedor conheceu sua verdadeira natureza. Quando o conhecedor toma conhecimento de que não é outro senão o conhecido, então ele sai de sua identidade impermanente e ingressa no reino da existência Imortal. A gota de orvalho deslizou até o oceano, ou o oceano entrou na gota de orvalho? Para responder essa questão, pergunte ao Sábio. Mas como o sábio explicará? Não é pela fala, nem pela mente. O sábio pode responder apenas com o silêncio. Aquele que sabe como comungar com o silêncio conhece a Existência Suprema que não tem nome nem forma, pois é Imortal e Imperecível – vive mesmo quando tudo o mais perece.

Upanixade
Mandukya

VI

O Ser Inominado

Na medida em que estudamos a história da psicologia ocidental, ficamos perplexos com o seu crescente afastamento da filosofia, da qual no passado era uma parte. Esse desvio deve-se provavelmente ao fato de que suas raízes nunca estiveram muito profundamente arraigadas no solo da filosofia. E, uma vez que o desvio iniciou, a distância entre a filosofia e a psicologia tendeu a aumentar, tanto assim que hoje a psicologia ocidental considera-se mais uma aliada da ciência do que da filosofia. A história da psicologia indiana é completamente diferente, pois ela está profundamente enraizada na base da filosofia. O início da psicologia indiana pode ser visto nos Upanixades. Daí ela cresceu e se desenvolveu a grandes alturas e profundidades, como podemos observar em livros como o *Bhagavad Gita,* os *Yoga Sutras* de Patanjali, *Viveka Chudamani*[3] e *Yoga Vasishtha.* Em parte alguma encontramos qualquer tentativa de parte da psicologia indiana de desviar-se do terreno da filosofia. Isso conferiu-lhe um propósito e uma eficácia que sentimos faltar na psicologia ocidental moderna. A psicologia ocidental alcançou, sem dúvida, admiráveis resultados na análise e na síntese, fez muito progresso na técnica do diagnóstico. Mas sua própria ascensão, em sua forma moderna, tem sido com relação a condições anormais da psique do homem. Como disse a grande educadora Maria Montessori: "A nova psicologia foi construída em larga medida sobre deduções pessoais obtidas da anormalidade". A psicanálise, que foi o instrumento da psicologia moderna para tratar dos aspectos psicológicos da vida do homem, começou como uma nova técnica para a cura das doenças mentais. Citando

---

[3] Do mesmo autor, Shankaracharya [Sankara], veja a obra *Viveka Chudamani – A Jóia Suprema da Sabedoria,* Ed. Teosófica. (N. ed. bras.)

novamente Maria Montessori: "A psicanálise trouxe à luz os segredos do inconsciente, mas não ofereceu solução prática para os urgentes problemas da vida". Isso porque a psicologia moderna não tomou conhecimento do que é a saúde mental, ela tirou suas conclusões somente das doenças mentais e, portanto, o que ela considera como saúde mental é a ausência de doença mental. Mas saúde não é ausência de doença – ela é algo positivo. A psicologia moderna permaneceu alheia aos segredos da saúde mental por causa de suas deduções baseadas nas anormalidades da psique do homem.

O quadro da psicologia indiana é completamente diferente. Ela levou em consideração os fatores da doença mental, pois tratou dos problemas das distrações da mente de uma maneira dificilmente vista nos tratados psicológicos modernos. **Mas, embora diagnosticando a doença, ela forneceu um instrumento que cada homem pode manejar por si mesmo.** Ela não torna o homem dependente de um psicanalista para curar suas enfermidades mentais. Há um lugar para o psicanalista, mas seu papel deve ser o de ajudar um paciente a chegar ao diagnóstico correto. Ajudar o paciente a compreender seus próprios problemas psicológicos. Um bom psicanalista ou psiquiatra moderno sem dúvida faz isso, mas a questão é: e depois? Um mero diagnóstico sem uma cura efetiva pode levar o homem à morbidez. E é isso que acontece muitas vezes.

Em qualquer compreensão psicológica do homem, três fatores, a saber: o inconsciente pessoal ou, mais precisamente, o subconsciente; o inconsciente universal ou inconsciente; e o superconsciente devem ser levados em consideração. Entre os psicólogos ocidentais Freud, Adler e aqueles que pertencem a essa escola ou a uma versão modificada dela, levaram em conta a influência do subconsciente sobre o comportamento consciente do homem. Carl Jung e outros com pensamentos similares ou levemente modificados indicaram a influência do inconsciente sobre o trabalho consciente do homem. Mas a influência do superconsciente permanece totalmente ignorada mesmo em nossos dias, exceto nos hesitantes e supercautelosos escritos de Pitirim Sorokin e outros dessa linha de pensamento. Esse reconhecimento hesitante do superconsciente não consegue avançar, pois se defronta com um aliado cego em seu movimento ulterior. Isto é, busca-se compreender o superconsciente da mesma maneira que o subconsciente e o inconsciente. Em outras palavras, busca-se medir seu efeito através dos chamados processos científicos que assumiram nova respeitabilidade no mundo psicológico moderno. Enquanto a psicologia considerar a ciência como sua única aliada, o segredo do superconsciente não poderá ser compreendido, e sem sua compreensão o entendimento da psique humana deve permanecer incompleto. Sem escutar a voz do superconsciente, qualquer avaliação do homem baseada nos descobrimentos do subconsciente e do inconsciente está fadada a ser errônea. Será o mesmo que tentar compreender o todo através de um processo de especulação baseado no conhecimento das partes. O todo, no sentido psicológico, é maior do que a soma das partes. A personalidade humana é um todo e não pode ser compreendida através da soma das partes, nem mesmo através da especulação baseada na soma das partes. A psicologia, através de sua aliança com a ciência[4], pode conhecer acerca das partes. Mas para a compreensão do todo ela deve fazer uma aliança com a filosofia. Sem que a psicologia encontre novamente suas raízes na filosofia, ela não poderá compreender o superconsciente. Pois bem, a psicologia indiana levou em consideração três fatores: o subconsciente, o inconsciente e o superconsciente. E essa abordagem completa da psicologia indiana não é vista em parte alguma tão claramente quanto no Upanixade *Mandukya*.

O Upanixade *Mandukya* é o menor entre os Upanixades, mas seu ensinamento é muito profundo. Esse Upanixade toma seu nome do Instrutor chamado Manduka, que ofereceu os ensinamentos contidos nesse Upanixade. Esse Upanixade é também parte do *Atharva* Veda e tem a mesma invocação que aparece nos Upanixades *Prashna* e no *Mundaka*. Ele começa com o seguinte verso:

> *A Palavra Eterna* OM *é tudo. O que foi, o que é e o que será, e o que está além do tempo tríplice – tudo é* OM. Brahman *é tudo – e* Atman *é* Brahman.

Nesse verso nos deparamos com a famosa afirmação upanixádica – um dos *Mahavakyas* – a saber: *Ayamatma Brahman – Atman é Brahman*. Nesse verso de abertura do Upanixade *Mandukya* a Palavra Sagrada *OM* e *Brahman* foram usadas como sinônimas. Dificilmente há outra ilustração mais apropriada para indicar o que é *Brahman* do que a Palavra Sagrada *OM*. Essa Palavra indica a coexistência de sons articulados e inarticulados – de melodias audíveis e inaudíveis – do som que é emitido e do som que não é emitido – *Anahata Nada*. O som pode ser descrito por sua tríplice natureza: o Som Audível, o Som Inaudível e o Som Imperecível. O Som Audível é aquele que o ouvido humano pode escutar, o Som Inaudível é aquele que

---

[4] Rohit Mehta se refere aqui à ciência reducionista, e não aos setores mais avançados da pesquisa científica. (N. ed. bras.)

pertence a oitavas ou muito altas ou muito baixas para o ouvido humano. Eles podem se tornar audíveis para aqueles que possuem faculdades paranormais particulares como a clariaudiência. Esse som também pode ser captado por instrumentos científicos muito sensíveis. Mas há uma terceira categoria de som que é Imperecível. O som obviamente consiste de vibrações, e todas as vibrações têm um começo e um fim. Assim, tanto o som que é audível quanto o som inaudível são perecíveis por natureza. Quando o meio através do qual o som viaja cessa de vibrar, o som deve chegar ao fim. Não é preciso dizer que somente o som emitido é perecível – é a melodia audível que chega ao fim. Mas se pudesse haver um som não emitido – *Anahata Nada,* então, certamente, ele não poderia ter fim, assim como não tem começo. O som não emitido não tem vibrações e, portanto, não pertence a nenhuma oitava. Falar de som sem vibração é de fato cair em paradoxo. Na Palavra Sagrada *OM,* há tal paradoxo. Ela é audível e inaudível, emitida e não emitida, perecível e imperecível. Em sua natureza perecível pertence ao tempo – passado, presente e futuro. Mas em sua natureza imperecível está além do tempo tríplice, como diz o verso anterior. É ao mesmo tempo manifesto e imanifesto. Em *OM* contatamos a ressonância da articulação, mas também o mistério da inarticulação. A Palavra Sagrada *OM* representa tanto o aspecto perecível quanto o Som Imperecível. Em seu aspecto perecível cobre todas as oitavas audíveis e inaudíveis do som, mas em seu aspecto Imperecível significa o Som Sem Som. O Som Sem Som é realmente *Nada Brahman.* Não somente a Palavra [o Verbo] estava com Deus, a Palavra [o Verbo] era Deus. A Palavra estar com Deus significa manifestação emanando de Deus, mas a Palavra ser Deus é o estado Imanifestado. O que está com uma pessoa pode ser diferenciado, mas o que é a própria pessoa não pode ser diferenciado. Pois bem, uma diferenciação é um estado com atributos, enquanto que uma condição sem diferenciação é um estado sem atributos. Mas é o estado de não-diferenciação que é a causa de toda a diferenciação. *Brahman* sem atributos é a causa de *Brahman* com atributos. Ora, o Tempo é o campo no qual os atributos existem. Mas como pode haver atributos em uma condição Atemporal? O verso acima fala de *Brahman* no Tempo e *Brahman* além do Tempo – e isso é belamente ilustrado pelo som articulado e inarticulado que reside na Palavra Sagrada *OM.* Se a palavra Sagrada é tudo e se *Brahman* também é tudo, então a Palavra e *Brahman* são idênticos. A Palavra [o Verbo] é *Brahman.* Mas novamente o Upanixade diz que *Atman* é *Brahman* e, portanto, a Palavra é realmente *Atman.* A palavra articulada indica *Atman* em manifestação, mas o som inarticulado representa

Atman em sua condição imanifesta. Aqui nos lembramos do verso do *Bhagavad Gita* que aparece no Segundo Discurso que diz:

> *Os seres são imanifestos em sua origem, manifestos em seu estado central e novamente imanifestos na dissolução.*

O início e o fim de *OM* estão nas letras *A* e *M* respectivamente – e a letra *U* representa o estado central. Toda a manifestação de *OM* está no estado central, pois o som A e o som M são mais inarticulados do que articulados, são mais inaudíveis do que audíveis. O *Atman* que é idêntico à Palavra Sagrada deve ser experimentado tanto como manifesto quanto como imanifesto. O Upanixade *Mandukya* mostra-nos a maneira pela qual o *Atman* manifesto e imanifesto pode ser descoberto.

Mas por que *Atman* deve ser descoberto? O homem é diferente de *Atman*? Se for assim, o que causou essa separação de si mesmo no homem? O instrumento de conhecimento do homem é sua consciência. Essa consciência funciona no tempo e, portanto, no curso do tempo ela adquire numerosas modificações. Essas modificações são como poeira repousando na superfície lisa do espelho. Não é o movimento que causa modificação na consciência, são os sulcos estabelecidos nesse movimento a causa de todas as modificações. Quando os sulcos são formados, o movimento não é livre, mas restrito pela formação dos sulcos. Ao invés da consciência funcionar nos espaços abertos, ela se move ao longo dos sulcos, e cada movimento no sulco torna o sulco mais fundo. Logo os cavalos que puxam a carruagem da vida perdem sua capacidade de correr nos espaços abertos, eles não têm consciência de sua própria força e capacidade. Sentem-se perdidos quando os sulcos não estão ali. É assim que a consciência humana fica condicionada e, desse modo, perde de vista sua própria natureza – sua força e capacidade. O homem é separado de si mesmo devido aos sulcos das modificações. Ele esqueceu sua própria natureza, ele considera a si mesmo como um ser eternamente encerrado, privado e confinado nas restrições que ele impôs a si mesmo e às quais está completamente apegado. Ele está tão acostumado a mover-se nos sulcos que seu movimento se tornou sua segunda natureza, e a segunda natureza eclipsou completamente a natureza original. O homem criou sua própria escravidão, mas ele acusa os outros por mantê-lo preso! O homem pode se libertar dessa escravidão sendo consciente de si mesmo. Na verdade, a consciência de si mesmo e o rompimento das amarras não são duas coisas diferentes. O momento da consciência é o momento da liberdade. O problema da liberdade do homem não é o problema da aquisição de algo; ao contrário, é o problema da negação do que ele adquiriu. A consciência do homem está coberta com várias camadas, na medida em que camada após camada é negada, então a consciência é vista em sua condição pura e não-modificada. E a percepção de *Atman* vêm para a continuidade Pura, assim como um espelho reflete uma imagem clara quando toda a poeira é removida. A percepção de A*tman* surge no aprofundamento da percepção. O Upanixade *Mandukya* preocupa-se centralmente com esse problema do aprofundamento da continuidade, de chegar ao estado em que a consciência humana é livre de todas suas modificações, um estado onde ela chegou a sua prístina pureza. Esse processo de descobrimento ou não-condicionamento da consciência humana é considerado por esse Upanixade em seu quádruplo aspecto. O Upanixade *Mandukya* diz que:

> *A primeira condição é a vida despertar para o movimento exterior da consciência.*

Essa condição da consciência é descrita como *Vaishvanara,* aquele que olha os objetos externos. Ora, um dos significados da palavra *Vaishvanara* é consciência geral ou normal. Não é preciso dizer que a consciência normal é exteriorizada, estimulada por objetos externos. Esse é o estado de Vigília – *Jagarita,* cuja característica, de acordo com o Upanixade, é *Api* ou atingimento. Durante o estado de Vigília o homem trabalha para atingir vários objetivos. Mas esse estado de Vigília não deve ser confundido com o estado Desperto. *Jagarita* ou Vigília é a consciência normal do homem, uma condição na qual ele faz suas escolhas, chega a decisões. É uma condição na qual ele avalia e, nos termos dessa avaliação, planeja para vários atingimentos e conquistas. Esse estado de Vigília, obviamente, é constituído de padrões de ação assim como de motivos de ação. Todas as ações no estado de Vigília são impelidas por certos motivos. O verso acima diz que o homem está exteriorizado no estado de Vigília. Nesse estado de exteriorização o homem deseja se apropriar de tudo que considera essencial para sua existência e expansão. Esse processo de apropriação envolve naturalmente escolha, e escolha implica na aceitação e na rejeição. Mas como o homem faz essa escolha? Qual é o padrão pelo qual ele se guia nesse processo de escolha? Como ele decide o que precisa ser aceito e o que precisa ser rejeitado? Pode-se dizer que essa escolha é determinada pelas normas e pelos padrões mantidos pela Memória Pessoal do homem. Tudo que procede do mundo exterior é medido em termos das escalas da Memória Pessoal, e quando a última dá sua aprovação, o ato da aceitação inicia. Assim, as atividades exteriorizantes da consciência normal são controladas pelos fatores que residem na Memória Pessoal. Mas qual é a morada da Memória Pessoal? Obviamente é o Subconsciente. É verdade que existem certos aspectos da memória que residem no nível consciente, mas esses são de uma natureza muito superficial e imaterial. O poder propulsor da memória reside no Subconsciente. E, assim, aquilo que chamamos de estado de Vigília é uma combinação das camadas consciente e subconsciente da mente. A camada consciente supre os padrões e modos de comportamento, mas é o subconsciente que fornece o motivo ou o poder propulsor da ação. O consciente e o inconsciente operam em estreita colaboração um com o outro. O subconsciente fornece o material bruto, e a mente consciente produz um objeto acabado com aquele material bruto. O desenho da forma e do padrão obviamente é feito pela mente consciente. Às vezes esse desenho deve ser de natureza tal a ocultar completamente o material bruto com o qual foi confeccionado. Na escola psicológica de Freud, Adler e outros de similares convicções, vemos um estudo especial do subconsciente, um estudo dos conteúdos da Memória Pessoal. A respeitabilidade da mente consciente tem dentro de si a feiúra de todos os desejos reprimidos. Os desejos reprimidos constituem o substrato das ações conscientes respeitáveis. Muitas vezes os desejos reprimidos são liberados através de ações respeitáveis. No estado de Vigília aquilo que está desperto é realmente o subconsciente. Na verdade, o subconsciente nunca dorme, pois está em ebulição com impulsos inquietos. É verdade que no estado de Vigília nós fazemos escolhas, tomamos decisões, avaliamos e julgamos, determinamos nossas linhas de ação. Mas a questão é: nossas escolhas e decisões são livres ou condicionadas e restritas pelos impulsos motivadores do subconsciente? Assim o estado de Vigília constitui uma consciência com escolha, mas a escolha é determinada pelo subconsciente. Dessa forma, o estado de Vigília no qual *Vaishvanara* vê os objetos externos não é um estado Desperto. O despertar do estado de Vigília é controlado pelas motivações da Memória Pessoal, pela pressão propulsora do subconsciente. A menos que despertemos do estado de Vigília, não há liberdade em relação aos fatores condicionadores da Memória Pessoal.

    O Instrutor do Upanixade *Mandukya* fala então da segunda camada da consciência sob a qual a real natureza de *Atman* jaz encoberta. Isso ele descreve no seguinte verso:

A segunda condição é a vida de sonho do movimento interior da consciência.

De *Jagarita* ou estado de Vigília o Instrutor agora passa para *Svapna* ou estado de Sonho. Aqui cabe mencionar que os estados de Vigília e de Sonho não devem ser considerados em seu aspecto físico. Não é o despertar físico ou o surgimento do sonho na condição de sono físico que está sendo discutido. Estamos preocupados com algo mais fundamental do que meramente as expressões físicas da consciência humana. Vimos acima que o estado de Vigília é aquela condição em que o consciente e o subconsciente estão em estreita colaboração. O estado de Vigília é uma consciência que se move para o exterior, pois aqui todas as atividades surgem por causa do estímulo ocasionado pelos objetos exteriores. Pode-se perguntar: como o subconsciente entra em cena? Agimos através dos estímulos proporcionados pelos objetos externos, mas como surge esse estímulo? Os objetos externos estimulam certos centros da Memória Pessoal – e a Memória Pessoal reside no subconsciente. Dizemos Memória Pessoal porque em cada objeto existem associações da memória que são peculiares a cada homem. O mesmo objeto não desperta o mesmo estímulo em cada um. Cada estímulo é pessoal a cada homem. Conhecemos os objetos externos em termos de estímulo-memória. E, portanto, no estado de Vigília, escolhemos e decidimos, mas nossas avaliações não são livres, porque é o subconsciente que nos dita seu julgamento através da Memória Pessoal. Assim é que funciona nossa consciência normal – assim é que *Vaishvanara* vê o mundo externo de objetos, pessoas e idéias.

O estado de Sonho constitui um nível diferente da consciência humana. No Upanixade *Mandukya* ele é descrito como *Taijasa,* significando brilhante ou radiante. O que é esse estado de Sonho sobre o qual o Upanixade fala? A psicologia ocidental moderna fez um estudo especial e profundo dos sonhos. Há a interpretação do sonho por Freud e outros de sua escola, de acordo com a qual os sonhos contêm elementos trazidos pelo subconsciente, onde estão localizados os desejos reprimidos. Uma vez que os desejos reprimidos representam aqueles fatores da vida psicológica do homem que são contrários às normas aceitas de respeitabilidade, eles seguem o caminho dos sonhos para buscar sua realização. E, portanto, nos sonhos aparecem esses elementos indesejáveis aos quais é negada toda oportunidade de expressão durante a vida consciente. Entretanto, essa interpretação dos sonhos foi desafiada por outros psicólogos, entre eles Carl Jung. Em sua interpretação,

Carl Jung sustenta que os sonhos contêm muitos outros fatores cuja presença não pode ser explicada em termos do subconsciente. De acordo com ele, os sonhos não são meramente válvulas de escape para os desejos reprimidos. Ele introduz um novo fator, o Inconsciente, que, de acordo com ele, expressa suas tendências nos sonhos. Esse Inconsciente contém a Memória da Raça[5], por cujo motivo ela pode ser chamada de **Inconsciente Universal**. Essa Memória da Raça influencia a consciência do homem e aparece na forma de mitos e símbolos durante a condição de sonho. Carl Jung sustenta que **esses mitos e símbolos não podem ser explicados em termos de subconsciente**, fazer isso seria totalmente injustificado, pois resultaria em má interpretação da linguagem do sonho. Assim, Carl Jung deu aos sonhos um contexto mais amplo do que o que lhe foi dado por Freud e outros. Ele indicou que o homem entra em contato com um mundo mais amplo no estado de Sonho, pois ele é capaz de acessar o vasto depósito da Memória da Raça. Os conteúdos da Memória Pessoal são extremamente limitados e, portanto, as interpretações de sonho que se confinam à influência do subconsciente são totalmente restringidas pela decifração do código dos sonhos. O inconsciente ou o depósito da Memória da Raça é naturalmente ilimitado em seu conteúdo. Ele contém as experiências de toda a raça **humana**, possui fatores que são tanto bons quanto maus. Enquanto o Subconsciente tem dentro de seu depósito somente os caracteres indesejáveis, o Inconsciente não é assim. Através do Inconsciente o **homem entra em contato** com o vasto reservatório da experiência humana e tira daí livremente para seu próprio enriquecimento. De acordo com isso, as experiências da raça humana não estão perdidas, elas estão imersas na Memória da Raça. É no estado de Sonho que o homem pode obter fácil acesso a essa Memória da Raça de onde ele pode trazer a mensagem do inconsciente na linguagem dos mitos e símbolos. É preciso entretanto notar que esses mitos e símbolos alcançam o nível consciente através do subconsciente. Nessa passagem eles se misturam com muito daquilo que é conferido pelo subconsciente. É preciso muita seleção no nível consciente antes que os mitos e símbolos possam tornar-se inteligíveis. Na verdade, eles devem ser transformados se o homem quiser extrair qualquer benefício deles. O que nos interessa aqui é a Memória da Raça, que parece desempenhar um papel importante no estado de Sonho.

Afirmamos anteriormente que o estado de Sonho é descrito no Upanixade *Mandukya* como *Taijasa,* ou aquilo que é brilhante e radiante. Por que

---

[5] Memória da raça humana, isto é, memória comum da humanidade. (N. ed. bras.)

é descrito assim? O Upanixade *Mandukya* diz que a experiência do estado de Sonho é como *Utkarsha* ou rápido surgimento, assim como a experiência *Jagarita* é *Apti* ou atingimento. De onde vem esse rápido surgimento na condição de sonho? Vem da Memória da Raça, que é ilimitada em seu conteúdo. O rápido surgimento indica algo que vem de um lugar além de nosso alcance. A Memória da Raça está de fato além do alcance da Memória Pessoal. Conseguir entrar em contato com a experiência de toda a raça humana é realmente algo que deve ser descrito como *Utkarsha* ou rápido surgimento. Os Upanixades dizem que o estado de Sonho é um "estado de consciência que se move internamente". *Jagarita* é mover-se para fora, significando ser estimulado por objetos externos. O estado de Sonho move-se internamente, o que significa que não é movido por objetos externos, mas por fatores internos. Até mesmo os sonhos comuns do homem não são movidos por objetos externos, mas por modificações internas. Um sonho pode não ter qualquer relação com a realidade objetiva e, contudo, ser tão real quanto uma experiência objetiva. E quanto mais vívido um sonho, tanto mais sentimos sua realidade. De onde se deriva essa realidade? Se sua fonte fosse meramente o subconsciente ou a Memória Pessoal, certamente a experiência não poderia ser descrita como *Utkarsha* ou rápido surgimento. Em um estado de Sonho, do qual fala o Upanixade, há uma alegria por causa do contato com algo que está fora de nosso alcance. A experiência é como um rápido surgimento porque um impacto nos chegou da Memória da Raça. Um sonho que surge somente do nível subconsciente pode dar ao homem uma sensação excitante, mas não uma sensação de alegria. Os sonhos do nível subconsciente não dão ao que sonha um sentimento de que passou por uma experiência, uma experiência nova e fresca. Nos sonhos subconscientes pode haver um reavivamento de uma experiência antiga, mas não um sentimento de uma experiência nova. Tais sentimentos surgem apenas quando há um impacto do Inconsciente. É esse impacto do Inconsciente ou Memória da Raça que confere ao estado de Sonho um elemento de *Taijasa* – um sentimento de radiância.

Uma vez que não estamos tratando do estado de Sonho em seu aspecto superficial, relativo ao que acontece durante o sono físico, é necessário observarmos que o *Taijasa* ou o *Utkarsha* do estado de Sonho nada tem em comum com o êxtase da experiência mística. A experiência do estado de Sonho é apenas psíquica em sua natureza, não deve ser confundida com a experiência mística profunda que dá ao homem um sentido de êxtase, um sentido no qual o homem sai de si mesmo. Um êxtase é uma experiência de autotranscendência. No estado de Sonho nada disso acontece. Temos que lembrar que o estado de Sonho está dentro das fronteiras da Memória da Raça. O estado de Vigília funciona dentro dos limites da Memória Pessoal.

Assim, há um elemento de continuidade que é mantido tanto no estado de Vigília quanto no estado de Sonho. No estado de Vigília essa continuidade é dada pelos fatores da Memória Pessoal. No estado de Sonho é a Memória da Raça que provê o terreno da continuidade. E, assim, a experiência no estado de Sonho, conquanto estimulante, se encontra dentro dos limites da continuidade. Um êxtase é uma experiência, não de continuidade, mas de descontinuidade. No estado de Vigília o círculo da continuidade é naturalmente pequeno porque é formado com os fatores da Memória Pessoal. No estado de Sonho, contudo, há um surgimento da continuidade estendida. Essa extensão deve-se ao fato de que o homem no estado de Sonho pode acessar os vastos recursos da Memória da Raça. Mas a memória por si mesma significa uma esfera de continuidade. Na verdade, é a memória que lança uma tela de continuidade em tudo que acontece. E, assim, a experiência do estado de Sonho não tem conteúdo de originalidade em si. Aqui a consciência humana ganha uma esfera de continuidade estendida dentro da qual funciona. Mas, às vezes, essa extensão de continuidade é erroneamente considerada pelo homem como descontinuidade. Assim como o que dura para sempre com freqüência é confundido com o Eterno, da mesma forma a continuidade estendida é mal interpretada como descontinuidade. No estado de Sonho ocorre uma extensão da consciência, mas não uma expansão da mesma. Aqui a consciência humana cresce em amplitude, mas não em profundidade. Da Memória Pessoal para a Memória da Raça, do subconsciente para o inconsciente, é um movimento de amplitude da consciência. É verdade que no estado de Sonho não há limite para as extensões da consciência humana, pois a vasta Memória de toda a raça humana está disponível para o homem. Entretanto, na prática, não é de toda a raça humana que o homem extrai – ele extrai somente daquelas seções e grupos da Memória da Raça aos quais ele está atraído mental e emocionalmente. Se não fosse esse o caso, o homem estaria totalmente atordoado e confuso em função de extensões trazidas no estado de Sonho. Na esfera das atrações do homem, o estado de Sonho permite uma possibilidade de infinita extensão. Mas uma extensão infinita na continuidade não é descontinuidade.

Não esqueçamos que por estado de Sonho não estamos nos referindo a um estado que vem à existência como resultado do sono físico. Também não estamos nos referindo a uma condição conhecida como sonhar acordado. O estado de Sonho nada tem a ver com o sono físico, assim como o estado de Vigília nada tem a ver com o despertar físico. Aqui estamos preocupados com estados de consciência. No estado de Vigília todas as atividades são coloridas pelas projeções da Memória Pessoal. No estado de Sonho há as projeções da Memória da Raça. Lembremo-nos de que o que constitui o estado de Sonho é um contato com a Memória da Raça – onde tal não existe, o estado de Sonho não vem à existência. As experiências do estado de Sonho vêm ao homem em momentos de profunda absorção, não importa qual é o campo da absorção. Pode ser prece ou meditação, podem ser eventos repletos de alegria ou tristeza, pode ser a proximidade com a natureza, ou a influência da música ou pintura ou qualquer uma das artes, pode ser um ato que demanda grande aventura e risco ou um súbito acidente, não importa qual seja o acontecimento, o que é de suprema importância é a absorção – uma condição onde há percepção sem escolha. Mesmo em nossas experiências de sonho comuns, sabemos como um sonho vívido desperta nosso interesse, ele nos mantém completamente absortos. Onde quer que haja o elemento da absorção, ali a consciência do homem experimenta um estado de Sonho. No estado de Vigília há uma determinação nascida da escolha; no estado de Sonho há uma absorção nascida da não-escolha. Na memória pessoal o homem pode selecionar e escolher, mas com relação à Memória da Raça não há processo de escolha, mas de *utkarsha* – um rápido surgimento, como diz o Upanixade *Mandukya*. Esse *utkarsha* ou rápido surgimento vem como uma luz ofuscante em razão do que o estado de Sonho é descrito como *taijasa*. Contudo, esse rápido surgimento da Memória da Raça é muito freqüentemente considerado como uma experiência espiritual ou mística. Quando em meditação ou prece o homem tem visões da deidade ou Pessoa que adora, ele começa a acreditar que a visão é a experiência real. Não é significativo o fato de que em tais visões a deidade ou a Pessoa aparece na forma tradicionalmente aceita? Essa forma tradicionalmente aceita é a projeção da Memória da Raça. As pessoas acham estimulantes as reuniões religiosas ou reuniões de organizações espirituais, ou lugares de adoração, como também a realização de cerimônias, e consideram tais experiências como algo real, equivalentes à comunhão mística ou espiritual. Mas, segundo a experiência de muitas pessoas, esse estímulo tem curta duração e, uma vez que seu efeito passa, o homem anseia por mais e mais dessas experiências. Uma verdadeira experiência espiritual tem um efeito destruidor, porque destrói a própria base da continuidade. Uma experiência confortante dá um sentimento de segurança – tal é realmente o caso da experiência que surge do Inconsciente, pois ela dá ao homem a segurança da continuidade. A extensão infinita da continuidade dá uma sensação de estímulo, mas por trás dessa sensação de "elevação" há o conforto da segurança. O efeito de tais experiências é apenas uma modificação, não uma revolução. Revolução e continuidade são de certa forma uma contradição. O estado de Sonho se ocupa somente com uma modificação de nosso padrão de vida, e essa modificação é provocada pelas projeções da Memória da Raça. A aspiração do homem sob esse impacto é se tornar como alguém – alguém que foi considerado grande na história humana ou na mitologia humana. O estado de Sonho provoca uma mudança, mas uma mudança em direção à imagem de alguém que é o Herói da Memória da Raça.

O estado de Sonho, como afirmamos acima, ocasiona uma extensão de consciência. Contatar, de tempos em tempos, as fontes da Memória da Raça é de fato uma experiência que vale a pena. Ser capaz de abrir as fontes da Memória da Raça é de fato demonstrar características de verdadeira educação e cultura. O homem que age a partir da base de sua Memória Pessoal pode ser educado, mas não é culto. Aquele que faz da Memória da Raça a base de suas ações é um homem culto, pois é suave e ponderado, não é agressivo e opiniático como é o homem movido pelos ditames da Memória Pessoal.

Mas podemos perguntar: a Memória da Raça não é um reservatório de boas e más influências pelas quais a raça humana passou? Certamente é, mas como o homem pode ter certeza de que em seu estado de Sonho o que são projetadas são as influências boas e nobres da Memória da Raça e não as desagradáveis? Afirmamos anteriormente que as impressões do Inconsciente alcançam o nível da mente consciente através do subconsciente. Em outras palavras, impressões da Memória da Raça são distorcidas na medida em que passam através do campo da Memória Pessoal. E, assim, o auge do estado de Sonho pode ser experimentado somente quando os centros da Memória Pessoal se tornam inoperantes. Um verdadeiro estado de Vigília é aquele no qual o homem se torna ciente dos fatores limitantes da Memória Pessoal. Tal homem vê por si mesmo que as escolhas e decisões de sua vida consciente não são livres de modo algum, porque são motivadas pelos impactos do subconsciente. Ter ciência dessa influência limitante da Memória Pessoal é tornar seus centros inoperantes, pelo menos naquele momento. Quando isso acontece, o homem está habilitado a entrar em contato com as influências enobrecedoras da Memória da Raça. Nesse contato o homem enriquece seu tênue esforço com as influências trazidas daquele vasto reservatório. A essa experiência limitada ele confere extensão – um extensão quase infinita, de modo que ele é capaz de trazer para mais perto a imagem de alguém que ele adora e reverencia.

Mas chegar mais perto de uma Imagem é algo totalmente diferente de estar em contato com essa pessoa. O Inconsciente contém a memória da pessoa, não a pessoa em si. Na Memória da Raça, na melhor das hipóteses, entramos em contato com o aspecto manifesto da pessoa, não com o Imanifesto. É aqui que vemos o escopo limitado do que está sendo tentado nas escolas de psicologia do Ocidente que estão preocupadas com o comportamento altruísta. Aparentemente há um esforço para contatar o superconsciente, mas, na verdade, é apenas um contato com as influências enobrecedoras do Inconsciente ou Memória da Raça. Compreender meramente os efeitos da experiência mística é contatar somente a memória dos místicos contida na Memória da Raça. Um efeito significa um resultado, e todos os resultados são somente a memória do passado. Temos que ter claro em nossas mentes que as influências enobrecedoras do Inconsciente não representam o Superconsciente. Uma continuidade por ter sido estendida infinitamente não se torna descontinuidade.

Uma questão pode surgir: como podemos ter certeza de que ao eliminar os fatores da Memória Pessoal iremos contatar somente o que é bom da Memória da Raça e não o que é mau, uma vez que a Memória contém as duas coisas, a experiência humana boa e má? Na parte anterior dessa discussão mencionamos que o Upanixade *Mandukya* se ocupa em encontrar o Bem ou o Auspicioso. O problema do bem e do mal é muito interessante, mas também muito intrigante. Vejamos como determinamos o bem no estado de Vigília – que é nosso estado normal, o estado em que *Vaishvanara* vê tudo que está acontecendo.

No estado de Vigília, declaramos algo como bom e outra coisa como má em termos do que dita a Memória Pessoal ou o subconsciente. E qual é o critério pelo qual a Memória Pessoal decide? Obviamente pelos padrões do agradável e desagradável. No estado de Vigília, em que nossas motivações são determinadas pelo subconsciente, os valores da vida são classificados como agradáveis ou desagradáveis. Isso ocorre porque a continuidade da Memória Pessoal depende de nós buscarmos o que é agradável e evitarmos o que é desagradável. Não é preciso dizer que para a Memória Pessoal o bom é aquilo que mantém sua continuidade. Qualquer coisa que perturbe sua continuidade é considerada má. Assim, os gostos e desgostos da Memória Pessoal são os fatores determinantes para avaliar o Bem e o Mal no estado de Vigília. Mas se os fatores da Memória Pessoal se tornam inoperantes e o homem chega ao estado de Sonho, como é feita a avaliação do bem e do mal? Quando isso acontece, a Memória da Raça ou o Inconsciente pode falar diretamente para o nível consciente da mente, sem a intervenção da Memória Pessoal. Nessa comunicação direta com a mente consciente, o Inconsciente indica o que considera como bem e mal. Ora, a segurança do Inconsciente depende de uma continuidade ininterrupta da Memória da Raça. E, assim, é a Memória da Raça que dita suas normas de bem e mal para a mente consciente. O bem e o mal para a Memória da Raça são o adequado e o inadequado, do mesmo modo como a Memória Pessoal declara que são o agradável e o desagradável. Uma continuidade da Memória da Raça requer uma adesão àquilo que é adequado e o evitar daquilo que é inadequado. Como pode a continuidade da Raça ou do do Grupo ser mantida se indulgencia em padrões inadequados de comportamento? A voz do Inconsciente é a voz da moralidade que está sempre preocupada com a continuidade da raça ou grupo. Aquilo que ataca a raiz da continuidade deve ser considerado imoral. Aqui não estamos nos referindo meramente à continuidade física, estamos mais preocupados com a continuidade psicológica ou ideológica. Quando os fatores da Memória Pessoal, a busca do agradável e o evitar do desagradável são tornados inoperantes, então o homem é capaz de ver claramente os valores ditados pela Memória da Raça – os imperativos morais de cuja manutenção depende a segurança e continuidade da Raça ou Grupo. Mas, em ambos os casos, o bem é relativo à continuidade da Memória Pessoal e da Raça. Mas um bem relativo é transitório, pois ele muda com as circunstâncias mutáveis da vida, depende dos caprichos da Memória Pessoal e da Raça. Sem conhecer o Bem Absoluto, a busca do bem relativo não é um mero andar às cegas no escuro? Se o relativo não reflete o Absoluto, então o relativo ficará reduzido a uma mera comodidade e oportunismo. Temos que equalizar o bem com o cômodo? Obviamente não, pois a comodidade é guiada pela doutrina de que o fim justifica os meios. Mas para isso devemos investigar o fim, pois se o fim é impuro, fatalmente os meios serão impuros. A Memória Pessoal diz que a busca do agradável é o bom, pois isso preenche o objetivo de manter a sua continuidade. Analogamente, a Memória da Raça declara a busca do adequado como o bom, pois assim sua segurança é garantida. Mas aqui os fins foram tomados como certos. A meta da Memória Pessoal reside em seus motivos, enquanto que a meta da Memória da Raça está em seus ideais, os ideais e os objetivos da raça ou do grupo. Se os ideais e os objetivos são lançados ao espaço, então a continuidade psicológica da raça é ameaçada. Mas como pode a voz do Absoluto ser conhecida sem o relativo se tornar silencioso? Vimos que as intimações do Inconsciente podem chegar à mente consciente somente quando a voz do subconsciente é silenciada. Mas para isso o homem precisa se tornar ciente de todos os motivos das ações que ele comete durante o estado de Vigília. Nessa percepção dos motivos, a Memória Pessoal se torna inoperante, pelo menos naquele momento. Nessa pausa da Memória Pessoal, a voz da Memória da Raça pode ser ouvida. Isso é o que significa o estado de Sonho.

Mas nos conteúdos do Inconsciente ou Memória da Raça, não encontramos o Bem Absoluto, somente o bem relativo. Aqui, a esfera da relatividade é mais ampla, não obstante, é relativa, e sendo relativa, é transitória e cambiante. Da Memória Pessoal para a Memória da Raça houve uma extensão no campo da relatividade, mas mesmo uma extensão infinita do relativo não nos conduz ao Absoluto. O relativo vive em um mundo de dualidade, mas o Absoluto é um sem segundo. O Upanixade *Mandukya,* falando sobre o estado de Sonho, diz que ele é caracterizado por *Ubhayatvam,* que significa "ambos" ou dualidade. E assim, no estado de Sonho, não há resposta para uma experiência não-dual. Todo seu estímulo está dentro do compasso da dualidade e, portanto, as alegrias do estado de Sonho têm vida curta. Suas experiências não têm relação com o êxtase do místico. Mas como chegamos à compreensão do Bem Absoluto – o Bem que não é o oposto do mal, o Bem que é incomparável, que não é encontrado por um processo de comparação e contraste? Isso é possível apenas quando o estado de Sonho termina. Mas como ele pode terminar? E o que jaz além do estado de Sonho? Vimos que nos movemos do estado de Vigília para o estado de Sonho tendo consciência dos motivos de nossas ações conscientes. Isso é necessário a fim de liberar a consciência humana da escravidão da Memória Pessoal. Os motivos e seus conteúdos são encontrados na Memória Pessoal. Essa Memória Pessoal associada com objetos e acontecimentos externos serve como uma compulsão sob a qual agimos em nossa vida consciente. Todas as ações sob compulsão são reações. Mas aqui no estado de Vigília a compulsão é externa, surgindo do estímulo dado pelos fenômenos externos. Ao termos consciência desses motivos e seus conteúdos, a atração da Memória Pessoal acaba, pois compreendemos nessa consciência que por trás dos belamente planejados padrões de comportamento, há feios motivos escondidos em segurança. Aquele que se tornou consciente disso não pode ser um instrumento do subconsciente. Mesmo que essa liberdade seja momentânea, nesse momento, quando a Memória Pessoal se tornou inoperante, o homem chega à experiência do estado de Sonho. Mas aqui também ele está sujeito às influências da Memória Racial ou de Grupo. A esfera da continuidade foi ampliada. Não há estímulo vindo dos objetos externos, mas há uma influência que enleva ou *Utkarsha* surgindo do Inconsciente. Ela vem na forma de símbolos ou mitos, ou pode ser descrita como influências que pertencem ao campo dos Ideais, muitas vezes ideais personificados, mas às vezes ideais abstratos. Esses ideais se tornam atrativos – o significado da palavra *Utkarsha* é atrativo, porque são considerados como conquistas da raça. Diz-se que os homens alcançam estados elevados de consciência na medida em que contatam as órbitas daqueles que alcançaram tais estados. E, assim, há o ideal do super-homem. E as experiências desses super-homens estão armazenadas na Memória da Raça. Sua presença na vida consciente vêm na forma de ideais. A Memória da Raça projeta uma imagem desses super-homens mostrando como eles manifestaram grandes ideais em seus padrões de comportamento. E, portanto, o homem começa a adorar as imagens lançadas pela Memória da Raça e investe-as com uma grande aura. No estado de Sonho somos atraídos pela aura dessas imagens. O bem indicado pela Memória da Raça é essa imagem – e nos dizem que imitar a imagem, esforçar-se para traduzi-la para nossa vida, seria o maior bem que o homem poderia esperar alcançar. Reproduzir a imagem armazenada e nutrida pela Memória da Raça, portanto, se torna a tarefa suprema do homem no estado de Sonho.

Mas o homem precisa libertar-se da influência hipnótica da Memória da Raça se quiser compreender o Bem que é Absoluto. Como o homem pode conseguir sua liberdade da Memória da Raça? Observando o processo no qual está engajado durante o estado de Sonho. O que é esse processo? É a tradução da imagem em padrões de comportamento. Nessa observação ele está fadado a compreender que está tentando estabelecer um elo entre duas coisas divergentes e opostas, pois enquanto a Imagem é estática, o viver da vida diária é intensamente dinâmico. O viver diário envolve incessante mudança. Como pode tal elo ser estabelecido entre um ponto que é estático e outro ponto que está continuamente em fluxo? Nessa observação, o homem compreende que a imagem é destituída de qualquer qualidade viva, é somente uma criação da memória. A criação de uma imagem é como tirar fotografia de algo que está se movendo em uma velocidade estonteante. Tal fotografia obviamente é destituída de vida. A imagem criada pela Memória da Raça é exatamente dessa natureza, não importa se a imagem é do super-homem, de um grande Mestre ou de um grande Gênio. A Imagem não é o homem, a Palavra não é a coisa – é essa compreensão que liberta o homem da escravidão da Memória da Raça. A adoração da imagem demanda um constante embelezamento dessa imagem, pois de outro modo a imagem cessa de ser atrativa. À consciência do homem devem chegar novos e novos impactos da imagem, de outro modo o processo de traduzir a imagem em ação diária se torna ainda mais frustrante. Aqui há um anelo por mais e mais, de outro modo o encanto da imagem pode acabar. O enfeite do antigo é a atividade constante na qual o homem está engajado no estado de Sonho. Sem esse enfeitar, a imagem pareceria velha e não-atrativa. Para que a falsidade da imagem não seja descoberta, a mente do homem tira novas roupas do guarda-roupa com as quais pode cobrir a imagem. Esse cobrimento da imagem acontece em todos os níveis, tanto no físico como no mental. Tendo vestido a imagem, sentimos a influência hipnótica dela. E o homem no estado de Sonho deseja permanecer constantemente sob o encanto das influências hipnóticas da imagem projetada pela Memória da Raça ou Memória de Grupo. Na própria conscientização do processo de ligar a imagem com o ato do viver diário, o encanto da imagem é quebrado, e o homem experimenta a liberdade da escravidão hipnótica da imagem e, portanto, da Memória da Raça ou do Grupo.

O homem da chamada disciplina espiritual muitas vezes declara que sua disciplina não é o resultado de qualquer pressão ou autoridade externa. Ele é completamente livre de autoridade externa, seja ela uma escritura ou um guru. Ele muito orgulhosamente declara que segue a disciplina interior – aquilo que se desenvolveu da percepção interior. Ele esquece que a autoridade interior é somente a autoridade da imagem. É a Imagem que ditou a disciplina e sob sua influência hipnótica ele segue os ditames daquela autoridade interior. É a projeção da Memória da Raça que determina sua dita disciplina espiritual. Essa disciplina fará com que ele permaneça movendo-se em círculo, pois é isso o que acontece com todos os esforços morais. A menos que a moralidade surja de uma visão espiritual, seu movimento é como o do cachorro que morde o próprio rabo. Essa visão espiritual não é encontrada no estado de Vigília nem no estado de Sonho, nem perseguindo o agradável nem nos devotando ao que é adequado. Não é agindo sob compulsão da Memória Pessoal ou da Memória da Raça que chegamos à percepção do que é Bom, Verdadeiro e Belo. O Upanixade *Mandukya* diz que no estado de Vigília a consciência se "move para fora", enquanto que no estado de Sonho ela se "move para dentro". Mas a Verdade não é encontrada através de um movimento para fora ou para dentro. Ela é encontrada somente quando não há movimento da consciência, nem exterior nem interior.

É a isso que o Instrutor do Upanixade *Mandukya* se refere quando fala sobre o terceiro estado de consciência. O verso do Upanixade diz:

> *O terceiro estado é o sono Profundo, da consciência silenciosa, em que não há aquisição – em que não há visão nem mesmo de sonhos. É um estado de unidade.*

Falando mais sobre esse estado de *Sushupti* ou Sono Profundo, o Instrutor do Upanixade diz que ele é caracterizado por *Apiti* ou fim último. O significado literal da palavra *Apiti* é entrar ou aproximar-se. O estado de sono Profundo é realmente um estado onde o homem está se aproximando do Portal da Verdade. É uma condição onde o homem está entrando em um novo reino, um reino onde a continuidade chega ao fim. O portal da descontinuidade é conhecido para a mente somente como um fim último. O estado de sono Profundo é realmente o fim último da mente – é *Apiti* para todos os processos de mentalização. Esse terceiro estado de sono Profundo é também descrito como contendo *Miti* ou medida, pois corresponde ao terceiro som da Palavra Sagrada, isto é, o som *M*. Isso significa que todas as mensurações da mente chegaram ao fim. O verso do Upanixade diz:

> *Aquele que conhece o Terceiro estado mede tudo com a mente e atinge o fim último.*

Aqui a mente mediu tudo que pôde medir, e sua mensuração chegou ao fim último. Na condição de Sono Profundo nada há para a mente medir. A questão é: por que a mensuração da mente chegou a um fim último? Afinal de contas, qual é o instrumento com o qual a mente mede? Não é preciso dizer que o metro de mensuração da mente é a Memória. Enquanto a memória funcionar, a mente é capaz de fazer mensurações. É a memória que mantém o padrão da mensuração, a norma da avaliação. Tanto no estado de Vigília quanto no de Sonho, é a memória que funciona e dita seus julgamentos. No primeiro, é a Memória Pessoal e, no segundo, é a Memória da Raça. Da Memória Pessoal para a Memória da Raça é um movimento da mente para a mensuração extensiva. A memória é o armazém da experiência. No estado de Vigília agimos em termos de nossas próprias experiências. No estado de Sonho somos capacitados a extrair as experiências da Raça ou do Grupo. Mas só é possível experimentar de fato quando estamos livres dos grilhões da experiência. Na memória está a acumulação de experiências. Mas viver só é possível quando não há acumulação de experiência. Ora, experiência sem acumulação não significa esquecer dos fatos, não significa que precisamos reunir todos os fatos novamente. O que é preciso é ter os fatos da vida e ainda assim despojá-los de toda sua influência compelidora de modo a não colorirem a percepção dos fatos novos. Ter memória pessoal mas despojá-la de todas suas influências compelidoras é torná-la livre de apegos e rejeições. São os apegos e as rejeições enraizados na Memória Pessoal que condicionam nosso movimento no nível consciente. Ter Memória da Raça mas despojá-la de todo seu poder compelidor é libertá-la da aura e do encanto que ela lança sobre as ações do homem. Liberdade da memória não é um estado de amnésia, é uma condição onde ela permanece meramente como um registro do passado, não causando limitação às ações do presente. Ela precisa permanecer um registro e não se arrogar à tarefa de mensurar os conteúdos da vida. Tanto no estado de Vigília quanto no estado de Sonho a atividade de mensuração da mente procede e esse é o motivo pelo qual o homem não chega à percepção do Bem, da Verdade e do Belo. Através da mensuração da mente ele conhece somente o bem relativo, não o Bem Absoluto. Mas o relativo tem significado apenas em termos do Absoluto. O relativo, divorciado do Absoluto, não tem significado algum, é destituído de uma qualidade viva. É o Absoluto que confere ao relativo uma qualidade viva. Mas o Absoluto não pode ser encontrado através das práticas de mensuração da mente. As mensurações da mente devem chegar a um fim último, devem chegar a *Apiti,* e isso é o que acontece no estado de Sono Profundo.

O estado de Sono Profundo é caracterizado pelo silêncio em que não há perturbação nem mesmo de sonhos. Os habitantes do estado de Sonho são as Imagens, os conteúdos da Memória da Raça. No estado de Sono Profundo, nenhuma imagem é admitida, pois a própria presença da imagem causaria perturbação. No estado de Sonho são negados os motivos do subconsciente. No Sono Profundo são negadas todas as imagens do inconsciente, com todas suas decorações em termos de mitos e símbolos. No Sono Profundo não há movimento algum – nem externo nem interno. Na verdade, no Sono Profundo não há dualidade entre o que dorme e o sono. Há somente sono, não há o que dorme. Se o que dorme estivesse presente ele perturbaria o sono, pois o que dorme não é outro senão a mente. Em nossa experiência comum de sono sabemos que somos incapazes de dormir quando a mente está ativa. Os processos de pensamento não nos permitem dormir. Esses processos do pensamento evocam imagem após imagem e assim nos mantêm acordados. Somente quando todas as atividades da mente cessam é que podemos chegar a uma condição de Sono Profundo. No sono comum, estamos preocupados com a quietude do cérebro. Pois, quando o cérebro está quieto e a mente ativa, então o sono é perturbado por sonhos, algumas vezes por pesadelos. Quando o cérebro está quieto, o estado de Vigília chega ao fim, mas se a mente está ativa, a atividade do sonho continua. E a atividade do sonho impede a chegada do Sono Profundo. No Sono Profundo não há movimento da consciência – nem devido a estímulo advindo de fora nem devido a um jorro do interior – nem em termos de *Apiti* nem em termos de *Utkarsha*. Há um silêncio que não é rompido nem mesmo por sonhos. O verso do Upanixade *Mandukya* diz que aqui há "unidade" – e não *Ubhayatvam* – "dualidade", como encontramos no estado de Sonho. Assim, no Sono Profundo não há dualidade – e como poderia haver qualquer movimento onde não há dualidade?

Mas qual é esse estado de consciência em que todos os movimentos cessaram? Todo movimento denota tempo. E o tempo só pode existir onde há um passado e um futuro. Na verdade, o tempo é um movimento do passado para o futuro. O mundo ou *samsara* que mostra uma procissão de eventos aponta para um fluxo onde as coisas parecem chegar do passado e moverem-se para um futuro. Essa procissão não parece parar nem mesmo por um momento; há uma continuidade de movimento do passado para o futuro. Essa é a nossa experiência em termos de nossa consciência, nada está parado, tudo se move. As coisas surgem de algum lugar e desaparecem em algum lugar. O homem deseja saber o que é essa coisa que parece estar o tempo todo em movimento. Mas como ele pode saber a menos que prenda tal coisa em suas mãos? E isso é o que o homem tenta fazer com sua mente. A mente deseja segurar, mas aquilo que é vivo não pode ser segurado. Mas o homem precisa conhecer isso, porque é um constante desafio para ele – o mistério da coisa que parece mover-se precisa ser resolvido. O homem acredita que indo para o passado ou contatando o futuro a coisa será conhecida. Pois ele argumenta que o passado é o início e o futuro o fim e, assim, em algum desses pontos ele deverá compreender a coisa que parece estar em eterno fluxo. Conhecer em termos de passado e futuro é o que fazem os estado de Vigília e de Sonho. No estado de Vigília há a identificação com o passado – o subconsciente; e no estado de Sonho há a identificação com o futuro – o inconsciente, com suas imagens confeccionadas a partir de mitos e símbolos. Mas uma consciência que se move às custas do passado ou do futuro é incapaz de encontrar o Bom, o Verdadeiro e o Belo.

Quando compreendemos a futilidade de um movimento motivado pelo subconsciente e um movimento na direção do futuro induzido por imagens do inconsciente, a consciência pára, pois nenhum movimento ulterior é possível. São as acumulações do passado que criam as antecipações do futuro. O subconsciente contém as acumulações do passado e o inconsciente está rodeado pelas antecipações do futuro. As acumulações e antecipações causam uma compulsão – o homem age por compulsão, seja externa ou interna. Somente quando as compulsões, tanto externas quanto internas, cessam, é que pode haver a visão da Coisa que parece estar em constante fluxo. Às vezes diz-se que a Verdade compele. A Verdade nunca compele. Ela apenas existe, e isso também em total silêncio. São os motivos do subconsciente ou as imagens do inconsciente que compelem. Como pode um estado espiritual surgir sob compulsão? Não pode haver compulsão alguma, nem mesmo da Verdade. *Apiti* ou a abordagem da consciência humana precisa ser livre de todas as compulsões, deve ser uma abordagem de uma vontade completamente livre e harmônica. Mas uma abordagem não sugere um movimento? Pode parecer paradoxal, mas no Sono Profundo há uma abordagem da não-abordagem. O estado de Sono Profundo é descrito como "consciência silenciosa". Assim como *Jagarita* ou Vigília é descrito como *Vaishvanara,* assim como *Svapna* ou Sonho é descrito com *Taijasa,* o Sono Profundo é descrito como *Prajna* ou o Sábio. A condição de Sono Profundo é realmente o estado de Sabedoria. Não se chega à Sabedoria através da interação dos opostos, ela surge quando o jogo dos opostos cessa. O jogo dos opostos e o movimento do tempo – do passado para o futuro. Mas o Sono Profundo chega onde o passado não está e onde o futuro não está. O Sono Profundo é um estado no qual a consciência chegou àquele Intervalo onde o passado e o futuro foram negados. Esse Intervalo é o Presente – o Presente é o momento de descontinuidade, um momento onde a continuidade do tempo parou, por uma fração de segundo ou por uma duração mais longa. O homem deseja saber o que é que está em fluxo, mas como isso pode ser feito a menos que a consciência humana chegue ao momento do presente? Experiência sem acumulação é um estado de experimentar, mas esse experimentar é possível somente no momento do presente, não o presente cronológico, mas o presente psicológico. O momento do presente é livre de todas as atrações da memória, tanto pessoal quanto racial. É quando a consciência é livre da memória que chega o estado de Sono Profundo, pois não há memória para perturbá-lo. É na condução da Não-memória e somente aí que o sussurro do Subconsciente pode ser ouvido. E é a mensagem do Superconsciente que ocasiona uma integração na psique humana, quase sem esforço. No Sono Profundo, onde a dualidade chegou ao fim, não há conflito, não há esforço para se tornar algo, não há antecipação nascida do não preenchimento do passado. O momento do Presente pode ser conhecido em total silêncio, onde todos os movimentos da consciência pararam. Não há modificações induzidas seja pelo subconsciente seja pelo inconsciente.

Mas nesse momento presente o que o homem vê? Ele é capaz de ver a Coisa que parece estar em eterno fluxo? Se ele a vê, qual é sua natureza? E por que está em fluxo? Uma estranha questão surge: há alguma coisa em um estado de fluxo? Há um fluxo? O grande filósofo europeu Immanuel Kant disse que "nós criamos o tempo como uma função de nosso aparato receptivo". Em outras palavras, o tempo é um dos imperativos categóricos da mente sem o qual ela não pode perceber nada. A mente cria o tempo a fim de perceber o que é, mas, curiosamente, é esse tempo que a impede de ver o que ela deseja ver! O fluxo não é uma projeção da mente? Se o tempo é uma criação da mente, então certamente o fluxo também é produto da mente. Temos que concluir que não há fluxo algum? Dizer que há fluxo está errado, mas dizer que não há fluxo também está errado. O fluxo não tem significância ou existência intrínseca, ele tem uma existência derivada ou projetada. Como podemos dizer que a imagem no espelho não existe? E ainda assim a imagem não tem existência intrínseca. Temos que usar a linguagem paradoxal e dizer que a Imagem existe e contudo ela não existe! Igual é a questão sobre o fluxo que vemos e no qual as coisas parecem estar se movendo.

As coisas estão realmente se movendo? Se não estão, então por que vemos o eterno fluxo das coisas? A experiência do fluxo é induzida pela Intangibilidade das coisas. Como a vida é intangível, como ela não pode ser agarrada pela mente humana, sua natureza esquiva é interpretada como tempo, como movimento, como o eterno fluxo. Como pode a Realidade estar se movendo? Se Ela se move então certamente ela existe no tempo, e aquilo que existe no tempo é perecível. Por que a Realidade que é imutável parece mutável? O fluxo das coisas é o esforço da mente para interpretar aquilo que é Intangível e Incontrolável. Enquanto o movimento da consciência continua, o Intangível não é visto, o que é visto é somente o movimento – o movimento projetado pela mente. Se a mente pudesse chegar a uma pausa, então nessa própria pausa cessaria o movimento, o fluxo não mais existiria, a Coisa seria percebida como ela é. A mente tenta agarrar o Intangível na rede do tempo, mas em razão do tempo não poder agarrá-lo, ela aponta para o passado onde acredita que a Coisa tenha ido, ou aponta para o futuro onde supõe que a Coisa tenha desaparecido. A Coisa em sua natureza absoluta pode ser vista somente no Sono Profundo, pois aqui a consciência do homem chegou ao silêncio, à cessação de todo movimento. Mas como o homem chega a compreender a real natureza das coisas no estado de Sono Profundo? Não é o homem que chega à compreensão, é a Verdade que aparece no silêncio do Sono Profundo. Essa chegada da Verdade, quando a Verdade revela a si mesma, é o que o Upanixade *Mandukya* chama de Quarto Estado – o estado *Turiya*. Todas as coisas existem em sua natureza original no Quarto estado ou estado *Turiya*. Quando o homem conhece seu próprio estado original, só então ele está verdadeiramente integrado. Não há integração possível em termos de passado ou futuro. A natureza original das coisas é o Bem Absoluto. Quando o homem conhece o Bem Absoluto, então seu movimento no mundo relativo tem significado. O Instrutor do Upanixade *Mandukya* diz:

> *O Ser repousando em seu próprio estado real é Todo-poderoso, Onisciente e Imanente – ele é a raiz de tudo, o início e o fim de todas as coisas.*

O início e o fim de todas as coisas – isso é o que o tempo é. Quando o Ser ou *Atman* é conhecido em Sua verdadeira e original natureza, então o mistério do tempo está resolvido. Precisamos chegar à fonte de todas as coisas. Mas a percepção de *Atman* surge em um estado que chamamos de Superconsciente – um estado onde a mente é livre das atrações do passado e das antecipações do futuro. É no ponto exato do Presente que surge a revelação da natureza original das coisas. O Upanixade *Mandukya* descreve isso assim:

> *O Imperceptível, o Indescritível, o Inominado – a negação do mundo fenomenal.*

Como pode a consciência por seu próprio esforço conhecer isso? Aquilo que é conhecido pela consciência através de seus próprios esforços certamente é Nomeável. É também Perceptível e Descritível. Pois a mente conhece uma coisa definindo-a e nomeando-a. Só quando cessa o próprio nomear pela mente é que o Original pode ser conhecido. A condição do Sono Profundo é caracterizada de fato pela cessação de toda nomeação. A nomeação é a verbalização da mente. E as verbalizações da mente são ou em termos do passado ou em termos do futuro. A mente pode dar nomes acerca do passado e do futuro. Mas o Presente é para sempre Inominado. No momento em que o presente é nomeado não mais é presente. No Sono Profundo todos os nomes desaparecem, todas as verbalizações cessam, somente então é que o Inominado revela a si mesmo. É por causa disso que a experiência do Quarto Estado, que surge na condição de Sono Profundo, é chamada de *Advaita* – Não-dual. E essa é de fato a experiência do Amor. No estado de Amor somente o Bem-amado existe. E o Bem-amado não é para sempre Inominado? Quem daria um nome ao Bem-amado? O doador de nomes não mais está ali. E, portanto, enquanto o doador de nomes está ali, aquilo que é conhecido é o Bem-amado com Nome. Mas como pode o Bem-amado ser chamado por algum nome? Nenhum nome pode conter o Bem-amado e, portanto, o Bem-amado é para sempre Inominado. Conhecer o Inominado é chegar a um êxtase, é a própria bem-aventurança da vida. Quando todos os nomes são negados e não há nome a dar, então é que o Inominado e a Verdade Inominada revelam-se ao olhar do homem. Quando o homem percebe essa Verdade, então ele pode ir até o processo interminável do tempo, mas ele vai para lá como um homem diferente. Com o êxtase do Inominado, ele vai para o reino do nome e da forma. Mas ele transforma o nome e a forma de todas as coisas. Ele dá um novo nome a cada um, mas cada nome se torna um símbolo do Inominado. Ele transforma o mundo fenomênico em um símbolo poderoso do Numenal. Qual é a natureza do Inominado? Quem pode dizer? É algo que cada homem precisa descobrir no momento do Sono Profundo. E quando ele chega a essa descoberta, ele realmente se une com o grande santo e místico da Índia, Kabir, que declarou em uma de suas canções imortais:

Há um mundo infindável, Oh, meu irmão
E há um Ser Inominado
De quem nada pode ser dito.
Só o conhece aquele que alcançou tal região – é diferente de tudo que é ouvido e dito.
Nenhuma forma, corpo, largura ou comprimento é visto aqui; Como posso dizer-lhe o que é isso?

*Upanixade
Taittiriya*

VII

A Eterna Bem-aventurança

Uma das grandes contribuições da civilização indiana tem sido no campo da educação, cobrindo não apenas a filosofia da educação, mas também o sistema de educação. A filosofia da educação que os videntes e sábios ofereceram não era diferente da filosofia da vida. Isso pode ser visto em sua forma mais pura nos Upanixades. Havia um sistema de educação, conhecido como sistema *Gurukula,* que era uma das mais audaciosas experiências em educação e que permanece até hoje como uma das melhores contribuições da Índia no campo da educação. Há dois aspectos na educação *Gurukula* que precisam ser enfatizados aqui. O primeiro é o tipo de educação transmitido no *Gurukula* e o outro é o Método de educação que tornou os *Gurukulas* instituições únicas para o experimento educacional, talvez não superado em parte alguma do mundo. Os *Gurukulas* ofereciam educação liberal a seus estudantes, realmente liberal, no estrito sentido da palavra. Não era liberal por causa da variedade de temas ensinados, mas sim porque instilava entre os estudantes uma visão liberal – uma visão de total universalidade. O propósito do Instrutor do *Gurukula* era despertar a inteligência de seus estudantes, não encher suas mentes com uma massa de informações. Esse despertar da inteligência significava o desenvolvimento de um intelecto agudo, mas também o desenvolvimento de uma resposta intensamente sensível aos homens e às coisas. O estudante que saía do *Gurukula* era um investigador, cujo processo de investigação nunca terminava. Seu senso de aprendizagem nunca ficava obscurecido, ao contrário, intensificava-se devido a todo o conhecimento que ele havia reunido no *ashrama* do guru O Instrutor cuidava para que a Chama do Aprendizado e da Investigação nunca se extinguisse. Por causa disso o estudante que passava pelo *Gu-*

rukula nunca demonstrava dogmatismo ou arrogância. Ele nunca sentia que havia chegado ao fim da compreensão – ele havia reunido conhecimento, imenso conhecimento, mas isso o tornava humilde e, portanto, pronto para aprender. Que maior expressão de educação liberal pode haver do que essa abertura de mente e sensibilidade de coração com os quais os estudantes retornavam do *Gurukula* após completarem seus estudos? Nos *Gurukulas* não era o tema que importava, a forma do aprendizado do tema que era de importância fundamental. Os *Gurukulas* não enfatizavam tanto *o que* aprender, mas *como* aprender. E o homem de verdadeira educação liberal é aquele que sabe como aprender, ele mantém o processo de aprendizado puro e imaculado e, por isso, está aberto para aprender tudo com uma mente não tendenciosa. Possuir uma mente assim é realmente a marca de boa qualidade da educação liberal. Quando olhamos para a relação de temas ficamos impressionados pelo fato de que a educação liberal não colocava as ciências exatas e as humanas em compartimentos estanques, ao contrário, eram interligadas, de modo que o estudante pudesse chegar a uma compreensão integral da vida.

Talvez em nenhum outro Upanixade encontremos uma visão tão abrangente da educação *Gurukula* como vemos no Upanixade *Taittiriya*. É verdade que na civilização moderna de colossal urbanização não podemos ter o sistema *Gurukula* na forma e na estrutura que existia em uma época onde o ritmo da vida era lento. Mas mesmo que não possamos reproduzir a forma, certamente podemos examinar a possibilidade de impregnar nossos sistemas modernos de educação com o espírito e conteúdo dos antigos *Gurukulas*. Certamente podemos explorar a exeqüibilidade ao dar ênfase em *como* aprender – e não meramente ao *que* aprender – de modo que a Chama do Aprendizado possa ficar sempre acesa na vida dos estudantes que enviamos aos milhares todos os anos para as Universidades de todo o mundo. Se apenas a Chama do Aprendizado pudesse ser mantida acesa, então tudo o mais se seguiria, tudo que contribui para a integração do homem e a integração da sociedade. Voltemos para o Upanixade *Taittiriya* a fim de saber mais das características únicas da educação upanixádica.

O Upanixade *Taittiriya* deriva seu nome do instrutor Taittiri. Pertence ao *Yajur* Veda e tem três seções principais, conhecidas como *Vallis*. Essas três seções tratam da educação Social, Intelectual e Espiritual do estudante. São conhecidas respectivamente como *Shiksha Valli, Brahmananda Valli* e *Bhrigu Valli*.

É interessante observar como ao mesmo tempo que os instrutores upanixádicos podiam elevar-se a vertiginosas alturas de compreensão filosófica, podiam permanecer firmemente plantados no chão. Não eram visionários que descuidavam do lado prático. Aqui no Upanixade *Taittiriya* vemos o Instrutor estabelecendo os princípios fundamentais da ciência da educação. É verdade que o primeiro contato do homem com o mundo externo é através dos sentidos. Mas, entre os sentidos, o primeiro a responder a impactos externos é o sentido da audição, depois vem o tato, a visão, o gosto e o cheiro. É nessa ordem que os sentidos se tornam ativos, capazes de responder a estímulos externos. Em alguns dos hinos védicos esta ordem é dada quando eles falam de *Shabda*, *Sparsha*, *Rupa*, *Rasa* e *Gandha*, significando Audição, Tato, Visão, Gosto e Cheiro. Assim, é na audição que se encontra o fator básico do aprendizado. Se o estudante pudesse ouvir, se pudesse aprender a ouvir, mesmo no sentido físico, então ele aprenderia muito rapidamente. Quando a audição do estudante é deixada sem assistência nos anos básicos da educação, ele deve empreender a jornada da educação com muitas desvantagens. Se observamos o crescimento de uma criança nos primeiros anos de sua infância, percebemos como é o sentido da audição que é estimulado em primeiro lugar. O animal mais próximo do homem, o cachorro, tem uma audição muito aguda. Na audição se encontra a base do crescimento do homem e, portanto, a base da verdadeira educação. Na vida espiritual, também, o homem inicia sendo um *Shravaka*, isto é, aquele que pertence à Ordem dos Ouvintes. A Ordem dos Ouvintes é o primeiro passo na jornada às alturas espirituais. Mas, na audição, dois fatores são essenciais para aquele que ouve e também para aquele que fala. Se a fala não é clara, como pode a audição ser eficaz em lançar a fundação da verdadeira educação? Enquanto a audição deve ser feita pelo aluno, a fala é função do instrutor. O instrutor nesse Upanixade explica a ciência da audição, mas a ciência da audição depende da ciência da pronúncia. Se a articulação não é apropriada, como pode a audição ser apropriada? Ambos, o instrutor e o estudante precisam conhecer a ciência da articulação. Mas uma vez que a articulação é a responsabilidade primária do instrutor, nesse Upanixade, o instrutor inicia com um invocação na qual diz:

Que haja glória para nós todos. Que haja a iluminação do conhecimento espiritual para nós todos.

Ele pede por iluminação tanto para o instrutor como para o estudante. Com essa invocação inicia a instrução dada pelo instrutor, Taittiri. A educação obviamente tenciona dar ao estudante uma capacidade de se comunicar. Um homem verdadeiramente educado é aquele que pode transmitir eficazmente aos demais o que experimentou. Não importa qual o meio de comunicação, o que importa é a eficácia da comunicação. Pois bem, o meio mais comum de comunicação é a fala – a palavra falada.

Com relação a isso o Instrutor refere-se aos seis ramos da fala. Não é com o conteúdo da fala que ele está preocupado, é para a forma da fala que ele dirige a atenção do estudante. Mesmo na forma da fala o instrutor focaliza todo seu discurso na produção da voz. Sem uma correta produção da voz a forma da fala é fraca e frágil. Para uma comunicação eficaz é essencial uma produção da voz apropriada. O Instrutor diz que há seis componentes da produção da voz. São eles *Varna* ou Qualidade, *Svara* ou Entonação, *Matra* ou Medida, *Bala* ou Ênfase, *Sama* ou Modulação e *Santana* ou Combinação. É pouco provável que essa classificação científica e clara da produção da voz se encontre em algum outro lugar. O Instrutor diz que na produção da voz a atenção deve primeiro ser colocada em *Varna* ou qualidade da voz. Um homem precisa falar com sua própria qualidade e não com uma qualidade fingida ou imitada. Precisamos manter a qualidade natural de nossa própria voz. Qualquer distorção dessa qualidade a fim de parecer com outra pessoa, afeta a própria raiz da produção da voz. A seguir vem *Svara* ou nota, ou a entonação da voz. É necessário descobrirmos nossa própria entonação – a extensão natural de nossas próprias notas. O próximo em importância é *Matra,* medida ou pausa, que significa uma distribuição constante ou harmoniosa de nossa voz de modo que ela permaneça clara todo o tempo e não alcance extremidades como muitas vezes acontece. Na produção da voz, *Bala* ou ênfase é também de grande importância. Com uma ênfase errada a pronúncia se torna distorcida e, às vezes, por causa disso um significado inteiramente diferente é transmitido. A seguir vem *Sama* ou modulação. Precisamos conhecer nosso próprio diapasão, mas precisamos conhecer igualmente a extensão de nossa entonação de modo que quando falarmos modulemos nossa voz dentro desse alcance para transmitir com eficácia o conteúdo emocional da fala. O último componente da produção da voz é *Santana* ou combinação. A combinação de palavras, e com ela a criação de compostos de palavras, é muito necessária para a clareza da pronúncia e a transmissão do significado. Assim, os seis ramos da produção da voz são essenciais a qualquer processo educacional eficaz. Quando o instrutor e o estudante dominam a técnica da produção da voz, então são capazes de comunicar-se um com o outro efetivamente. É da maior importância compreender que a produção da voz deve ser natural e não artificial ou afetada. Para isso, precisamos descobrir a qualidade e a altura de nossa própria voz. É nessa prática natural que outros fatores da produção da voz deveriam ser introduzidos.

Da produção da voz o Instrutor passa para a linguagem, a estrutura e combinação de palavras. Isso é natural uma vez que a produção da voz por si mesma não tem significado. Ela ganha significado somente quando relacionada às palavras. A produção da voz trata da articulação, mas, então, deve haver algo a ser articulado. O último dos seis ramos citados acima da produção da voz refere-se à *santana* ou combinação. É para *santana* ou *samhita* que o instrutor se volta agora, pois a combinação apropriada de letras e palavras é muito importante para uma articulação eficaz. *Samhita* de fato significa proximidade de letras e palavras. Quando letras estão em estreita proximidade ocorre uma combinação natural. Essa combinação é conhecida como *sandhi* ou união. Quando as letras do alfabeto são espalhadas não há significado algum, mas quando as letras são dispostas juntas, então, através dessa *sandhi* ou combinação, é possível uma expressão significativa. Quando as partes estão espalhadas ao azar não há significado, mas quando as letras estão reunidas então um significado ou propósito lhes é conferido. Na combinação das partes há algo mais que é adicionado e é esse algo mais que, na união das partes, dá àquela combinação um significado que não estava ali. Mas a combinação deve ser natural. Geralmente em *sandhi* ou combinação o que se faz necessário é a proximidade de duas letras ou palavras. Mas a combinação surge por uma mera proximidade dessas duas letras ou palavras? Ora, é preciso haver um *sandhana* – o indutor de uma união, o fator que ocasiona a união dos dois. Sem esse *sandhana*, o que une, a mera *sandhi* ou união é mecânica e sem vida. Quando o indutor de uma união está presente, a união se torna significativa. O indutor da união desperta um anseio de unir, e é somente quando o anseio está ali que os dois opostos se unem em uma feliz união. A combinação que surge é um todo onde cada parte está ocupando seu lugar apropriado. É o inter-relacionamento da Parte com o Todo que está indicado em todo o tema de *samhita* ou combinação.

Sandhi ou a união de letras e palavras é usada apenas como ilustração pelo instrutor. Pois dessa base ele entra no campo mais amplo de *sandhi* ou união necessária para expressar eficazmente a linguagem da vida. Ao estender-se nesse tema de *sandhi*, o instrutor fala da união da Terra e do Céu, do

Fogo e do Sol, do Instrutor e do Pupilo, do Pai e da Mãe, do Lábio inferior e do Lábio superior. O instrutor diz que da união da terra e do céu surge o vasto espaço que chamamos céu. Da união entre o fogo e o sol surge a água. Da união do instrutor e do estudante vem o conhecimento e da união do pai e da mãe vem a progenitura. Na união dos dois lábios se encontra o nascimento da fala. Qual o significado de dizer que a água surge da combinação do fogo e do sol? Aqui fogo denota sacrifício, e todos os sacrifícios são realizados tendo o sol por testemunha. No Terceiro Discurso do *Bhagavad Gita* há um verso que diz "do sacrifício surge a chuva". A combinação do fogo e do sol é na verdade os ritos sacrificiais realizados na presença do sol – e é isso que é considerado como o genitor da chuva.

É preciso observar na ilustração acima que a produção da união é completamente diferente da natureza das duas unidades que se reúnem no ato de *sandhi*. O real *sandhi* não é duas partes colocadas em justaposição, nem é a união forçada dos dois. Em *sandhi,* naturalmente, as partes são integradas, e o resultado da integração é algo inteiramente novo. Não é a soma das partes, é mais do que a soma das partes. Mas isso depende de *sandhi* ser apenas uma síntese ou uma integração. Uma síntese rompe-se sob um impacto externo, mas a integração jamais se rompe, pois enquanto na primeira os opostos estão em equilíbrio, na última eles são transcendidos.

Mas por que deveria haver uma diferença em *sandhi?* Quem determina essa diferença? Por que deveria ser síntese em um caso e integração em outro? Aquilo que determina a natureza de *sandhi* é *sandhana* – o indutor da união. E, portanto, é para o indutor da União que temos que nos voltar a fim de compreender o segredo de *sandhi*. É preciso observar que o instrutor deu um contexto mais amplo a *sandhi* oferecendo cinco ilustrações. Através dessas ilustrações ele indica que está tratando com a Linguagem da Vida, e não meramente com a linguagem das palavras. Na linguagem das palavras o que se faz necessário é a articulação apropriada, mas para essa articulação é *sandhi* que confere um significado, sem o qual as letras e as palavras ficam espalhadas em total desordem. À desordem de palavras, *sandhi* confere um desenho, uma ordem, uma existência significativa. Também na Linguagem da Vida precisamos de uma articulação significativa. Na vida, a comunicação é de importância primordial, mas a comunicação deve ser tanto eficaz quanto significativa. Precisamos conhecer a ciência da articulação assim como a arte de *Sandhi* – a arte do relacionamento. Para a articulação eficaz da linguagem da vida, deve haver nossa própria qualidade e o toque apropriado de nossa própria nota. Deve haver também a ênfase correta e a pausa correta. E deve haver uma boa modulação de modo que seja mantido um sentido de proporção. A eficácia de qualquer comunicação depende da manutenção de um sentido de proporção. Mas isso constitui uma técnica de comunicação. A linguagem da vida precisa de um meio de comunicação, mas qual é a utilidade de uma técnica de comunicação se nada há a comunicar? Isso demanda uma riqueza de linguagem. Vimos acima que uma linguagem possui uma estrutura e isso é construído pela mistura harmoniosa de letras e palavras. É isso que o Upanixade descreve como *sandhi*. Se as letras e palavras são bem misturadas, então a articulação é fácil e a comunicação é eficiente. Mas às vezes as regras de *sandhi* são observadas com todo cuidado e no entanto a linguagem parece estar incompleta. Quando as regras de *sandhi* são corretamente observadas, a articulação também é clara e precisa, então por que a linguagem está incompleta? O que está faltando?

Vimos acima que *sandhi* representa uma união, seja na linguagem das palavras, seja na palavra da vida. Mas a questão é: como essa união foi induzida? Qual é o indutor dessa união? Nós chamamos o indutor da união de *sandhana*. Qual é a natureza desse *sandhana*? Por que a qualidade de *sandhi* ou união depende da natureza do *sandhana*. Uma *sandhi* é uma união de dois opostos ou pelo menos uma união de uma dualidade, é a reunião de elementos duais. O que induz os elementos duais a reunirem-se? Por que eles se combinam para formar uma união?

Nas cinco ilustrações acima de *sandhi*, o Upanixade dá um exemplo da dualidade Pai-Mãe onde o filho é a *sandhi*. A ilustração acima diz que a força para unir é *sandhana*. Mas a questão é: qual é a natureza dessa força? Somente um desejo biológico uniu o pai e a mãe? Ou o desejo é conseqüência do amor e do afeto profundos? É obvio que a qualidade de *sandhi* ou o filho dependerá da natureza do desejo. Sem *sandhana* não pode haver *sandhi*, mas a qualidade de *sandhi* obviamente dependerá da natureza de *sandhana*.

Pois bem, *sandhi* num contexto mais amplo, na linguagem da vida, evidentemente significa relacionamento. O Instrutor do Upanixade *Taittiriya* está explicando a seus estudantes os problemas do relacionamento humano. A comunicação com os seres humanos é uma necessidade primária na vida do homem. Mas como pode haver comunicação efetiva sem relacionamento? Comunicação sem relacionamento é como a articulação de palavras sem significado. O significado das palavras é dado pela linguagem, pois a linguagem tece as palavras em uma unidade. É *sandhi* que faz a linguagem, pois sem ela seria apenas uma mistura de palavras sem coesão. Assim, a comunicação eficaz e significativa é possível entre os seres humanos quando há um relacionamento entre eles. Esse relacionamento é *sandhi*. A menos que haja uma reunião de dois indivíduos, como pode haver comunicação entre eles? Porém, uma vez mais, a eficácia da comunicação dependerá da natureza do relacionamento. Uma comunicação entre dois estranhos é de uma natureza muito superficial. A causa desse relacionamento superficial deve ser encontrada na **natureza de** *sandhana* que ocasionou esse *sandhi*. Os dois estranhos reúnem-se por mero acidente – o *sandhana* é superficial e, portanto, o relacionamento também é superficial.

O Upanixade *Taittiriya* aborda o problema do relacionamento. A comunicação é realmente eficaz somente quando ela ocorre ao mesmo tempo, no mesmo nível e com a mesma intensidade entre duas pessoas. Mas tal comunicação pode existir somente em comunhão, somente o Intangível pode falar com tal eficácia ao Intangível. Mas o Upanixade *Taittiriya* aborda todos os aspectos do relacionamento. Ele trata do relacionamento das obrigações sociais assim como dos relacionamentos baseados na compreensão intelectual. Ele também nos indica o relacionamento da comunhão espiritual.

Esse Upanixade é conhecido como o discurso de despedida dado pelo instrutor aos pupilos que estavam prontos para deixar o *ashrama*. Comumente os estudos no *Gurukula* se estendiam por um período de doze anos. Durante esse período os estudantes estudavam muitos assuntos, tanto ciências exatas quanto humanas, mas, além disso, eles faziam parte da família do instrutor. E, portanto, podemos imaginar que os discursos de despedida do instrutor não podiam ser secos e impessoais. Em seus discursos deve haver um conteúdo emocional por causa do relacionamento íntimo e pessoal existente entre o instrutor e o estudante. Ao enviar o estudante para o mundo após sua graduação, o instrutor devia sentir que estava enviando alguém pertencente a sua própria família. Nas universidades modernas, em razão do amplo número e devido à falta de contato pessoal entre instrutor e estudante, os discursos proferidos por ocasião da graduação parecem tão secos e impessoais que dificilmente criam qualquer impressão duradoura nos estudantes. Tendo visto o estudante crescer em sua própria família, quando o instrutor envia seu pupilo de seu *Gurukula*, ele o envia não meramente com o atestado de conhecimento, mas também com sua benção pessoal. Um dos evidentes defeitos do sistema educacional de nossos dias é a completa falta de contato pessoal entre o instrutor e o estudante. Mas o que o instrutor de hoje transmitiria ao estudante se lhe fosse dada uma oportunidade de se aproximar intimamente do mesmo? Não é a mera erudição que conta na atenção pessoal, é preciso algo mais do que erudição. Os instrutores upanixádicos tinham esse "algo mais", em razão do que eram, no verdadeiro sentido da palavra, amigos, filósofos e guias de seus estudantes. No discurso de despedida aos alunos que forma parte do Upanixade *Taittiriya* observamos a consideração do instrutor pelo bem-estar de seu estudante. Em sua instrução final o instrutor leva em conta vários aspectos da vida, ele imagina diversas situações pelas quais o estudante provavelmente passará e, portanto, aconselha-o para que não seja desviado pelas forças sociais que atuarão sobre ele. Sabendo bem que o estudante estava deixando a existência protegida do *ashrama* para mergulhar na corrente rápida da vida lá fora, o instrutor fala em seu discurso de despedida sobre suas obrigações sociais. O primeiro dever do estudante será para com a sociedade na qual está entrando e, portanto, o discurso de despedida do Upanixade *Taittiriya* trata do relacionamento das obrigações sociais. O discurso do instrutor inicia com as seguintes palavras:

> *Meu querido filho, seu estudo dos Vedas acabou. Agora vá para o grande mundo. Fale a verdade e pratique o* Dharma *ou Lei. Não vacile no estudo do Veda. Estude mais, nunca menos do que aquilo que lhe toca.*

O instrutor diz ao estudante que ele deve manter seus estudos nos temas nos quais se especializou, de modo a estar em contato com pesquisas posteriores sobre esse tema particular. Ele indica ao estudante que seu processo de aprendizado nunca deve chegar ao fim. Sua graduação não é o fim do aprendizado, na verdade, é o início do aprendizado. No *Gurukula* o estudante deve se especializar em algum ramo do conhecimento. Mas em cada ramo do conhecimento ocorrem novas descobertas, novos fatos vêm à existência e devem ser estudados. Qualquer descuido em se manter atualizado com os últimos desenvolvimentos de seu tema tornaria seus estudos no *Gurukula* ineficazes. O instrutor diz ao estudante: "Fale a Verdade". Isso parece muito banal, mas devia causar um forte impacto no estudante que estava deixando o *Gurukula* por causa do toque pessoal do instrutor. O instrutor deseja que seu estudante tenha a coragem de falar a verdade e que não se corrompa pelas exigências do tempo. Mas o instrutor diz também: "Siga o *Dharma*". Muitas vezes falamos da verdade, mas nos afastando do *Dharma*. *Dharma* é a lei do relacionamento humano. A verdade que é falada não deve ser um ato de agressividade, deve estar dentro dos limites da decência e da cortesia. Quando a verdade é falada sem qualquer consideração com o relacionamento humano, ela se torna amarga e indevida. O falar a verdade deve sempre permanecer dentro dos limites da cortesia se a lei do relacionamento humano não é esquecida. A lei do relacionamento humano implica reverência aos mais velhos, amizade para com os iguais e compaixão para com os que são incapazes de se manter por si próprios. Se a verdade é dita dentro dos limites dessa lei, então será verdadeiramente benéfica.

O instrutor diz ao pupilo que embora ele deva demonstrar seu respeito e devoção para com seu preceptor de todas as maneiras que puder, deve assumir a vida de um chefe de família com a plena compreensão de suas responsabilidades, e sem deixar de cumpri-las. Ele lhe diz que como um chefe de família seu dever deve ser o de se empenhar em fazer o bem, nunca negligenciar tais deveres para realizar aquilo que parece conduzir a uma maior prosperidade. O tema central desse discurso é: "não se desvie da Verdade; não se desvie do Dever". E o instrutor dá uma descrição detalhada de qual é seu dever. Ele diz:

> *Não negligencie sua saúde. Não seja negligente naqueles atos que conduzem à prosperidade e ao bem-estar. Não demonstre qualquer preguiça com relação ao aprendizado.*

Nas instruções acima o instrutor se refere aos aspectos físico, material e mental da vida do estudante. Ele pede-lhe para levar uma vida equilibrada, na qual haja tempo tanto para as buscas materiais quanto para as intelectuais. Mas ao engajar-se nessas duas buscas ele deve ter cuidado para manter a boa saúde. Vemos aqui a ansiedade do instrutor, a extraordinária consideração de sua parte com relação ao bem-estar do estudante. Sentimos aqui que não é meramente o instrutor que está falando, é o pai instruindo o filho em razão de sua profunda preocupação e afeto.

Em qualquer relacionamento baseado em obrigações sociais, o elemento da continuidade tem uma parte muito importante. Isso encontra expressão no respeito e na consideração que demonstramos pelo passado. Quando consideramos nossas obrigações para com a sociedade, temos que levar em consideração as forças que emanam do passado, de modo que aquilo que é essencial possa ser mantido e o que não é essencial possa ser descartado. No crescimento e desenvolvimento da civilização humana vemos três fatores em operação: a Continuidade, a Continuidade Modificada e a Descontinuidade. A continuidade e a continuidade modificada constituem a *sandhi* da sociedade humana – a questão é: o que é o *sandhana* – a qualidade da mudança social depende da natureza do *sandhana*. Se ele vem da descontinuidade, a sociedade, através da retenção e modificação de suas organizações, será capaz de demonstrar uma alta qualidade nos diferentes aspectos de suas atividades. Mas, para isso, primeiro os fatores da continuidade precisam ser compreendidos. É preciso lembrar que o estudante, após sua graduação, está entrando no mundo, de *brahmacharya* ele está passando para o estado de *grihastha*. O *grihastha* é o chefe de família. Ele deve estar familiarizado com os fatores da continuidade, pois deve ser verdadeiro com suas obrigações sociais. *Vanaprastha* irá trazer o elemento da continuidade modificada, assim como o *Sannyasin* traz o ar refrescante da descontinuidade. Contudo, precisamos compreender que essas quatro ordens são estados psicológicos. O estudante, tendo completado seus estudos, está agora entrando em um novo estado psicológico, o de chefe de família ou *grihastha*. O chefe de família deve cuidar para que os fatores saudáveis da continuidade sejam mantidos e nutridos. Para isso, ele precisa ser respeitoso com o passado, pois compreendendo o passado, o homem é capaz de encontrar o significado e propósito daqueles fatores que dão sustentação à continuidade. O instrutor não é desatento aos outros dois fatores, da continuidade modificada e da descontinuidade. Ele volta-se para eles na segunda e na terceira seções do Upanixade *Taittiriya*. Mas primeiro o estudante deve fazer valer os fatores da continuidade à luz do conhecimento que adquiriu no *Gurukula*. E, assim, o instrutor diz em seu discurso:

> *Que não haja negligência em oferecer o que é devido aos deuses e aos ancestrais. Reverencie seu pai e sua mãe. Trate seus hóspedes com honra e dignidade. E, acima de tudo, seja supremamente dedicado para com o instrutor.*

Aqui o instrutor faz ao estudante a recomendação de estabelecer um relacionamento correto com o passado. É verdade que não se deve deixar o passado condicionar e restringir nossas ações no presente, mas, ao mesmo tempo, seria suicídio não tirar pleno proveito da colheita oferecida pelo passado. Na medida em que entra no estado de *grihastha,* o estudante precisa aprender a tirar pleno proveito da colheita do passado. Durante o estado de *bramacharya* ele se capacitou para desenvolver uma mente lógica, capaz de examinar os prós e contras de qualquer situação. No estado de *bramacharya* uma pessoa é instruída a definir claramente os opostos, de modo que a mente se mova ao longo do caminho da lógica perfeita. No estado de *grihastha* pede-se-lhe para manter um movimento tão suave quanto possível entre os opostos de modo que o processo de continuidade possa avançar sem obstáculos. No estado *Vanaprastha* o homem ocasiona modificações necessárias e essenciais nessa continuidade. Mas é no estado de *sannyasa* – e somente aí – que ele tem a visão da descontinuidade, a fonte de todas as mudanças fundamentais, o manancial da verdadeira revolução espiritual.

O instrutor diz ao estudante em seu discurso de despedida que sua tarefa agora é manter o curso da continuidade tão limpo e tão suave quanto possível. Para isso, ele deve recorrer ao passado, mas com uma mente alerta e ativa, vendo claramente os dois opostos. O verso acima trata dessa colheita do passado. Os deuses e os ancestrais, o pai e a mãe, representam os fatores do passado. Até mesmo o hóspede simboliza o passado, pois quem viria como hóspede a menos que tenha uma associação com o passado da família? A palavra usada para hóspede é *atithi,* aquele que chega sem avisar. Certamente, somente aquele que tem convívio com a família viria sem avisar e ainda assim receberia hospitalidade. Mas a questão que pode surgir aqui é: o instrutor também representa o passado? É possível associar os deuses e ancestrais, o pai e a mãe, e até mesmo o hóspede com o passado, mas como considerar o instrutor como um símbolo do passado? Aqui a palavra usada para o instrutor é *acharya*. Ora, *acharya* é aquele que agracia um menino com o fio sagrado e o instrui nos Vedas. A instrução nos Vedas representa uma continuidade de conhecimento, assim como agraciar com o fio sagrado simboliza uma continuidade da tradição e a transmissão de um segredo de uma geração para outra. Assim, o verso acima indica um correto relacionamento com o passado de modo que possa ser mantida uma continuidade apropriada. *Grihastha* representa esse estado da consciência humana onde ocorre um movimento entre os opostos com o menor atrito possível. É nesse estado que o estudante agora se torna iniciado. O Instrutor então prossegue com sua instrução e diz para o pupilo que está partindo:

> *Seja devotado àquelas ações que são consideradas irrepreensíveis. Adote todos os bons costumes – não outros.*

O verso acima fala das ações irrepreensíveis. Contudo, a palavra usada para irrepreensível é *anavadyani* – o instrutor diz ao estudante que ele deveria fazer aquelas coisas que não se tornassem alvo de falação e mexerico do povo. Ele elucida mais esse ponto dizendo que ele deve adotar todos os bons costumes, aqueles que são considerados bons pelo povo. Certamente o estudante, após todo seu treinamento no *ashrama*, deve ser capaz de distinguir entre o bem e o mal, isto é, o que é bom para a continuidade da raça humana e o que não é bom para tal continuidade. Ele deve adotar todos os costumes pelos quais a sociedade pode avançar sem atrito ou conflito. O instrutor confia que a instrução que ele recebeu no *ashrama* capacitará o estudante a discernir entre o bem e o mal.

Mas o instrutor demonstra consideração e está ciente das muitas armadilhas que o pupilo terá que enfrentar, de modo que ele diz a ele o que fazer em caso de dúvida em descobrir o que é bom e o que não é bom. Ele diz que se houver alguma dúvida em sua mente, então:

> *Você deverá conduzir-se da mesma forma que se conduzem em tais casos aquelas pessoas eruditas, que possam viver lá, que são competentes para julgar, que não são conduzidas por outros, que não são cruéis e que são amantes da virtude.*

O instrutor pede ao pupilo que em caso de dúvida e dificuldade se volte para as pessoas eruditas, mas quem são essas pessoas eruditas para as quais ele deve se voltar? Elas devem ser capazes de julgar por si mesmas, não devem ser conduzidas por outros. O instrutor diz que não importa se possuem alguma posição oficial ou não, mas ele diz que tais pessoas eruditas não devem ser *aluksha*, isto é, insensíveis, destituídas de sentimento. Ele diz: "não recorra a tais pessoas insensíveis, pois seu conhecimento não terá validade. Recorra somente àquelas pessoas eruditas cujos sentimentos e emoções estejam vivos, que têm a sensibilidade do coração juntamente com o conhecimento intelectual. Observe tais pessoas e faça como elas. Não se comporte como as pessoas insensíveis e sem emoções que têm orgulho de sua erudição, mas adote os caminhos daqueles que a despeito de sua erudição preservaram a delicadeza e a sensibilidade do coração".

O último conselho que o instrutor dá a seu pupilo é sobre compartilhar o que ele tem com aqueles que possam estar precisando. As obrigações sociais exigem que saibamos como receber da comunidade, mas temos que saber também como dar à sociedade a que pertencemos. Aquele que recebe e não dá não conhece seu relacionamento para com a sociedade. Ele deve aceitar graciosamente da sociedade, mas também deve, graciosamente, dar à sociedade. O instrutor diz ao estudante:

Dê sempre com fé – não dê se você não tem fé. Dê generosamente, mas que sua generosidade seja temperada com a modéstia. Dê com simpatia, mas também com adequação.

Como é significativo o instrutor dizer a seu pupilo para doar generosamente e contudo com modéstia. As duas coisas parecem tão contraditórias. Se as pessoas dão generosamente desejam exibir sua generosidade. A exibição da generosidade muitas vezes causa humilhação à pessoa que recebe. Mesmo ao ser generoso, aquele que faz a doação deve respeitar aquele ao qual dá. O respeito por aquele que recebe está na modéstia. Em tal doação há graça e dignidade. O doador dá com graça e, portanto, há total respeito pela dignidade do que recebe. Quando a doação é feita sem fé, não é doação alguma – é uma doação cerimonial – é caridade sem qualquer compaixão. É uma doação sem simpatia e, portanto, não há adequação na mesma. O doador deve dar em termos da necessidade da pessoa que recebe. Ter percebimento da necessidade da outra pessoa é conferir àquilo que damos o elemento de simpatia e também de adequação. Quando o doador dá para satisfazer seu próprio orgulho e posição, a doação pode ser generosa, mas não há modéstia nela. A doação deve ser feita de modo que o doador fique no plano de fundo – é somente a doação que existe. Quando a doação é feita sem o doador, então há generosidade com modéstia. O instrutor deseja que o estudante doe e doe generosamente, mas sempre sem qualquer exibicionismo.

O instrutor diz ao estudante: "Essa é minha instrução. Esse é o segredo do conhecimento que eu lhe transmiti. Tome cuidado para nunca se desviar desse caminho". Através de todo discurso vemos a profunda erudição do instrutor do Upanixade e também suas emoções extremamente suaves. Na verdade, nesse discurso de despedida nos lembramos da grande peça sânscrita *Shakuntala,* onde o grande sábio Kanva dá adeus à filha do *ashrama* com o coração cheio de profunda emoção. Os instrutores upanixádicos eram *aluksha* – profundamente eruditos e contudo cheios de sentimento de amor e carinho. Sentimos que com a partida do estudante uma parte do instrutor também parece partir, tal era o relacionamento íntimo do instrutor e do pupilo nos *Gurukulas* dos antigos videntes e sábios.

Do discurso de despedida o Upanixade *Taittriya* passa para sua segunda seção conhecida como *Brahmananda Valli.* Perguntamo-nos por que o Upanixade não termina com o discurso de despedida? Provavelmente porque o instrutor deseja colocar diante de seu pupilo todo o quadro da vida, não somente o estágio no qual ele entra ao completar seus estudos. E, portanto, embora o discurso termine tecnicamente com a primeira seção, ele continua na segunda e terceira seção também. Já afirmamos que os quatro estágios da vida do homem são realmente quatro estágios psicológicos, quais sejam: o estudante, o chefe de família, o eremita e o asceta. Em um ser humano integrado os quatro coexistem. Conquanto os estágios venham um após o outro, os estados existem simultaneamente. O estado de estudante significa uma mente alerta capaz de formular e definir os opostos. O estado de chefe de família representa uma mente vigilante que observa o jogo dos opostos e mantém o curso da continuidade ininterrupto e desimpedido entre os opostos. O estado de eremita indica uma mente negativa que reconhece as limitações de todos os esforços mentais e portanto desacelera o fluxo da continuidade. O estado de asceta simboliza uma mente silenciosa em que a corrente da continuidade está paralisada. No estado de estudante, o homem é capacitado para formular claramente os opostos através do aguçamento da mente. Nos outros três estados ele se preocupa com a relação que deve permanecer existindo entre os opostos. Se os opostos não são vistos com clareza, a questão do relacionamento está fadada a ser totalmente confusa. O instrutor treinou o estudante na formulação e clara percepção dos opostos. É com esse equipamento da mente que o homem entra no mundo dos relacionamentos. Em seu discurso de despedida, o instrutor tratou de um aspecto desse relacionamento que se preocupa com o estado de chefe de família. É um aspecto em que se procura estabelecer o relacionamento na base das obrigações sociais. É um relacionamento no qual a manutenção da continuidade ocupa um lugar predominante. Mas muitas vezes essa continuidade é perturbada e a possibilidade de seu restabelecimento nas velhas bases parece estar fora de cogitação. Em outras palavras, surgem ocasiões em que os padrões da continuidade precisam de uma modificação, se o relacionamento não quiser ser interrompido. Um relacionamento de mera obrigação social não é suficiente. Quando normas sociais e convencionais não satisfazem, surge a necessidade do homem buscar uma nova base de relacionamento humano. É um relacionamento baseado na Compreensão Intelectual, é um relacionamento de idéias comuns. No relacionamento das obrigações sociais, o passado comum serve como elo de ligação. Mas às vezes esse elo comprova-se muito fraco, incapaz de sustentar o fluxo das circunstâncias cambiantes. Então, o homem busca uma nova base de relacionamento, não do passado comum, mas do futuro comum. Quando ideais comuns são descobertos, o relacionamento que vem à existência é de Compreensão Intelectual. É isso que representa *Vanaprastha* ou o estado eremita. E o *Brahmananda Valli* fala ao estudante sobre esse estado *Vanaprastha,* pois quando são necessárias modificações na continuidade, é o estado *Vanaprastha* que o auxilia. Ele precisa estar consciente disso a fim de não ficar confuso e enredado nos problemas do relacionamento.

Se a modificação da continuidade se faz necessária, então ela não deve ser casual ou excêntrica. Ela deve surgir de uma base sólida. É com essa base sólida das modificações que se ocupa o *Brahmananda Valli.* Qual pode ser a base sólida das modificações? O Upanixade *Taittiriya* diz que deve ser o conhecimento de *Brahman.* Ora, o *Brahman* que pode ser conhecido é o *Brahman* manifestado, e é a esse *Brahman* manifestado que essa seção do Upanixade se dedica. Ela define o conhecimento do *Brahman* manifestado como verdadeira Bem-aventurança. Mas a bem-aventurança do conhecimento não deve ser confundida com o êxtase da compreensão. Esse último é o tema de *Bhrigu Valli,* que forma a terceira seção desse Upanixade.

O que é essa bem-aventurança do conhecimento com a qual a segunda seção se ocupa? Quando o homem desenvolve uma visão intelectual na qual todas as coisas podem se adequar, ou quando ele formula uma filosofia intelectual que pode aparentemente dar explicações para tudo, então ele chega naturalmente a uma bem-aventurança de conhecimento. Agir em relação aos problemas do relacionamento com a força dessa bem-aventurança é de fato estabelecer uma nova base de relacionamento – é um relacionamento baseado na compreensão intelectual. No relacionamento da obrigação social, o Dever é a diretriz, no relacionamento baseado no idealismo comum a diretriz é a Compreensão. É a compreensão que se torna *sandhana* para a nova base de *sandhi* – o desejo de unir é a Compreensão. Essa é a base da qual *vanaprastha* ou o eremita age. O *Brahmananda Valli* se ocupa realmente com essa base de ação.

No verso de abertura dessa seção, o **Upanixade** fala de *Brahman* como *Satyam, Jnanam, Anantam* – Existência, Conhecimento e Infinidade. Ora, todos os três atributos pertencem ao reino da mente. *Brahman* que é Existente – não aquele que é não-existente – certamente é assim que a mente compreende *Brahman*. A mente pode descrevê-Lo somente em termos de Conhecimento. E Infinidade é continuidade sem fim. Assim, Existência, Conhecimento e Infinidade são concepções mentais de *Brahman*. Dessas concepções ela desenvolve uma filosofia que aparentemente explica tudo. Dessa forma, o homem é habilitado a chegar à bem-aventurança intelectual.

É uma bem-aventurança de reconciliação, não uma bem-aventurança de transcendência. Pois aqui nessa aparentemente perfeita filosofia intelectual, os opostos são reconciliados, compõem uma síntese. Em termos de reconciliação vem à existência uma corrente de continuidade modificada. No verso de abertura do *Brahmananda Valli*, *Brahman* é descrito como "O Inteligente". Em termos dessa inteligência o Upanixade mostra como há um plano e um projeto na criação. É o Plano da Criação que forma parte dessa seção. Um Plano ou Projeto ordenado indica a existência de um Ser Inteligente. Esse Ser Inteligente é *Brahman*, mas obviamente *Brahman* em manifestação. Essa seção diz em um de seus versos:

É a compreensão que todos os deuses adoram como Brahman.

É a adoração da Compreensão que está indicada aqui, e a Compreensão é vista como igual a *Brahman*. A palavra sânscrita usada para Compreensão é *Vijnana*. É conhecimento discriminatório. Mas com que instrumento o homem discerne? Obviamente através do instrumento dos ideais ou valores. A própria base de nossos relacionamentos com o mundo externo é feita de valores e ideais. Essa relação se torna íntima quando se descobre ideais comuns. Uma ponte é construída entre pontos de interesse comuns ou idéias comuns. O *sandhana* para relacionamento é o ideal. No *Brahmananda Valli* se afirma que:

Se conhecemos a compreensão como Brahman *e se dali não mudamos de direção, então desfrutamos todos nossos desejos.*

Mais uma vez, a ênfase é no conhecimento de *Brahman* enquanto Compreensão. Essa seção trata da Bem-aventurança de *Brahman*, mas está claro a partir do verso acima que a bem-aventurança que se fala é o desfrute dos desejos. Quando há compreensão, o desfrute dos desejos não deve significar desejos vulgares, mas os desejos considerados nobres. Aqui obviamente os desejos significam os valores da vida. Se estamos enraizados na Compreensão, então podemos desfrutar nossos valores da vida. Mas o que significa o conhecimento de *Brahman* como Compreensão? Significa, como afirmamos acima, o conhecimento de *Brahman* como o Plano Inteligente do Universo. É o conhecimento de *Brahman*, a criação, e não de *Brahman*, o Criador. A Compreensão implica a existência de uma dualidade em que o conhecedor e o conhecido são os dois opostos. Quando eles estão juntos, há conhecimento. Mas qual é o *sandhana* para essa união? São os ideais, as ideações ou os valores. *Vijnana* é o instrumento que une o conhecedor e o conhecido. E qual é a natureza do conhecimento? É o sublime Plano do Universo. Ora, um Plano precisa de um futuro no qual passa trabalhar em sua realização. E, portanto, os homens que conhecem *Brahman* como Compreensão estão unidos em torno daquele futuro comum no qual o Plano será realizado. É em termos do Plano que eles fazem modificações em seus padrões atuais de vida. A segunda seção desse Upanixade diz:

> *Se ele conhece Brahman como não-existente, ele se torna não-existente. Se ele sabe que Brahman existe, então as pessoas sabem que ele existe.*

A própria existência do homem depende da postulação de *Brahman* como existente, e não como não-existente. Aqui o que está indicado muito claramente é a adoração de *Brahman*, o manifesto, e não *Brahman* o imanifesto. Para conhecer *Brahman*, o manifesto, é preciso uma compreensão de discernimento. Conhecer *Brahman* na manifestação é conhecer a Unidade na Diversidade. Essa é realmente a função de *vanaprastha*, o eremita. *Grihastha* fica contente em manter o fluxo uniforme da diversidade. Sua tarefa é eliminar tanto atrito quanto possível entre as várias unidades da diversidade. Ele faz isso invocando o passado comum. Mas um conflito entre as várias unidades de diversidade está fadado a surgir, e quando isso acontece, o que ele faz? Se ele é capaz de descobrir uma unidade na diversidade, então ele pode fazer uma síntese dos diversos elementos em termos daquela unidade. No discurso de despedida o instrutor deu ênfase ao relacionamento baseado nas obrigações sociais. Aqui no *Brahmananda Valli*, o instrutor indica ao pupilo que quando a harmonia do relacionamento não pode ser mantida em termos das obrigações sociais, então ele deve buscar uma unidade na diversidade. Ele deve invocar a faculdade de *vijnana* para tratar do problema do relacionamento. Isso o habilitará a encontrar uma nova base para o relacionamento humano. Encontrar a unidade na diversidade é um processo de abstração. Das diversidades da vida prática, um fator comum é abstraído. É isso que é chamado unidade na diversidade. É um processo conceitual. O homem não chegou a uma experiência de unidade, ele criou uma estrutura conceitual de unidade, e nessa estrutura ele coloca diversas partes de modo a criar um plano ou um projeto. É um plano onde as partes são colocadas juntas e são mantidas juntas pelo conceito de unidade. O *Brahmananda Valli* diz que aquele que se desvia dessa unidade é tomado pelo medo, o medo de um conflito incessante entre os diversos elementos. Essa unidade conceitual é de fato a Bem-aventurança da existência ou o *Brahman* manifesto. É como descobrir a teoria unificada do Universo. O homem chegaria a um intenso prazer se descobrisse essa unidade em uma estrutura em que pudesse dar às vastas diversidades da vida seus lugares apropriados. Os fatores **duais da gravitação e do eletromagnetismo** encontrariam uma síntese em tal teoria unificada. Na esfera mais ampla da vida, também, o homem busca essa estrutura de unidade. Quando ele encontra isso, experimenta um grande deleite. Aqui o *Brahmananda Valli* dá uma explicação detalhada do que ele chama de Bem-aventurança de *Brahman*. Mas no final de cada descrição ele diz que "essa é a bem-aventurança de *shrotriya*" – o que significa que essa é a bem-aventurança do erudito, daqueles que são proficientes no conhecimento inferior ou *Apara Vidya*. É a bem-aventurança do conhecimento, não o êxtase da Sabedoria. É uma alegria que surge da descoberta de uma unidade conceitual. É uma bem-aventurança de idéias, nascida da dedicação a ideais e aspirações que possamos ter aceito. No Upanixade essa bem-aventurança é descrita como segue:

> *Suponhamos que haja um jovem forte, bem apessoado e virtuoso. Se ele é firme de mente e cheio de ambição, e se torna o proprietário deste mundo, então ele desfruta plena felicidade. Isso pode ser descrito como uma unidade de plena felicidade humana. Mas multiplicada por cem, é a felicidade dos* Gandharvas *no céu. Multiplicada, por mil, comparada a essa, é a felicidade dos deuses. Multiplicada por mil, comparada a essa, é a felicidade de* Indra. *Multiplicada por mil, comparada a essa, é a felicidade de* Brhaspati. *Multiplicada por cem, comparada a essa, é a felicidade dos* Prajapati *– e multiplicada por cem, comparada a essa, é a felicidade de* Brahman *– e essa é a Bem-aventurança do* shrotriya.

A passagem acima parece bastante estranha, pois aqui se busca medir a felicidade em unidades quantitativas. A felicidade presta-se a tal mensuração? Obviamente aquilo que é medido pertence ao reino da mente, pois é a mente que trata com quantidades mensuráveis. O que o verso acima declara é que a felicidade de alguém que descobriu a unidade conceitual na diversidade é imensa. Ele sente que essa unidade conceitual abrirá todos os cadeados. Ele pode mover-se na vida com uma intensa felicidade, pois encontrou a unidade na diversidade, *Brahman* na manifestação.

É interessante notar que após descrever a Bem-aventurança de *Brahman*, o *Brahmananda Valli* termina com uma afirmação que nega essa própria Bem-aventurança, pois ele diz:

> *Não tendo alcançado o local de onde as palavras e a mente retornam.*

Ele diz que as palavras e a mente retornam, não após terem alcançado, mas sem alcançarem. No verso anterior, o Upanixade falou da Bem-aventurança de *Brahman* como a bem-aventurança de *Shrotriya*. Se *Shrotriya* não encontrou a bem-aventurança, qual é o motivo de sua felicidade? O *Shrotriya* é o que conhece os Vedas – ele é um homem de profunda erudição. Aquele que conhece os Vedas tem uma mente aguda e alerta. Ele adquiriu conhecimento e em termos desse conhecimento desenvolveu uma estrutura na qual todos os acontecimentos da vida podem facilmente se adequar. Ele é feliz com sua própria invenção, mas a felicidade da invenção dura pouco. Aquilo que é quantitativamente cheio pode ser também qualitativamente vazio. É uma plenitude que depende de fatores externos. A vida é tão imprevisível que subitamente um novo fato pode surgir destruindo completamente a estrutura tão laboriosamente construída pela mente. As crenças e os conceitos da mente têm suas estruturas construídas na areia. Uma onda da maré que venha do mar destruirá em um instante essas estruturas, não importa o quão majestosas sejam. A felicidade que repousa nas praias de areia da mente deve morrer tão rapidamente quanto nasceu. Nem a fala nem a mente podem encontrar aquela Bem-aventurança Eterna que permanece incorrupta e que as marés da vida não podem destruir. Uma unidade conceitual tem vida curta, logo ela é vencida pelas inundações da diversidade. Uma unidade conceitual é algo morto, jamais pode sustentar em sua estrutura a vitalidade da vida. Como pode o pensamento que é estático conter a vida que é intensamente dinâmica? O pensamento deve retornar juntamente com a fala.

É com essa declaração que o *Brahmananda Valli* termina, convidando o estudante a avançar mais na exploração da Bem-aventurança Eterna. E é isso que torna o tema da última seção desse Upanixade conhecido como *Bhrigu Valli*.

Do estado de chefe de família, o estudante foi levado à compreensão do estado do eremita. Mas o eremita, após todos seus esforços de síntese e unidade conceitual, declara que a mente não pode encontrar a verdade última. E sem essa verdade última o homem não pode encontrar sua verdadeira integração. É verdade que a vida consiste de continuidade e continuidade modificada, mas de onde retiram seu sustento esses dois fatores da evolução? O que é que os impele a prosseguir? O que induz à modificação? Se a modificação tem suas raízes somente em um desejo de continuar, então ela irá levar a corrente evolucionária para um beco sem saída. A ânsia por modificação não deve surgir da unificação conceitual, mas de outro lugar. É dos reinos da descontinuidade que devem surgir a força vital da continuidade e sua modificação, pois só então a corrente evolucionária exibirá novas qualidades de vida, novas ordens de existência. Essa é de fato a função do estado de *sannyasa,* ou do asceta. O asceta é alguém que rompeu completamente com o passado, ele não tem temores ou ansiedades sobre o futuro. Ele vive no presente – e a Bem-aventurança do Eterno pode ser encontrada somente no presente. O asceta representa aquele estado de mente que não tem as distrações do passado nem compromissos com o futuro. É uma mente destituída de todas atrações e agitações. É completamente aberta e, portanto, recebe o pleno impacto do presente, um presente que é livre de todas as corrupções do tempo. Tal mente encontra um novo nível de relacionamento, um relacionamento que não surge de base alguma, nem da base do dever nem da base dos ideais. Ela não atua a partir de obrigações sociais nem a partir de ideais. Não age da base de alguma coisa comum e não tem medo de estabelecer um vínculo do não-comum para o não-comum, do único com o único. Em cada diversidade ela vê o único, e o único é incomparável, não pode ser preso na rede de comparações e contrastes. Essa relação do único com o único é um *sandhi* sem um *sandhana*. Não há um indutor, nem há qualquer indução, porque essa é uma relação de Amor. O Amor necessita de uma indução? Mas a presença de um indutor não nega completamente a existência de Amor? E a mente pode conhecer esse Amor? É só quando a mente se torna não-mente que, naquela consciência purificada, nasce o amor. É uma condição de total silêncio, não o silêncio de palavras, mas o silêncio da mente.

Pode-se afirmar que a introdução do tema de *grihastha, vanaprastha* e *sannyasa* nessa discussão do Upanixade *Taittiriya* é um tanto forçada. Como podem esses estágios ou estados de vida entrar no quadro? Temos que lembrar que o Upanixade refere-se a uma ocasião em que o estudante está prestes a deixar o *ashrama* após completar seus estudos no *Gurukula*. O instrutor está dando-lhe nessa ocasião certas instruções essenciais para que ele possa conduzir sua vida de modo feliz e proveitoso. O instrutor abre suas instruções com o tema de *sandhi* ou relacionamento. A esse tema ele dá um amplo contexto descrevendo os vários tipos de *sandhi* tanto na natureza quanto nas sociedades humanas. Assim, o tema principal desse Upanixade é o relacionamento humano. O estudante está prestes a entrar no estágio de chefe de família. Consideramos esses estágios na realidade como estados de consciência. O estado que se refere ao chefe de família é aquele em que o estudante terá que compreender o primeiro nível do relacionamento, o que é baseado nas obrigações sociais. Todo o discurso de despedida trata desse tema em detalhe. Mas um relacionamento de meras obrigações sociais se tornaria totalmente convencional, às vezes até supersticioso. Tal relacionamento naturalmente levaria a frustrações. O instrutor, tão preocupado com o bem-estar de seu pupilo, certamente gostaria de evitar que sua vida naufragasse batendo nas rochas da frustração. Toda a educação upanixádica se baseia na integração do homem. É bastante natural que o instrutor desse ao aluno um enfoque integral para todo o problema das relações humanas. Ele faz isso dando ao aluno instruções que estão em *Brahmananda Valli* e em *Bhrigu Valli*. Essas duas seções se referem aos estados de consciência que podem ser descritos como *vanaprastha* e *sannyasa*, porque dão uma nova base para *sandhi* ou relacionamento. Uma vida de obrigações sociais se preocupa em manter a continuidade social, está interessada em impedir o predomínio das forças de desintegração. Mas a sociedade humana é tão dinâmica que não pode ser mantida dentro de padrões rígidos de comportamento. Esses padrões precisam ser mudados de tempos em tempos. Qual será a base dessa mudança? Uma mera conveniência ou uma visão idealista? Certamente deve ser a última. A sociedade deve ser reformada de tempos em tempos, e essa reforma deve ser a expressão de grandes e elevados ideais. Mas uma reforma tende a se tornar um mero trabalho de remendos se não houver por trás dela um espírito de revolução. É no estado de *vanaprastha* que planejamos reformas. Mas de onde vem a inspiração para as reformas? Da corrente contínua da mente? Se for assim, então as reformas serão muito hesitantes, contendo meros remendos. Se as reformas devem ser vitais e dinâmicas, então elas precisam buscar inspiração nos reinos além da esfera de continuidade da mente. É dos reinos da Descontinuidade que a inspiração por continuidade modificada é trazida. A continuidade modificada representa *Yuga Dharma* – a Lei da vida para um período particular. Mas se *Yuga Dharma* quiser ser real e vital deve refletir *Sanatana Dharma* – A Lei da Vida Eterna. É no reino da Descontinuidade que a Lei da Vida Eterna pode ser encontrada, pois é atemporal. O instrutor fala ao pupilo sobre a lei tradicional da vida, sobre *Yuga Dharma* e *Sanatana Dharma*. Essas três categorias das Leis da Vida são cobertas pelos três estados de consciência conhecidos como *grihastha, vanaprastha* e *sannyasa* – o chefe de família, o eremita e o asceta. O *vanaprastha* – aquele que chegou a esse estado – deve demonstrar os princípios fundamentais de *Yuga Dharma*. Mas ele só pode fazer isso efetivamente se ele trouxer inspiração de *sannyasa* – aquele estado de consciência em que a mente se torna não-mente. Se *Yuga Dharma* não refletir a visão de *Sanatana Dharma*, então a primeira é apenas uma mudança destituída de significado. Assim, o instrutor apresentou a seu pupilo uma abordagem completamente integrada do problema das relações humanas. É o indivíduo que é o nó do problema social. A sociedade é estática, somente o indivíduo pode ocasionar mudanças fundamentais. O instrutor do Upanixade *Taittiriya* está preocupado com a criação do Novo Indivíduo – um indivíduo integrado. É no *Bhrigu Valli* que encontramos a própria fonte da integração do homem, pois *sannyasa* é de fato um estado de integração. Aqui é feita uma referência ao pai que instrui seu filho no conhecimento superior. Bhrigu, o filho de Varuna, aproximou-se de seu pai e disse: "Venerável senhor, ensine-me sobre *Brahman*." O pai disse: "Alimento, respiração vital, mente – Aquilo é *Brahman*", mas acrescentou: "Aquilo de onde todas as coisas e seres nascem, aquilo pelo qual vivem e aquilo no qual são dissolvidos – Aquilo é *Brahman*". Em outras palavras, *Brahman* é declarado aqui como a fonte da Criação, da Preservação e da Dissolução. Não é preciso dizer que aqui o instrutor fala de *Brahman*, o manifesto, e também do imanifesto. É manifesto durante a Preservação, mas na Criação e Dissolução Ele é imanifesto. A Criação vem do Imanifesto e para o Imanifesto retorna. Mas Varuna diz a seu filho que esse *Brahman* deve ser compreendido, deve ser percebido diretamente. Ninguém pode comunicar o que é. Mas como realizar *Brahman*?

O caminho para a realização de *Brahman* que é indicado aqui é *Tapas*. Mas o que é realmente *Tapas*? *Brahman* deve ser compreendido através de austeridade? Deve ser compreendido através de mortificação? *Tapas* aqui significa um processo de negação. O fogo nega a escória e ao fim desse processo de negação o que permanece é ouro puro. Essa é realmente a prática de *tapas*. Como podemos conhecer o Ser, *Atman*? Somente através da negação do não-Ser. Como pode o Imperecível ser conhecido? Somente através da negação do Perecível. O homem conhece por sua própria experiência o que morre e se dissolve, o que não perdura. Se ele leva sua mente a focalizar isso e se torna extensivamente ciente daquilo que não perdura, aquilo que é o não-Ser, então, nesse percebimento, a percepção do Imperecível vem. Varuna dá a seu filho esse processo de negação. O pai diz ao filho que *Brahman* é Alimento, Respiração, Mente e Inteligência. Mas essa informação não tem utilidade, o filho precisa conhecer por si mesmo. O pai solicita-lhe que pratique *tapas* e descubra a real natureza de *Brahman*. O filho, através da negação e reflexão silenciosa, chega à compreensão de que *Brahman* é alimento e declara isso a seu pai. Mas o pai diz: "Pratique novamente *tapas*". O filho nega o alimento e declara ser *Brahman* a respiração vital. Reiteradamente o pai pede-lhe para passar pela reflexão e negação. E assim o filho diz de experiência própria que *Brahman* é Inteligência. Ele chegou a isso após negar o alimento, *Prana* e a mente. Mas o pai não permite que o filho se fixe nessa declaração. O filho precisa continuar o processo de negação ainda mais, e quando ele faz isso, ele grita com júbilo, dizendo que *Brahman* é Bem-aventurança. A experiência da Bem-aventurança é realmente um estado de êxtase. O filho diz que a "Criação surge da Bem-aventurança, é mantida pela Bem-aventurança e retorna para a Bem-aventurança".

O Upanixade *Taittiriya* diz: *Raso vai Sah* – *Brahman* é Bem-aventurança. É difícil traduzir a palavra *Rasa*. É deleite, mas não é somente deleite, é deleite que vem no momento de uma profunda experiência de Amor. A Bem-aventurança que surge do amor – isso é *Rasa* – e o Upanixade diz que isso é realmente a natureza de *Brahman*. Toda a criação é Seu deleite, mas é o Amor que mantém a Criação. É o transbordamento do amor. Existe enquanto perdura a experiência do Amor. É uma união sem qualquer indução. É uma união sem meta ou propósito. Pois pode haver uma meta ou um propósito no Amor? Como diz o poeta Rabindranath Tagore:

> *O amor é um mistério infindável,*
> *Pois nada além dele pode explicá-lo.*

Quando todas as explicações da mente se desvanecem, então percebemos o grande mistério do Amor. *Brahman* é realmente esse mistério infindável, pois nada é capaz de explicá-lo. O homem precisa percebê-Lo por si mesmo e transmiti-Lo a outros no júbilo e êxtase que ele carrega para o mundo do relacionamento humano. Quando o amor se aproxima, todos os problemas se desvanecem. Pois é verdade que o Amor conquista tudo.

Upanixade
Aitareya

VIII

A Descida do Espírito

Em toda a história humana não há nada tão emocionante quanto a marcha triunfal da ciência movendo-se de altura a altura, trazendo sob seu crescente controle tanto o homem quanto a natureza. Nessa marcha, vemos gigantes como Galileu e Newton, Darwin e Einstein. O longo avanço da ciência cobriu enormes distâncias. A ciência nos revelou as grandes maravilhas do Universo em expansão; ela também revelou o mistério desafiador do átomo. Na medida em que estudamos o desenvolvimento da ciência, ficamos perplexos pelo fato de que quando ela se defronta face a face com becos sem saída em sua jornada ascendente, aparece um gênio com *insight* científico que, através da descoberta surpreendente de novas leis e teorias, confere um novo rumo a sua marcha. Um desses pensamentos revolucionários surgiu na última metade do século dezenove através do grande gênio da ciência Charles Darwin. Seu livro *A Origem das Espécies* deve ser considerado como um dos maiores livros de todos os tempos. Através de sua doutrina da evolução, Charles Darwin fez da desordem de outrora nos acontecimentos da natureza um tema contextualizado – uma unidade indicando ordem e projeto na imensa diversidade da natureza e do homem. A doutrina da evolução deu um novo rumo ao pensamento científico e até hoje a ciência está descobrindo novas facetas desse princípio revolucionário da Evolução.

A idéia da evolução não era estranha ao pensamento religioso do mundo. Todas as grandes religiões têm suas Cosmogêneses. Essas tratam da criação e do crescimento do Universo. No Gênesis das escrituras cristãs, ou nas cosmogonias budistas e hinduístas, encontramos indicações da idéia de evolução, mas de uma forma quase ininteligível para o homem comum. Nas mitologias hindus, como descrito nos Puranas, encontramos histórias da criação e narrações dos períodos iniciais do homem e do Universo. Os Puranas contêm lendas e histórias da criação e da dissolução. Em *sarga, pratisarga, vamsha* e *manvantara,* que constituem as várias seções das narrações dos Puranas, encontramos descrições abrangentes do Universo, até mesmo de cosmografia. Mas essas estão em histórias e parábolas de modo que embora aqueles que as lêem encontrem grande divertimento, são incapazes de jantar um com o outro e criar uma história relacionada da Evolução. É no conceito dos *Avataras* hindus – as Encarnações Divinas – que vemos um esforço de apresentar uma estória relacionada da evolução.

A mitologia hindu fala de dez *Avataras,* dos quais oito parecem indicar grandes períodos da história evolucionária. Esses são descritos como Peixe, Tartaruga, Urso, Homem-Animal ou *Narasimha,* Anão, *Parashurama* ou o Gigante, *Rama* ou o Homem Perfeito e *Krishna,* o Homem Divino. A ciência moderna nos fala que a vida na terra deve ter aparecido primeiramente nas águas. Isso é indicado pelo Peixe. A seguir, vemos a Tartaruga, uma criatura tanto da água quanto da terra. Essa é seguida pelo Urso, um animal inteiramente da terra, incapaz de viver nas águas. E, a seguir, vemos a transição entre o homem e o animal na encarnação *Narasimha.* Então vem o primeiro homem – o anão. A história dá testemunho a esse fato. O próximo a aparecer é *Parashurama,* o homem gigante. Vemos então a estatura do homem como ele é na pessoa de *Rama.* Mas o homem é um ponto de encontro da evolução biológica e psicológica. Na encarnação de *Krishna* vemos o homem demonstrando características divinas. Aqui, em linhas gerais, vemos a história da evolução como foi descrita nos Puranas hindus. Isso mostra que os antigos videntes e sábios tinham percepções do grande princípio da evolução. Isso permanecia, contudo, em parábolas; coube à ciência moderna contar uma história detalhada da evolução desde os princípios da vida até a estatura atual do homem. Os Puranas surgiram bem mais tarde no desenvolvimento da civilização indiana. Os Upanixades os precederam por muitos séculos. E é nos Upanixades que encontramos as primeiras descrições da antiga cosmogonia. Em muitos Upanixades encontramos menções sobre a Criação, sobre os primórdios do Universo. Mas foi o instrutor do Upanixade *Aitareya* que enunciou em grande detalhe a história da criação e dos primórdios da vida sensível.

O Upanixade *Aitareya* deriva seu nome do instrutor Mahidasa Aitareya, o filho de Itara. Faz parte do *Aitareya Aranyaka* do *Rig* Veda. Um dos versos do Rig *Veda* que aparece no *Aitareya Aranyaka* do *Rig* Veda diz:

> *A verdade é a flor e o fruto da fala; ele irá tornar-se um mestre, um homem de renome, de excelente reputação, que fala a flor e o fruto da fala, a Verdade.*

Essa idéia está refletida na Invocação com a qual o Upanixade *Aitareya* inicia. Menciona uma harmonia perfeita entre a Mente e a Fala.

É com esse belo conteúdo que começa o ensinamento do Upanixade *Aitareya*. O Upanixade começa bem do começo, na sua história da Criação. Seu verso de abertura diz:

> *No começo o ser Único era tudo, nada mais piscava.*

Nem mesmo uma piscada no vasto espaço indiferenciado! Esse é um estado anterior à primeira vibração da manifestação despertante. Não havia nem mesmo uma vibração naquele Espaço Universal. Vale lembrar da descrição desse estado dada no manuscrito antigo, pré-histórico, conhecido como *Estâncias de Dzyan*[6]. Essas estâncias descrevem esse estado onde "nada pisca", com as seguintes palavras:

> *O tempo não existia, pois jazia adormecido no seio infinito da duração. A Mente Universal não existia, pois não havia seres celestiais para contê-la. Somente a escuridão enchia o Todo Ilimitado, pois o Pai, a Mãe e o Filho eram um, e o filho não havia ainda despertado para a nova roda e peregrinação.*

É interessante notar que nos livros arcaicos o Espaço é conhecido como Pai Eterno. O Espaço é o pai de toda criação, mas é Espaço Puro, Indiferenciado – é Espaço sem um objetivo, sem nem mesmo uma piscada ou uma vibração. Mas como surge a criação desse Espaço Puro onde Nada existe? O Upanixade *Aitareya* diz que o Espírito pairava sobre o Espaço e pensou: "Deixe-me criar os mundos". Mas quem criou o Espírito? O Espírito é *Svayambhu* – autocriado. Mas como Ele criou a Si mesmo? Qual foi o material do qual Ele criou a Si mesmo? A resposta para essa pergunta está no Próprio Espírito, e cada um deve descobrir por si a resposta Dele. A autocriação do Espírito é um mistério, o maior mistério em todo o Universo. Somente quando o que pergunta se fundir no Espírito, quando se tornar o

---

[6] As *Estâncias de Dzyan* são a estrutura sobre a qual foi escrita a obra *A Doutrina Secreta*, de Helena P. Blavatsky. (N. ed. bras.)

Espírito, é que poderá conhecer o segredo desse Grande Mistério. A mente do homem pode conhecer aquilo que tem um começo e um fim. Aquilo que não tem começo e não tem fim não pode ser conhecido pela mente. Isso pode ser conhecido somente quando a mente é transcendida, pois em tal transcendência o questionador, que é a mente, cessa de existir.

E no vasto Espaço destituído de tudo surgiram os primeiros movimentos da criação, quando o Espírito pairou sobre o Espaço. O pensamento do Espírito se tornou a criação. Mas por que o Espírito pairou sobre o Espaço, por que Ele pensou a criação? Provavelmente porque o Espírito não pôde deixar de criar. De sua imensurável Plenitude a criação surgiu natural e espontaneamente. A criação não surgiu porque o Espírito se sentiu só, mas porque a Plenitude encontrou sua expressão natural na criação. O Upanixade diz que no vasto espaço o Espírito criou o Campo. Ele demarcou as áreas naquele vasto espaço – Ele definiu os Campos nos quais Ele derramaria suas expressões. O Upanixade *Aitareya* diz:

> *O espírito criou quatro campos de influência ou* Lokas, *cujos nomes eram* Ambhas, Marici, Mara *e* Apah:

Estritamente falando foram três os *Lokas* criados, e o terceiro *Loka* preenchido com o espírito. Esse preenchimento do Terceiro *Loka* era essencial uma vez que precisavam ser criadas as condições necessárias para o surgimento da vida. Esse preenchimento do Terceiro *Loka* é *Apah*, e a própria palavra realmente significa preenchimento. Como era preenchido o Terceiro *Loka*? Era preenchido com água. Mas o que são os três *Lokas*? O Upanixade parece estar tratando com a extremidade inferior da criação, aquele estágio da criação onde a vida física veio à existência. Ele não tratou dos reinos sutis da criação, talvez porque uma descrição dos mesmos seria muito abstrusa e obscura. Na extremidade inferior da criação ele fala de três *Lokas: Ambhas, Marici* e *Mara. Ambhas* é o céu. É o mundo Celeste ou o mundo da mente. *Marici* significa luz e, portanto, o segundo mundo é o Astral ou o mundo Brilhante. *Mara* é o mundo físico – o mundo da velhice e da morte. Assim, o Upanixade diz que o Espírito criou os mundos Mental, Astral e Físico. Não são mundos no sentido estático, são realmente campos de influência. Na verdade, são nomes da matéria em três estágios diferentes. Quando a própria matéria física é considerada uma onda de probabilidade, essa descrição se torna muito mais aplicável aos estados astral e mental da matéria.

Mas a mera criação de *Lokas* ou Campos não teria sentido. Deve ocorrer a Povoação do Campo. Mas como podem surgir pessoas no campo a menos que haja condições apropriadas para sua emergência? Enquanto a terra permanecer uma massa de fogo em ebulição, nada pode surgir ali. Ela precisa resfriar. E o verso acima indica que o Espírito criou a água na terra – e os primeiros sinais de vida surgiram na água. O Upanixade fala do início da vida na Terra no seguinte verso:

O espírito pensou: "Aqui estão os mundos,
Agora vou criar os guardiões dos mundo".
Das águas ele arrancou uma pessoa e deu-lhe forma.

Vemos três fases na história da criação: a criação do Campo, a Preparação do Campo e o Povoamento do Campo. No verso anterior vimos a criação dos três campos e a preparação do campo com a emergência da água. Agora o Upanixade fala do povoamento do Campo. O verso acima diz que o processo de povoamento do campo começou nas águas. Isso está de acordo com o que a ciência moderna nos diz com relação aos primórdios da vida na terra. Ela acredita que a vida deve ter aparecido primeiro nas águas. O verso acima do Upanixade diz que o espírito arrancou uma pessoa das águas e deu-lhe uma forma. Aqui a pessoa não deve ser entendida como um ser humano. O verso diz que uma pessoa foi arrancada e então uma forma lhe foi dada. A pessoa aqui obviamente significa um impulso de vida. A vida senciente começou na água, e o espírito deu forma a essa vida senciente. Aqui o Upanixade estabelece um princípio fundamental da criação, qual seja, de que a vida precede a forma. Primeiro surgiram os movimentos da vida senciente, e a seguir foi dada uma forma a esse impulso de vida. Uma questão pode surgir: qual era a natureza do impulso de vida sem uma forma? Podemos fazer ainda outra pergunta: qual é a natureza do impulso de vida antes de surgir a forma biológica? Exatamente porque é invisível ao olho físico, não podemos duvidar de sua existência. Portanto, primeiro surgiram os movimentos do impulso da vida e a seguir foi criada uma forma. Mas o cenário da primeira aparição da forma sensível eram as Águas. Que a Pessoa no verso acima não indica uma forma humana fica claro no verso seguinte do Upanixade. Ele diz:

O espírito pairou sobre sua Forma. Através desse pairar surgiu
na Forma uma boca como se fosse um ovo.

Aqui o Upanixade parece referir-se ao nascimento do Ovo. No curso de vastos períodos da evolução vemos diferentes métodos de reprodução. O primeiro é através da Fissão e Brotação, como vemos em criaturas como a ameba. Uma parte do corpo se expande e a seguir ocorre uma fissão – a parte estendida separa-se do corpo-mãe e começa a viver sua própria vida. A seguir vem o nascimento por transpiração, o hermafrodita, o bissexual da história evolucionária. Do nascimento por transpiração surge o nascimento através do ovo – as criaturas pré-mamíferas. É com o surgimento dos mamíferos – e o homem também é um mamífero – que vemos o método de reprodução em que um filho é nutrido no útero e sai do útero. O Upanixade *Aitareya* não fornece a história completa da evolução em todos os detalhes. Ele começa a história com o nascimento do ovo. O verso acima diz que a forma sobre a qual o Espírito pairava explodiu como um ovo, e nesse surgimento apareceu a boca acompanhada de som. A seguir apareceram as duas narinas indicando o processo de respiração da criatura que havia sido criada. O verso dá uma descrição muito detalhada de como os vários órgãos do corpo apareceram. O verso diz que o surgimento do ovo ocorreu porque estava *abhitapha* – aquecido. O que isso significa? Como é feita a incubação de ovos pela galinha? Ela se coloca sobre um ovo e esse pairar transmite o calor de seu próprio corpo. O espírito, ao pairar sobre a forma, transmitiu-lhe calor, e o calor resultou no nascimento. Aqui por nascimento provavelmente o autor do Upanixade se refere à criação do reino dos pássaros, o surgimento do que é tradicionalmente conhecido como o reino angélico. As criaturas do reino angélico são comparáveis a pássaros, o Upanixade usou o símile do ovo no ato da criação. Os mamíferos ainda não surgiram na cena evolucionária. O Upanixade diz que esses "elementais estavam associados com a fome e a sede". Os elementais eram naturalmente imbuídos de desejos, pulsavam de energia e clamavam pela satisfação de seus desejos. O Upanixade *Aitareya* diz que eles:

Pediram uma morada para si de modo que pudessem nutrir-se.

O verso diz que eles pediram um *ayatana* – um lugar de repouso onde pudessem aplacar sua fome e sua sede. Esses elementais precisavam de campos de expressão. O espírito precisa fazer uma provisão para alimentar esses devas e elementais. O Upanixade diz:

O Espírito trouxe para eles uma vaca. Mas eles replicaram que isso não era suficiente. O Espírito então lhe trouxe um cavalo, mas, novamente, eles disseram que não era suficiente.

Aqui há uma clara referência à chegada dos mamíferos na cena evolucionária – é um movimento posterior, que vai do nascimento do ovo para o nascimento de um útero. Primeiro vem a vaca e depois o cavalo. Na história da evolução dada pela ciência, o cavalo é um exemplo perfeito que mostra todos os vários estágios do desenvolvimento mamífero. Na verdade, estudando o cavalo podemos perceber o movimento da natureza na criação de formas de mamíferos cada vez mais perfeitas. Mas os devas e os elementais dizem que isso não era suficiente. Suas energias não podem encontrar plena satisfação nas formas de mamíferos representadas pela vaca e pelo cavalo. O curso evolucionário precisa avançar ainda mais. Portanto, o Upanixade fala da chegada do Homem – o *homo sapiens*. A história da evolução descrita pela ciência nos diz que a vida apareceu primeiro nas águas. E, a seguir, após milhões de anos, surgiram criaturas parecidas com serpentes. Dessas criaturas surgiu uma linha bifurcada de evolução, uma movendo-se para a criação de pássaros e assemelhados, os que nasceram do ovo, e outra linha avançou para a criação dos mamíferos, as criaturas nascidas do útero. O instrutor upanixádico parece que estava ciente da ordem na qual essas criaturas surgiram, pois fala do nascimento do útero após o nascimento do ovo. E, mesmo entre os mamíferos, ele chega aos homens somente depois de mostrar o surgimento de criaturas como a vaca e o cavalo.

Vendo que os elementais não ficaram completamente satisfeitos com a vaca e o cavalo, o espírito criou o homem, o superior entre os mamíferos. O verso do Upanixade diz:

> *O espírito trouxe uma Pessoa para eles.*
> *Eles disseram: "Esse é realmente bem feito".*
> *O Espírito disse-lhes: "Agora entrem na Pessoa de acordo com suas funções distintas".*

Aqui o Espírito pede aos elementais para assumirem suas distintas moradas no corpo do Homem. Solicita-se aos elementais que ocupem seus lugares apropriados no organismo corporal do homem. Uma das características interessantes do desenvolvimento evolucionário é que ele se move do unicelular para o multicelular, do homogêneo para o heterogêneo e do simples para o complexo. Nesse movimento, algo notável acontece, que é a diferenciação e a especialização de funções. Na ameba não há diferenciação e, portanto, não há especialização de funções. Ela parece estar fazendo tudo com seu corpo todo. Ela até mesmo come com o corpo todo. Mas, na medida em que o curso da vida avança e surgem complexidades de estruturas cada vez maiores, a necessidade por especialização de funções é naturalmente sentida. O homem é uma criatura muito complexa em sua estrutura e suas funções. Essa complexidade de estrutura demanda uma grande especialização em seu aparato funcional. O Upanixade fala dos vários elementais entrando em seus lugares apropriados no organismo corporal do homem de modo a desempenhar suas respectivas funções. O Upanixade está fazendo uma referência à diferenciação e especialização funcionais quando ele se refere a Agni, que se torna a fala e entra na boca, e Vayu, que se torna a respiração e entra nas narinas. Encontramos uma descrição detalhada das várias funções ocupando seus respectivos lugares.

Mas então a Fome e a Sede gritam dizendo: "E nós, onde nós vamos?" O Upanixade afirma que o Espírito os consolou dizendo que eles iriam ocupar seus lugares dentro dos próprios elementais funcionais, eles não seriam separados de quaisquer das funções. Isso denota que se a fome e a sede estão presentes em todas as funções, então elas serão induzidas a agir. A fome e a sede representam os desejos que impelem o organismo funcional a agir. Sem o poder propulsor desses desejos o organismo corporal tenderia à preguiça e à indolência. E, portanto, muito sabiamente, o Espírito pede à Fome e à Sede para tomarem seus lugares em todas as agências funcionais do corpo.

Mas tendo criado o campo e as entidades para povoar o campo, a próxima tarefa diante do Espírito é encontrar comida para alimentar as entidades. O Upanixade diz que o espírito criou comida para alimentar as entidades. Mas surgiu uma situação interessante. Os diferentes sentidos, atiçados pela fome e pela sede, desejaram conseguir comida por meio de seus próprios poderes funcionais. A língua e o nariz, o olho, o ouvido, a pele e até a mente (sendo um dos sentidos) tentaram conseguir alimento, mas todos falharam. Se tivessem tido sucesso, então a visão do alimento e a audição da palavra alimento, o cheiro do alimento e a pronúncia da palavra "alimento" ou o pensamento sobre o alimento seriam meios para a satisfação. Mas certamente nenhum deles poderia mitigar a fome do homem. O homem permaneceria faminto mesmo que visse a comida ou ouvisse falar dela ou cheirasse e falasse a palavra "alimento", ou até se pensasse sobre comida. Nenhum dos sentidos pôde parar a fome. O alimento esquivou-se de seu domínio. Finalmente o alimento foi dominado por *Apana Vayu* – a respiração vital operando nas regiões inferiores. A função própria de *Apana Vayu* é manipular o alimento e cuidar para que ele se transforme em energia por causa da eliminação do resíduo. Nessa imagem do alimento que é pego pelos vários sentidos sem resultado, e de *Apana Vayu* que o mantém em seu controle, somos levados a compreender a diferenciação e a especialização das funções corporais. O olho precisa fazer sua devida tarefa, ele pode assumir as funções dos órgãos digestivos. Cada um precisa fazer seu devido trabalho, pois cada função tem seu próprio aparato especializado que pode fazer o trabalho que lhe é dado com eficiência, mas que não pode assumir as funções de outro. Aqui vemos o grande desenvolvimento que ocorre no despertar do progresso evolucionário, a saber, a especialização de funções. Isso se torna necessário devido à complexidade de estruturas.

Mas a diferenciação e a especialização por si mesmas não levariam aos caos e à desordem? Como as várias funções permaneceriam dentro de seus limites? Certamente com a especialização deve surgir a coordenação. Sem tal coordenação cada agência funcional faria o que lhe desse vontade. Poderia demandar mais para sua nutrição do que o devido. Já que cada agência funcionaria dentro do estreito campo de sua própria especialização, quem pensaria no corpo todo? Esse pensamento chegou ao espírito e ele decidiu entrar no corpo. A entrada do espírito no corpo após o desenvolvimento das agências especializadas significa claramente a necessidade de coordenação. O corpo humano funciona por causa da especialização e da coordenação. Mas como a coordenação veio à existência? O Upanixade diz que o Espírito pensou: "Por qual porta irei entrar no corpo – pelos pés ou pela cabeça?" O Espírito decidiu entrar pela cabeça. O Upanixade *Aitareya* diz:

> *Após abrir a extremidade da cabeça, fazendo-a de porta, Ele entrou no corpo. Essa é a porta que é chamada* vidriti *ou fenda. Essa é a entrada feliz.*

A entrada do Espírito no corpo pela cabeça tem muitos significados. Ela denota o papel do cérebro como fator coordenador em toda a esfera funcional do corpo. Os centros especializados do corpo funcionam como uma totalidade devido ao Cérebro. Sem esse fator coordenador as diferentes funções do corpo puxariam para diferentes direções. E, portanto, a presença do Espírito no Corpo é uma força unificadora, que dá ao organismo corporal coesão, harmonia e síntese. Mas a entrada do Espírito no Corpo tem também um significado mais profundo. O verso do Upanixidade diz que esse espírito que entra no corpo tem três moradas: os Olhos, a Garganta e o Coração. A morada dos olhos indica o Espírito visível, a morada da Garganta simboliza o Espírito invisível, somente ouvido mas não visto, mas a morada do Coração aponta para o fato de que o Espírito está além do visível e do invisível – o Intangível. Não pode ser visto, nem pode ser ouvido, apenas sentido. A entrada do Espírito pela cabeça não apenas aponta para a coordenação de funções no organismo corporal, mas também significa a existência do espírito na manifestação visível e Invisível. Porém, acima de tudo, indica o fato de que Ele é Imanifesto e como tal pode ser sentido apenas por aquele que possui sensibilidade para comungar com o Intangível. Com a entrada do espírito o homem se torna ciente de *Brahman,* o Manifesto. Com essa entrada o homem diz: "Eu vi isso". O verso do Upanixade diz que aquele que percebe isso é conhecido com *Idandra* – aquele que viu isso. Isso se refere ao espírito que é visto, *Brahman* que é visível. O visível é sempre visto indiretamente, pois há a dualidade do vidente e do que é visto. A entrada do Espírito no corpo é *Brahman* visível e o conhecimento dele é indireto.

Vimos anteriormente que a entrada do Espírito no corpo tem mais que um significado. Outra categoria de seu significado se torna clara quando nos voltamos para a segunda parte desse Upanixade. Aqui há uma referência a Vamadeva que se libertou das amarras do nascimento e da morte.

Aqui o Upanixade fala de três nascimentos do homem. Esses três nascimentos do homem referem-se à sua jornada do Manifesto para o Imanifesto, isto é, do visível, através do invisível, para o Intangível. No Upanixade, os três nascimentos são referidos como nascimento na Semente do Pai, no Útero da Mãe e no Corpo do Filho. Esses três constituem realmente os estados de consciência, que são: *Jagarita* ou despertar, *Svapna* ou o Sonho e *Sushupti* ou o Sono Profundo. O nascimento na semente do pai é o estado de Despertar, o nascimento no útero da mãe é o Estado de Sonho e o nascimento no corpo do filho é o estado de Sono Profundo. O estado de Sono Profundo é a condição de inocência, uma condição livre de toda corrupção. Se pudéssemos manter esse estado de criança, então nessa condição chegaríamos à compreensão de *Brahman,* o imanifesto. O Sono Profundo é uma condição de Sabedoria, de *Prajnana,* como declara o Upanixade. Desde que a real natureza de *Brahman* só pode ser conhecida nessa condição de Sabedoria, o Upanixade *Aitareya* faz esta famosa afirmação – um dos *Mahavakyas,* qual seja, *"Vijnanam Brahman", Brahman* é Sabedoria. O Upanixade fala da liberdade de Vamadeva. Isso é dito assim:

Rompi uma centena de jaulas de ferro em torno de mim, com a velocidade de um falcão.

A liberdade do espírito – a liberdade espiritual – não é um processo gradual. É uma experiência de rompimento com uma velocidade semelhante à de um pássaro que se move rapidamente. No estado de Sono Profundo essa experiência de liberdade vem súbita e instantaneamente. Nessa condição conhecemos a Imortalidade do Espírito, comungamos com o espírito que é Imanifesto e conhecemos o que se encontra além do nascimento e da morte. Vamadeva, tendo passado pela experiência de três nascimentos, a experiência dos três estados de consciência, sabe o que é a Imortalidade – sabe o que indica a Ausência de Morte. Na terceira e última seção desse Upanixade, a investigação sobre a natureza do Ser ou Espírito é levada adiante. O Upanixade faz a seguinte pergunta:

Quem é esse que adoramos como Espírito? É aquilo através do qual vemos, ou pelo qual ouvimos, ou pelo qual cheiramos, ou pelo qual falamos ou pelo qual sabemos o que é doce e o que não é doce? Qual dos dois é o Espírito – o que está sujeito ao nascimento e à morte ou o que é livre do nascimento e da morte?

Em todo o pensamento upanixádico há uma ênfase em dois aspectos de *Brahmam* – *Brahman* em Si e *Brahman* no Universo. *Brahman* em Si é *Brahman* sem atributos, é *Brahman* o Imanifesto. *Brahman* no Universo obviamente significa o que é manifesto. No verso acima os mesmos dois aspectos de *Brahman* foram mencionados. O Upanixade *Aitareya* enfatiza mais o *Brahman* manifesto do que o *Brahman* Imanifesto.

Vimos nos versos anteriores uma descrição do Espírito entrando no corpo. Essa é realmente uma indicação de *Brahman* manifestando-se no Universo. Esse Upanixade diz que *Brahman* ou Espírito entrou no corpo e ali permaneceu. E com a entrada do Espírito no corpo ocorreu uma coordenação de todas as funções corporais. Nos estudos científicos da evolução há pensadores que começam a aceitar dois principais fatores de Evolução, um é o fator que vem de baixo e o outro é o fator que vem de cima. Eles dizem que os fatores de baixo por si mesmos são incapazes de explicar todo o fenômeno da evolução. Há vários problemas evolucionários que permanecem inexplicáveis em termos dos fatores de baixo. Temos que levar em conta a chegada dos fatores de cima. Isso se torna tanto mais evidente quando testemunhamos um fenômeno como as mutações biológicas. Algum fator de cima ou do Desconhecido parece ser responsável por esses eventos misteriosos na história da evolução. Pois bem, a entrada do Espírito no corpo é realmente a chegada de um fator de cima, que dá um novo rumo à evolução. Esse fator de cima serve como um magneto de modo que diferentes partes no campo magnético permanecem naturalmente atraídas pelo magneto. Isso é exatamente o que acontece quando o Espírito entra no corpo, pois vemos que as funções diferentes e especializadas adotam um padrão de coordenação. Na evolução, enquanto a especialização denota fatores de baixo, a coordenação indica os fatores de cima. Quando os fatores de cima surgem, então a coordenação se torna quase sem esforço, há uma reunião natural das diversas funções especializadas. Isso é *Brahman* no Universo sobre o qual fala o Upanixade *Aitareya*.

Mas esse Upanixade não fala meramente da coordenação das funções físicas. Ele fala da coordenação da funções psicológicas também. A presença de *Brahman* ou Espírito no Universo serve como uma força unificadora. Tem influência magnética sobre todas as diferentes partes, seja no nível físico ou psicológico. O verso desse Upanixade diz que o Espírito não é somente Aquilo pelo qual vemos ou ouvimos ou tocamos ou cheiramos ou sentimos o gosto. *Brahamn* ou Espírito é também aquilo pelo qual a mente e o coração funcionam. No reino da psique humana também o espírito age como um magneto, propiciando uma coordenação das funções da mente. O seguinte verso do Upanixade *Aitareya* esclarece esse ponto. Ele diz:

> *O espírito também é coração e mente. É consciência, percepção, discernimento, inteligência, sabedoria, percepção intuitiva firmeza, pensamento, atenção, impulso, memória, concepção, propósito, vida, desejo e vontade.*

Aqui é dada uma descrição completa das funções da mente – o processo composto conhecido como pensamento-emoção. É pouco provável que a psicologia ocidental moderna tenha alcançado uma análise tão perfeita das funções da mente. A mente tem maior diversidade de funções do que o corpo. Essas funções não apenas mostram a diferenciação da mente em seu aspecto funcional mas também sua especialização. Para cada função da mente há um agente especializado capaz de realizar o trabalho específico. Essas funções podem ser agrupadas para formar um padrão inteligível. Podemos ver aqui cinco grupos funcionais da mente: concepção ou *Sankalpa*, Pensamento ou *Mati* e Atenção ou *Manisha;* Consciência ou *Sanjnana*, Percepção ou *Ajnana* e Discernimento ou *Vijnana;* firmeza ou *Dhriti*, Impulso ou *Juti* e memória ou *Smriti,* Propósito ou *Kratu,* Vida ou *Asu,* Desejo ou *Kama* e vontade ou *Vasha* – e finalmente Inteligência ou *Prajnana,* Sabedoria ou *Medha* e Percepção Intuitiva ou *Drishti*. Se examinamos esses cinco grupos, compreendemos que as funções da mente podem ser classificadas como Pensamento, Percebimento, Continuidade, Imaginação e Inteligência. A formação de conceitos e a construção de estruturas lógicas de pensamento constituem a primeira de suas funções. A segunda função denota um processo de seletividade pelo qual a mente discrimina entre o bom e o mau, entre o verdadeiro e o falso, entre o belo e o feio. Na terceira função vemos a continuidade da mente através da memória e do impulso ou instintos da mente. O pensamento dá um amplo material para a mente com o qual ela pode fazer uma seleção através do discernimento. Tendo selecionado, tendo considerado algo como bom e algo como mau, a mente deseja estabelecer uma continuidade que ela declara como desejável. Isso é feito naturalmente através da memória e do impulso ou instinto. Então vem a quarta função da mente, através da qual ela gera energia com ajuda da imaginação para a manutenção de uma continuidade que ela tenha declarado como boa, bela ou verdadeira. Busca-se gerar energia através do propósito, do desejo e da vontade ou imaginação. E o elemento final do funcionamento da mente é a Percepção Intuitiva ou Inteligência. A última é realmente o elemento de coordenação do funcionamento da mente. Se a mente aceita a orientação da Percepção Intuitiva, Inteligência ou Sabedoria, então seu pensamento é claro, sua seletividade ou discernimento é apropriado, seu campo de continuidade é livre de conflitos e tem uma imensa energia para tratar com eficácia com as situações da vida. Em outras palavras, a mente tem suas várias funções desempenhando seus deveres bem e verdadeiramente, se ela aceita a orientação da Inteligência ou Percepção Intuitiva. A Inteligência é o fator unificador da mente. O fator unificador do corpo é o cérebro, mas como o cérebro só pode funcionar como um instrumento da mente, é a mente que controla as funções do corpo. E, portanto, é a Inteligência que controla a mente e através da mente todas as funções corporais. Mas se a mente não assume a orientação da Inteligência, então há desintegração da mente e doenças no corpo. Assim *Brahman* no Universo é Inteligência ou *Prajnana*. O Upanixade *Aitareya* declara que "tudo são classificações da Inteligência ou *Prajanana*". O Upanixade resume todo seu ensinamento no seguinte verso conclusivo:

> *Ele é* Brahman, *ele é* Indra, *ele é* Prajapati, *ele é todos esses deuses; e os cinco elementos grosseiros, quais sejam, a terra, o ar, o*

espaço, a água, a luz, essas coisas e aquelas associadas com o que é bom, por assim dizer; origens de uma espécie e outra, aqueles nascidos de um ovo, e aqueles nascidos de um útero e aqueles nascidos da transpiração, e aqueles nascidos da brotação; cavalos, vacas, pessoas, elefantes, tudo que respira – que se move ou voa e também o que está parado.

Tudo isso é guiado pela Inteligência, é baseado na Inteligência. O mundo é guiado pela Inteligência. A base é a Inteligência, Brahman é Inteligência.

O Upanixade diz: "Tudo é guiado pela Inteligência". Mas então por que há esta tristeza e miséria no mundo? Porque embora a orientação da Inteligência esteja disponível, o homem recusa-se a ser guiado por Ela. E a recusa do homem ocorre por causa das características adquiridas da mente. O desejo da mente entra em conflito com o propósito para o qual a Inteligência direciona. A mente levanta uma espessa nuvem de poeira e por trás dessa nuvem a luz da inteligência permanece oculta. A poeira levantada pela mente deve sentar e a mente deve parar de levantar mais poeira, somente então é que a visão da Inteligência pode surgir para a orientação do homem. O processo de pensamento e avaliação da mente, sua continuidade e sua energia conduzem a uma frustração cada vez maior devido ao obscurecimento da luz da Inteligência. A mente fechou suas portas para a luz da Sabedoria. Quando o intelecto do homem é iluminado pela luz da Inteligência, então o homem vê *Brahman* no Universo. À luz dessa Visão, no êxtase dessa experiência, o homem descobre que nem o espaço nem o tempo é uma escravidão. Ele é de fato totalmente livre, pois nada pode jamais prendê-lo. Ao ver *Brahman* como Inteligência, ao perceber *Brahman* no Universo, o homem compreende sua liberdade intrínseca, não a liberdade no final da jornada da alma, mas a liberdade já no começo, pois se não há liberdade no começo, não pode haver liberdade no final.

Upanixade
Chandogya

IX

A Plenitude do Vazio

É preciso que se diga que a Universidade da Floresta, constituída pelos grandes Upanixades, cumpriu sua tarefa com grande eficiência. Ela se preocupava tanto com o aprofundamento da experiência do indivíduo quanto em transmitir habilidades e técnicas através das quais a base da expressão humana pudesse ser ampliada. Dedicava-se à tarefa da Experiência e também da Expressão. Seu interesse focalizava-se na Cultura e na Civilização. No Upanixade *Chandogya* vemos, talvez mais claramente do que em qualquer outro Upanixade, essa dupla natureza da Universidade da Floresta. O diálogo entre Narada e Sanatkumara que aparece no Upanixade *Chandogya* indica-nos muito claramente a tarefa que a Universidade da Floresta, constituída pelos grandes Upanixades, assumia. A estória é a seguinte:

Parece que Narada certa vez se aproximou do sábio Sanatkumara e pediu-lhe para mostrar-lhe o Caminho do Real Conhecimento, o Caminho da Sabedoria. O Upanixade diz que Sanatkumara dirigiu-se a Narada assim:

Deixe-me primeiro saber o que você já aprendeu. Poderei então ensinar-lhe o que estiver além disso.

Sanatkumara solicitou a Narada que trouxesse para seu foco mental tudo que havia aprendido, ele precisava primeiro ter clareza em relação ao que sabia. Assim, pediu para Narada ordenar e sistematizar sua própria mente de modo que pudesse mostrar claramente o que já sabia. O sábio Sanatkumara indica aqui o princípio fundamental da educação correta, isto é, de passar do Conhecido para o Desconhecido. Portanto, ele pediu para Narada dizer-lhe o que já sabia. Narada respondeu:

> *Senhor, eu já aprendi o Rig Veda, o Yajur Veda, o Sama Veda, o Atharva Veda, a história e as estórias tradicionais, cujo conjunto é chamado o quinto Veda, o método de **rememoração** e repetição dos Vedas, a técnica da cerimônia shraddha, gramática, filosofia, matemática, astronomia, astrologia, a ciência da profecia, prestidigitação, lógica, ética, música, a ciência da dança, poesia, a ciência dos animais, a ciência da guerra e muitos outros ramos do conhecimento.*

Tendo ouvido essa longa lista de temas que Narada aprendeu no decorrer de muitos anos de estudo, Sanatkumara disse:

> *Querido Narada, tudo que você aprendeu são meros nomes e verborragia, meras palavras. Com seu conhecimento atual você pode alcançar apenas o que as palavras podem alcançar, nada mais.*

Narada disse então a Sanatkumara:

> *O que é maior do que o nome e as palavras? Por favor, ensine-me.*

Esse realmente é o tema do Upanixade *Chandogya*. A lista de temas aprendidos por Narada é impressionante, quase desconcertante. Como uma pessoa pôde aprender todos esses temas variados que abrangem as ciências humanas e as ciências propriamente ditas? A lista indica claramente que na Índia antiga a educação era realmente integrada. Mas podemos observar algo mais nesses temas: a capacidade de aprender do estudante. O estudante devia saber como aprender e, por isso, seu aprendizado era rápido e preciso. O estudante obviamente era livre de todas as distrações externas, mas só isso não pode responder por tão rápido e eficaz aprendizado. O problema das distrações é tanto objetivo quanto subjetivo. Os *Gurukulas* situavam-se bem distantes do barulho e burburinho do mundo externo e, portanto, deviam oferecer um cenário livre de distrações objetivas. Mas e as distrações subjetivas, as que surgem de dentro?

É bem possível que os instrutores dos *Gurukulas*, como Pippalada do Upanixade *Prashna*, solicitassem aos estudantes para que ficassem um ano no *ashrama* do instrutor com o intuito de serem orientados quanto às exigências da educação intensiva. Talvez a mesma técnica empregada por Pippalada tenha sido usada por outros instrutores com o propósito de orientação. Esse deve ter sido o período pré-universitário para treinamento e aquisição de bagagem intelectual, bem como para orientação subjetiva, de modo que os anos de estudo propriamente dito pudessem transcorrer sem nenhum impedimento. A técnica usada por Pippalada era *Tapas, Brahmacharya e Shraddha*. Os Upanixades declaram: *Nayamatma balahinena labhyah* – o *Atman* não pode ser encontrado por aquele que é destituído de força e energia. A técnica de *Tapas* e *Brahmacharya* serve para a liberação e a conservação de energia, de modo a não vacilarmos quando a Fé ou *Shraddha* nos levar a encarar face-a-face o Desconhecido. É preciso grande força e energia para enfrentar o Desconhecido. As Universidades da Floresta preparavam seus estudantes para isso através de *tapas* e *brahmacharya*. A energia represada na estrutura do conhecido era liberada e conservada. Nessa condição nascia a Fé: a fé do forte, não do fraco. Com essa orientação o estudante capacitava-se a mergulhar nos estudos com tremenda energia física e mental. Não é de se admirar que o estudante podia aprender rapidamente e com eficácia.

Uma questão pode surgir: se Narada aprendeu tanto, por que estava se esforçando para aprender ainda mais? Ele não estava satisfeito com o que havia aprendido? Se não, por que não? Narada de fato não estava satisfeito com o que tinha aprendido. A Chama do Aprendizado não havia se extinguido, mesmo depois de ter completado seu treinamento no *Gurukula*. A beleza do sistema *Gurukula* estava no fato de que embora ensinasse muitos temas, não enviava seus estudantes para fora do *campus* como indivíduos auto-satisfeitos, que sentiam que tinham aprendido tudo que podia ser aprendido e que, portanto, seu aprendizado tinha chegado ao fim. O Sistema *Gurukula* enfatizava que o treinamento com o guru tinha terminado, mas o período de autotreinamento, de auto-educação tinha apenas começado. O estudante precisava dedicar-se à auto-educação depois de completar seus estudos no *Gurukula*. Ele havia se tornado proficiente em *apara vidya*, mas precisava agora embarcar na jornada que o levaria para a terra de *Para Vidya*. O estudante havia adquirido conhecimento, mas precisava agora viajar, sozinho e sem auxílio, ao longo do caminho da sabedoria, pois nenhum instrutor pode instilar sabedoria na mente do estudante. Essa poderia ser uma Escola de Conhecimento, mas certamente não um instituto de Sabedoria. Narada tinha adquirido conhecimento, mas não estava satisfeito. Sentia falta de algo em sua vida, e é isso que expressa quando se dirige a Sanatkumara assim:

> *Senhor, sinto que conheço apenas os mantras ou palavras externas, mas não conheço o* Atman, *ou a alma, o espírito das coisas. Ouvi de homens como o senhor que aquele que conhece* Atman *supera toda a tristeza. Senhor, estou cheio de tristeza, pesar e remorso.*

É para esse Narada, que chegou à compreensão de que o conhecimento adquirido por ele era inadequado, que Sanatkumara declarou que seu conhecimento era meras palavras, nada senão verborragia, uma coleção de nomes. Não é assim com todo o conhecimento adquirido pela mente? Se pedimos para a mente explicar uma palavra, ela coloca mais palavras diante de nós. Ela explica uma coisa com mais verbalização daquela mesma coisa. Solicitada a explicar o significado de um nome, ela desencadeia uma avalanche de mais nomes. O que Sanatkumara diz a Narada é: "Compreenda que a palavra não é a coisa, que a coisa não é idêntica ao nome que lhe é atribuído. A palavra Deus certamente não é Deus, a palavra Beleza não é Beleza, o nome dado à Verdade não é a Verdade. Podemos avançar mais além do conhecimento só após essa compreensão de que a palavra não é a coisa". As palavras de Snatkumara eram bastante destruidoras, mas Narada não ficou perturbado com o que ele disse, porque ele próprio tinha visto a inadequação do conhecimento. Portanto, para esse discípulo que estava pronto ele disse: compreenda que a Palavra e a Coisa são diferentes. A identificação da palavra e da coisa é feita pela mente. A palavra sobrepõe-se à coisa e, com isso, o homem começa a viver em um mundo de coisas projetadas, não em um mundo de coisas reais. Saber que estamos vivendo em um mundo projetado é destruir nossa própria morada, é ficar realmente sem casa. É uma experiência de Vazio. E o tema fundamental do Upanixade *Chandogya* é o desvelamento do mistério do Vazio, o mistério do Nada.

O Upanixade *Chandogya* pertence ao *Sama Veda*. É um dos Upanixades mais longos e discute o tema da Realidade a partir de diversos pontos de vista. Sua invocação é a mesma que encontramos no Upanixade *Kena*. Essa invocação fala da não-negação de *Brahman* pelo homem e da não-negação do homem por *Brahman*. Enquanto algo se interpõe entre o homem e *Brahman*, há uma negação. Esse algo é na verdade a imagem projetada pela mente; esse algo é a Palavra, o nome, a verbalização da mente. Se deve haver uma não-negação de *Brahman* pelo homem e do homem por *Brahman*, então os véus lançados pela verbalização da mente devem ser retirados para que possa existir uma percepção direta. É na negação da palavra e do nome, na negação de todo o processo de verbalização da mente, que o homem exper menta aquele estado supremo em que *Atman* descobre *Brahman* na própria cavidade de seu coração. A invocação roga por mais força e energia, pois como *Atman* pode ser encontrado sem que se conheça o segredo por meio do qual a energia nunca se esgote, ao contrário, aumente a cada instante?

O Upanixade *Chandogya* inicia com a narração das glórias da Palavra Sagrada, *OM*. Os Upanixades referem-se reiteradamente à Palavra Sagrada, porque ela é a mais pura simbologia de *Brahman*. É a manifestação mais sublime de *Brahman*. Enquanto outros aspectos da manifestação são como compostos, que surgem da combinação de várias coisas, a Palavra Sagrada *OM* é a mais simples e, entretanto, a mais elevada expressão de *Brahman*.

Assim como todos os grãos estão reunidos na espiga, todas as falas estão reunidas em *OM*.

O Upanixade *Chandogya*, sendo parte do *Sama* Veda, naturalmente aborda todo o tema de *Brahman* através da fala, ou mais exatamente, através do som. Nesse Upanixade, *OM* foi indicado como *Udgitha*, a palavra Sagrada que é cantada. Obviamente aqui há uma referência ao som articulado de *OM*, mas como o articulado tem sua raiz no inarticulado, o Upanixade trata tanto do manifesto quanto do imanifesto, indicando claramente que o manifesto deriva seu significado e sua importância do Imanifesto.

Essa compreensão é na verdade o elixir da vida, o *Amrita*, como diz o Upanixade. O Imanifesto no Manifesto é como o néctar que nutre o *vasu* ou as substâncias terrenas, *rudra* ou a vida vegetal, as forças da natureza representadas pelos *Adityas* e *Maruts* e, finalmente, o animal e o homem. O Upanixade diz que esse segredo, ou o elixir da vida, é realmente *Madhu Vidya*, o mais doce de todos os conhecimentos. Ele é comunicado pelo instrutor ao discípulo, pelo pai ao filho, mas tal comunicação é feita somente ao discípulo que merece, ao filho que está internamente pronto. O Upanixade diz:

> *Mesmo que um discípulo presenteasse seu instrutor com ricas terras à beira mar, esse não poderia lhe transmitir aquele segredo. Por isso Madhu Vidya é mais precioso do que toda a riqueza da terra. Ele pode ser comunicado somente ao discípulo que merece.*

Diz-se que há muito tempo atrás havia um rei chamado Janashruti que governava o reino de Mahavrisha. Ele tinha uma disposição muito caridosa e era conhecido por sua filantropia. Sua generosidade estava nos lábios de todos. Ele naturalmente se sentia orgulhoso do que tinha feito e pensava que tinha acumulado muitos méritos religiosos em razão de suas inúmeras caridades. Ele media seu mérito pela quantidade de dinheiro e presentes que distribuía. Certa noite, após o duro trabalho do dia, ele estava descansando no terraço de seu palácio. Naquele exato momento dois cisnes voaram apressados para uma merecida noite de descanso. Enquanto voavam, o cisne macho advertiu sua companheira dizendo: "Você não viu o feixe brilhante de luz que emana do Rei Janashruti? Não cruze esse feixe, pois ficará queimada. O rei lança essa luz por causa de suas inúmeras caridades". A fêmea riu e disse: "Por que você me ameaça? Somos peregrinos do céu. Além disso, qual é o mérito desse rei comparado ao de Raikva, o carroceiro?" O rei ouviu essa conversa e ficou inquieto. Decidiu procurar Raikva para descobrir o que o fizera dono de mais mérito que ele, a despeito de todas suas caridades. Depois de muita busca, Raikva, o carroceiro, foi encontrado em uma pequena aldeia. O Rei foi ao encontro desse pobre carroceiro em sua aldeia e levou consigo muitos presentes. Sua generosidade foi ainda mais pródiga nessa ocasião. Quando o grupo real chegou, Raikva ficou muito surpreso de ver o rei carregado com todos os tipos de presentes. O rei prestou homenagem ao carroceiro e pediu-lhe para aceitar os presentes que trouxera e também o instruiu no caminho da paz e da felicidade. Raikva, o carroceiro, disse ao rei:

> *Oh real amigo, por que desperdiçar essas coisas preciosas comigo? Tudo isso e uma centena de reinos não podem comprar conhecimento espiritual, o qual não é algo que pode ser trocado e comprado em um mercado. Essas quinquilharias não têm valor para mim.*

O rei sentiu-se muito ferido pelas palavras de Raikva e voltou para seu palácio muito desapontado. Mas Raikva lançou-lhe um encanto espiritual e, portanto, ele retornou ao carroceiro com humildade e súplica. Raikva viu que o rei estava agora pronto para receber instrução espiritual. Raikva disse ao Rei:

> *Vários são os deuses que o povo reverencia. O vento que sopra, o fogo que flameja, a força vital da respiração, tudo isso é reverenciado como deuses pelo homem. Mas o Espírito, em si mesmo incriado, criou tudo e a tudo sustenta. O Espírito nada come, isto é, ele não precisa de nada. Ele é auto-sustentado e auto-suficiente. Tudo pertence ao Espírito, todas as coisas não passam de instrumentos de sua vontade.*

O carroceiro pede ao rei para voltar-se para o Incriado, que tudo cria, pede-lhe para afastar-se da diversidade dos deuses e dirigir-se ao Único, sem segundo. Ele chama sua atenção para o *Brahman* em si, pois ao percebê-lo ele será capaz de perceber *Brahman* no Universo. Esse pobre mas iluminado carroceiro disse ao rei que aquele que está enraizado nessa compreensão comporta-se de maneira absolutamente diferente. Disse ao rei que se compreendesse o que ele estava dizendo então:

Volte, grande rei, para seu palácio. Doe, mas não com orgulho. Dê generosamente, mas não com egoísmo. Doe livremente, mas não com um olho na fama. Dê, não como algo que é seu, mas como algo que lhe é dado pelo Espírito para dar aos outros. Aquele que vê essa verdade se torna um vidente e para ele nada falta, ele se torna o desfrutador de todas as coisas.

O desfrutador de todas as coisas, esse é o estado daquele que alcançou a iluminação espiritual. Ele desfruta tudo que lhe é dado. O manifesto como instrumento do Imanifesto, esse é o grande ensinamento que Raikva dá ao rei Ele não lhe pede para abandonar seu palácio e seu reinado, ele não lhe pede para abandonar sua posição. Indica-lhe que tudo que ele possui são apenas símbolos. Que os símbolos não sejam considerados a substância. Enquanto considerarmos os símbolos como símbolos não há dificuldade, confundir o símbolo com a substância é que cria miséria, tristeza e remorso. A Palavra, o Nome, é apenas um símbolo. Saber que a Palavra não é a coisa, saber que o Nome é apenas um símbolo, é alcançar o grande segredo dos segredos: o segredo de ver o Imanifesto no manifesto, descobrir *Brahman* no *Atman*.

Nessa narrativa do rei e do carroceiro vemos o instrutor testando o discípulo. O discípulo que chegou com muitas posses realmente não é merecedor. Essas posses têm mais a ver com a mente do que com o corpo. Um discípulo que deixa todas as posses para trás e se aproxima do instrutor com total humildade realmente merece receber luz espiritual. O merecimento do discípulo é julgado pela condição de sua mente, não por padrões externos de comportamento. A prontidão do discípulo não depende do descartar-se das roupas normais e da vestimenta de insígnias reais. A vestimenta de insígnias reais é uma demonstração do rei que traz presentes generosos para impressionar o instrutor. A aproximação da vida espiritual deve ser simples. Mas, muitas vezes, a simplicidade também se torna matéria de exibicionismo e ostentação. A tendência de exibir alguma coisa, seja ela riqueza material ou as chamadas aquisições espirituais, é uma evidente desqualificação no caminho da verdadeira espiritualidade. A mente que exibe é uma mente superficial, não importa o que ela exibe. É a simplicidade da mente que dota uma pessoa de verdadeiro valor na vida espiritual. Mas enquanto uma pessoa pensar que é simples, ela estará distante da verdadeira simplicidade. Só a mente que é naturalmente simples, não simples através de um processo de cultivo, está pronta para receber a luz espiritual. No Upanixade *Chandogya* vemos o exemplo de uma mente verdadeiramente simples na pessoa da Satyakama Jabala.

Certa vez Satyakama foi até sua mãe e disse: Mãe, desejo entrar na vida de um estudante religioso: a que família pertenço? O Upanixade diz que a mãe respondeu assim:

> *Eu não sei, meu filho, a que família pertences. Em minha juventude eu era pobre e fui serva de muitos mestres e então nasceste tu: portanto não sei a que família pertences. Meu nome é Jabala e teu nome é Satyakama. Tu deves te chamar Satyakama Jabala.*

O menino foi então até o Mestre Haridrumata Gautama e disse: "Desejo me tornar um estudante da sabedoria sagrada. Posso ser seu discípulo, Mestre?" O Mestre perguntou qual era sua família. Satyakama disse ao instrutor o que sua mãe havia lhe dito. Não ocultou nenhum fato e disse: " Sou Satyakama Jabala". Depois de ouvir a história de Satyakama, o instrutor falou:

> *Tu és um Brâmane, pois não encobriste a verdade. Vai, portanto, e traze* samidha *ou fogo sacrificial e eu te iniciarei em* bramacharya. *Não te afastaste da verdade, mas aderiste a ela acontecesse o que acontecesse.*

Aqui vemos o instrutor upanixádico completamente livre das tradições e normas de respeitabilidade sociais. Tendo ouvido a história do menino, um instrutor comum o teria mandado embora dizendo que alguém nascido de uma mãe de caráter questionável não podia ser admitido no *ashrama* de um guru. Mas aqui estava um guru que era um *Brahmanishtha*; não era meramente ilustrado nas escrituras, era um homem de profunda realização espiritual. Ele devia ser realmente um homem muito corajoso. Esse incidente nos dá também uma visão das condições de liberdade que deviam prevalecer na sociedade indiana antiga. Pois a admissão de Satyakama no *Gurukula* mostra que não havia estigma de nascimento ou casta. Os instrutores dos Upanixades eram verdadeiramente universais em sua visão, completamente livres dos falsos padrões de respeitabilidade social. Mas aqui também havia um jovem totalmente simples e honesto, que não temia dizer a verdade. Buscando admissão, Satyakama podia ter mentido como fazem muitos em tais circunstâncias. Mas Satyakama tinha uma índole diferente. Também nos enchemos de grande respeito por sua mãe, pois ela podia ter ocultado o fato desagradável. Evidentemente ela teve força para dizer a verdade, e Satyakama também tinha esse caráter que o fez recusar desviar-se da verdade. Essa total veracidade por parte de Satyakama deve ter impressionado o instrutor, tanto que ele foi aceito imediatamente como discípulo e iniciado em *brahmacharya*.

Mas o instrutor de Satyakama era um chefe enérgico. Ele sabia que o menino era totalmente veraz, mas estaria ele maduro o suficiente para aprender as grandes verdades da vida? O instrutor precisava testá-lo antes de iniciá-lo nos segredos do conhecimento superior. Portanto, o instrutor deu-lhe uma tarefa. Pediu-lhe para cuidar de quatrocentas vacas magras e desnutridas. Ele disse-lhe:

> *Leve este rebanho de vacas para a floresta e não volte para o* ashrama *até elas terem se tornado um rebanho de mil cabeças.*

Assim, Satyakama foi para a floresta conduzindo as vacas magras e desnutridas. Aceitou graciosamente a tarefa de viver com as vacas e os touros bem longe do *ashrama*. A história diz que Satyakama passou seus dias alegremente na floresta, nunca, nem por um momento, deixando de lado o desejo de conhecer *Brahman,* de chegar à experiência da Realidade Última. Esse desejo de conhecer *Brahman* tornava tudo vivo de modo que a natureza se tornou sua instrutora. As árvores e as flores, o sol, a lua e as estrelas, os rios e riachos, a luz do dia e a escuridão da noite, tudo isso falava-lhe da natureza de *Brahman*. Ele sentia que tudo era *Brahman*. Ele ouvia *Brahman* no canto dos pássaros, ele sentia a presença de *Brahman* em todas as coisas ao seu redor. Compreendeu que o olho que vê e o ouvido que ouve fazem isso por causa de *Brahman*. Percebeu que a vida pulsante em torno dele, assim como a mente que formula inúmeras questões, são apenas aspectos de *Brahman*. Satyakama tomou conta das vacas e dos touros, mas durante esse trabalho aparentemente mundano, ele comungou com a natureza e nessa comunhão compreendeu aquilo que o enchia de alegria indescritível. Quando o rebanho de gado aumentou de quatrocentas cabeças para mil, ele voltou para o *ashrama*. Chegando ao *ashrama,* foi até o instrutor e postou-se diante dele. O instrutor o recebeu com alegria, mas ficou maravilhado ao ver o rosto de Satyakama. Ele disse:

> *Caro jovem, pareces alguém que conheceu* Brahman. *Quem foi que te ensinou? Como é que outro agente que não um ser humano te ensinou esse conhecimento? Pois ninguém estava contigo naquela região erma exceto esse gado mudo e o monótono burburinho da floresta.*

Se o homem é suficientemente sensível pode aprender da natureza as verdades mais elevadas da vida; essa é a experiência da qual Satyakama dá testemunho. Mas as portas da natureza se abrem apenas para a mente e o coração que são totalmente simples, revelando os segredos da vida oculta em seu seio. O instrutor compreendeu que Satyakama era realmente um discípulo digno, suas portas da percepção estavam escancaradas, sua mente era sensível, seus sentidos atentos às belezas sutis da natureza. Compreendeu que a casa de Satyakama estava aberta para a Verdade entrar. O Upanixade diz que o instrutor transmitiu a Satyakama o conhecimento superior, pois onde ele poderia encontrar um discípulo tão honesto, tão sincero, tão digno quanto Satyakama?

Os dois exemplos de Janashruti e Satyakama revelam-nos que o fato do discípulo estar pronto era um fator ao qual os instrutores upanixádicos davam grande importância. O conhecimento esotérico não era mantido oculto porque era algo reservado a alguns instrutores, ele permanecia esotérico porque havia poucos discípulos com a maturidade e a sensibilidade de Janashruti e Satyakama. Mas quando tais discípulos apareciam, os instrutores de outrora abriam todo o tesouro diante deles. Nas escolas de mistério dos Upanixades, o conhecimento esotérico está aberto para todos, mas somente aquele que é sensível de coração e maduro de mente pode entender seu significado. Aqueles que entendiam o significado partiam para o grande mundo como pessoas verdadeiramente inspiradas, imbuídas com o elixir da vida.

Diz-se que Satyakama tornou-se um grande instrutor e teve muitos discípulos. Ele enviou para o mundo discípulo após discípulo depois de completarem seus estudos, mas havia um estudante chamado Upakosala

Kamalayana que ele não deixava sair, sua cerimônia de graduação era adiada ano após ano. Conquanto fosse um estudante muito brilhante, era mantido no *ashrama* sem graduação. A esposa do instrutor rogou que seu marido realizasse a cerimônia de graduação de Upakosala, mas Satyakama não concordava com isso. Ele partiu para um trabalho importante ausentando-se do *ashrama*. Upakosala então parou de comer qualquer alimento. A esposa do instrutor perguntou-lhe por que ele estava fazendo jejum. Upakosala responceu que havia uma doença em seu corpo. Solicitado a explicar a natureza de sua doença, disse que ele não estava livre do desejo de conhecer e de alcançar. Pode haver maior doença do que esse desejo? O homem chega à compreensão de *Brahman* somente quando está livre até mesmo do desejo de conhecer *Brahman*. Enquanto tal desejo perdurar, esse próprio desejo se torna um impedimento para chegar à realização de *Brahman*. Ele provavelmente sentiu que seu guru não o declarava graduado porque ele ainda estava cheio desse desejo, ele era versado nos Vedas e nos vários ramos dos Vedas, mas não havia chegado à compreensão de *Brahman*. Qual era a utilidade do mero conhecimento sem realização? O jejum simbolizava a perfeição desse desejo, que era um obstáculo à experiência direta de *Brahman*.

A história conta que, vendo o jovem jejuar, os Senhores do Fogo decidiram iniciá-lo nos mistérios de *Brahman*. Disseram: *Brahman* é vida, *Brahman* é Alegria e *Brahman* é o Vazio. Upakosala disse que conheceu *Brahman* como Vida. Mas como *Brahman* podia ser considerado como Alegria e como Vazio? É muito significativo que o Upanixade coloque a Alegria e o Vazio juntos. Isso indica que a experiência de Alegria surge somente no Vazio. A vida parece a muitos totalmente sem alegria porque eles não chegaram à experiência do Vazio. Sem Vazio podemos conhecer os prazeres da vida, mas o prazer é o pai da dor. A Alegria surge somente no Vazio. O Vazio é na verdade a negação de tudo que a mente acumulou. As acumulações da mente nos mantêm acorrentados ao prazer e à dor. Quando a mente está completamente livre de todas suas posses e acumulações, então, nessa mente nasce a alegria. Não é possível buscar a alegria, ela vem quando a consciência humana se encontra frente a frente com o Vazio, com aquele Nada Absoluto no qual tudo que a vida acumulou é negado. Que maior alegria do que o encontro do Devoto com o Bem-amado? Mas tal encontro somente é possível no Vazio. O Devoto e o Bem-amado podem se encontrar na Noite do Nada e unir-se um ao outro. É nesse Vazio que *Brahman* é percebido, e essa percepção é a maior alegria da vida. Quando cessam todos os conceitos e as ideações de *Brahman,* então, nesse Vazio se

207

revela a própria natureza de *Brahman*. Upakosala deve chegar a essa experiência do Vazio se quiser ser um *Brahmanishtha*, e não meramente alguém que conhece os Vedas. Sem esse Vazio, a erudição é mero conhecimento; no Vazio a erudição se torna percepção direta. A história diz que nessa altura Satyakama Jabala retornou de sua viagem. Vendo o rosto de seu discípulo Upakosala, ficou intensamente feliz. Disse que embora os Senhores do Fogo lhe houvessem dado a compreensão intelectual do Grande Vazio, ele próprio mostraria o caminho para essa Suprema Bem-aventurança. Satyakama encontrou o discípulo pronto, livre até mesmo do desejo de conhecer e encontrar. Tendo chegado ao Vazio interior, ele foi iniciado nos mistérios do Grande Vazio Exterior. No grande livro budista *A Voz do Silêncio*, a autora Helena Blavatsky instrui o discípulo assim:

Tu deves estudar o vazio do que é aparentemente cheio e a plenitude do aparente Vazio.

Upakosala chegou à compreensão do vazio do que é aparentemente cheio. Ele agora precisa chegar à compreensão da Plenitude do que é aparentemente Vazio. É nesse Vazio da mente que surge a experiência da Plenitude. Ao dar instruções adicionais, Satyakama fala a seu discípulo sobre a Comunhão e a Comunicação. A Comunhão exige um estado particular de mente; a Comunicação requer eficácia do discurso. Para haver comunhão e também para haver comunicação faz-se necessário um processo de purificação. Ele se refere a Vayu e diz que Vayu é o grande purificador. O instrutor diz que ele purifica porque está sempre se movimentando. É o próprio movimento que purifica. A mente é purificada por seu próprio movimento. Mas então uma mente inquieta não deveria ser considerada muito pura? Uma mente inquieta não está em movimento, ela apenas gira em torno de certos pontos fixos da mente. Uma mente que se move em torno de suas próprias conclusões ou ideações está presa em uma piscina estagnada. Suas águas não fluem, ela se move em uma área circunscrita. Uma mente inquieta é como uma piscina estagnada. Ela tem agitação, mas não tem movimento. Ela está compromissada com certas conclusões e ideações. Apenas uma mente completamente livre de todos compromissos conhece o que é movimento, e é esse movimento que a mantém pura e imaculada. O discurso que emana de tal mente não só é puro, mas é potente. Sua comunicação tem uma força e uma intensidade que não podem ser encontradas quando a mente é impura, quando ela conhece apenas agitação e não movimento. É a mente não apenas incorrupta, mas incorruptível, que chega a estar frente a frente com o Vazio ou Desconhecido. Pois enquanto a mente está envolvida no processo de projeção, ela estará inquieta. São essas projeções que corrompem a mente. A mente na qual o processo de negação está presente é uma mente pura e permanece pura por causa desse movimento de negação. O processo de projeção torna a mente impura; o processo de negação torna-a pura e incorruptível. O movimento de negação leva a mente constantemente à experiência do Vazio. Essa experiência pode ser constante mas não contínua, pois uma negação contínua não é negação alguma. Na verdade, um movimento de negação é uma contradição, um paradoxo. Um movimento de negação é um movimento puro, pois não é um movimento de alguma coisa. Se alguma coisa se movesse então seria um movimento induzido por uma conclusão. O processo de negação não permite que coisa alguma exista no movimento e, portanto, é um movimento onde nada se move.

Não é um movimento de algo, é realmente um movimento de Nada. É interessante observar aqui o que Robert Lissen, o autor de *Living Zen,* diz:

> *O movimento puro não é um movimento de alguma coisa. Pois no movimento puro todas as dualidades e distinções desapareceram. Somente o movimento puro no observador pode reconhecer o movimento puro no objeto observado. Nessa perspectiva paradoxal o observador, o observado e a observação estão integrados na realidade sempre presente do movimento puro que é Impensável de momento a momento.*

Esse Movimento Puro pode ser descrito como Pensar sem Pensamento. Se o pensamento entra no movimento, esse se torna impuro, pois então há algo que está se movendo. Geralmente nosso pensar ocorre de pensamento em pensamento e, portanto, é um movimento impuro, como as agitações de uma piscina estagnada. A experiência sem acúmulo é realmente o estado de experimentar. As verbalizações da mente, que surgem de seu processo de pensamento, é que tornam todo o experimentar impuro e corrupto. Pois a verbalização busca dar continuidade a uma experiência. Dar continuidade a alguma coisa é confiná-la dentro dos limites estabelecidos pela mente. Não é a mente que precisa ser destruída, é a continuidade da mente que precisa ser eliminada. E quando a continuidade da mente acabou, o homem encara o Vazio, o Grande Desconhecido. É para o significado do Vazio que o Upanixade *Chandogya* se volta, quando relata a história de Uddalaka e seu filho Shvetaketu.

Quando Svetaketu tinha doze anos de idade, seu pai pediu-lhe para estudar no *ashrama* de um guru. O filho foi para um *Gurukula* e ali permaneceu até os vinte anos de idade. Então o pai recebeu-o calorosamente e apreciou enormemente o que ele aprendeu aos pés do Mestre. O pai disse-lhe: "Svetaketu, estou contente que tenhas aprendido todas essas ciências e artes, mas recebeste aquela instrução?"

>....*Através da qual aquilo que não é ouvido passa a ser ouvido, o que não é pensado torna-se objeto de pensamento, o que não é conhecido torna-se conhecido?*

Shvetaketu disse a seu pai: "Oh venerável senhor, como pode haver tal instrução?"

A questão de Shvetaketu é realmente muito pertinente, pois que conhecimento é esse que ao conhecê-lo aquilo que não é ouvido pode ser ouvido e aquilo que não é conhecido pode ser conhecido? Existe algum conhecimento que revela os segredos de todo o conhecimento? O pai diz ao filho que se alguém pudesse conhecer a substância original, então suas modificações, embora numerosas, poderiam ser imediatamente conhecidas. Não é necessário examinar cada modificação separadamente para descobrir de que substância é feita. A substância é o terreno em que surgem as modificações e, portanto, ao conhecer o terreno, as variações podem ser facilmente compreendidas. O pai diz ao filho:

>*Meu querido Shvetaketu, quando conhecemos um pedaço de barro, tudo que é de lama se torna conhecido. A mudança é apenas de nome, resultado da fala, pois na verdade tudo aquilo é barro.*
>
>*Quando conhecemos um grão de ouro, tudo que é ouro se torna conhecido. A mudança é apenas de nome, resultado da fala, pois na verdade tudo é ouro.*

O pai está instruindo o filho sobre o conhecimento do Original e suas modificações. Ele diz que todas as modificações são apenas de nome, são somente verbalizações, resultado da fala. Mas às vezes o nome se torna tão importante que a substância original é completamente esquecida. Quando o homem é preso na rede das verbalizações, ignora a própria substância. Há uma identificação com o nome e, portanto, o original é perdido, mais que isso, às vezes, sua própria existência é negada. Nos *Yoga Sutras* de Patanjali[7] descreve-se isso como *Asmita* ou falsa identificação, que surge por causa de *Avidya* ou ignorância. Quando há ignorância sobre a natureza original das coisas, o homem cai no processo da falsa identificação, se torna escravo do nome, do produto verbalizado. Não é preciso dizer que sem conhecer a natureza original das coisas, o mero nome não tem significado. Os Muitos surgem do Único, são modificações do Único. Sem conhecer o Único, como podemos compreender o significado dos Muitos? Quando cessam todas as modificações causadas pelas verbalizações, apenas o Único permanece, o Único sem segundo, o Único sem qualquer nome. Quando todos os nomes são retirados, o que permanece é o Ser Inominado; a Origem e Fonte de todas as coisas. O pai diz a Shvetaketu:

> *Meu querido, os rios do leste fluem para a direção do leste, os do oeste, para a direção do oeste. Eles surgem do oceano e para o oceano retornam. Assim como tudo é absorvido no oceano e os rios não têm o sentimento de "Eu sou isto" ou "Eu sou aquilo", do mesmo modo, meu querido, todos esses seres surgem de* Sat, *mas não sabem de onde surgiram.*

Os rios são de fato modificações do oceano. O oceano é a fonte, a origem, de onde os rios surgem e onde os rios se fundem. Em muitas religiões existe a prática de repetir os nomes de Deus. No Hinduísmo os devotos repetem os mil nomes de Vishnu. Mas qual é a utilidade de repetir mil nomes se o Original não é compreendido? Os nomes são meras modificações, verbalizações da mente e da fala. Quando as modificações são vistas sem a experiência do único ou Original, criam divisões e conflito. Percebemos na história das religiões como os homens lutam para defender o Nome de Deus. Quando o nome é reiteradamente repetido, toma o lugar do original. Então a palavra é confundida com a coisa, o nome é identificado com a pessoa, o símbolo toma o lugar da substância. Mas se o original não tem um nome, então como Ele pode ser identificado? Como podemos conhecer uma coisa sem seu nome? É possível conhecer o Original sem suas modificações?

---

[7] Comentários aos *Yoga Sutras* de Patanjali encontram-se no livro *A Ciência do Yoga,* de I.K. Taimni, Ed. Teosófica. (N. ed. bras.)

Aqui o Upanixade *Chandogya* discute um tópico muito interessante: o Ser e o Não-Ser. O estado original deve ser conhecido como Ser ou como Não-Ser? As modificações surgem do Ser ou do Não-Ser? O pai diz a Shvetaketu:

> *No começo, meu querido, este mundo era somente Ser (Sat), somente o Único, sem segundo. Algumas pessoas dizem: "No começo esse mundo era somente Não-Ser (Asat), somente o Único, sem segundo, o Ser foi produzido desse Não-Ser".*
> *Por que razão seria assim, meu querido? Como o Não-Ser poderia ter produzido o Ser? Ao contrário, no começo esse mundo era apenas Ser, somente o Único, sem segundo.*

É do Ser que o Não-Ser vem à existência. Assim, a manifestação é o Não-Ser, o Imanifesto é o Ser. O manifesto constitui todas as modificações, as variações, os nomes e as verbalizações, o que, de acordo com o texto acima, é o Não-Ser. O surgimento dos Muitos traz realmente o conjunto das modificações do Uno. As modificações representam assim o Não-Ser. Mas o Não-Ser é a negação do Ser? Como pode ocorrer isso? A própria experiência do Não-Ser repousa no Ser. Sem o Ser o Não-Ser de modo algum teria existência. O Ser e o Não-Ser são opostos? Certamente isso é inconcebível, pois o Ser não pode ter oposto. Qual é então o relacionamento entre o Ser e o Não-Ser? É o relacionamento do Todo e da Parte. A Parte não é o Todo e, contudo, não está separada do Todo. A Parte não teria existência sem o Todo. O Ser e o Não-Ser do verso acima podem ser reafirmados como o Ser-sem-atributos e o Ser-com-atributos. As modificações do Ser são os atributos. Nomeação ou verbalização é conferir atributos ao Ser sem atributos. Mas como o Não-Ser existe no Terreno do Ser, ele deve conter, de uma maneira imperceptível, de uma maneira intangível, a própria essência do Ser. É isso que dá harmonia e coesão aos vários atributos, que de outro modo se espalhariam em diferentes direções. O Não-Ser ou o Ser-com-atributos têm sua sustentação no Ser-sem-atributos. Esse último é a própria alma de toda a manifestação, de todos os atributos, de todas as modificações. Sem a alma, o corpo se desvaneceria, cessaria de existir. Mas a alma das coisas é sempre imperceptível e intangível. Assim é realmente o Ser do Universo, o Ser de tudo que vive e se move. O pai diz a Shvetaketu:

> *Esse Ser verdadeiro, essa fonte sutil do mundo é a alma de tudo. Essa é a Verdade, esse é o Ser, Tu és Isso, Oh Shvetaketu.*

Aqui encontramos uma das mais famosas declarações upanixádicas, um dos maiores *mahavakyas* – *Tattvamasi*, Tu és Aquilo. O Ser Puro, a fonte sutil do mundo, Aquilo de fato é *Brahman*, e Aquilo na verdade é *Atman*. O pai diz a Shvetaketu: tu és Aquilo. O homem é na verdade o ser intangível, não o tangível, que mostra modificações e suas flutuações. Mas, uma vez mais, o intangível não está distante do tangível. É a fonte sutil do tangível, é a alma que informa e inspira todas as coisas. A alma das coisas não é invisível, é Intangível. Ela está lá como Repouso Infinito no meio do Movimento Infinito. Mas Shvetaketu pediu a seu pai para iluminar-lhe mais sobre esta questão do *algo* intangível sendo a alma de todas as coisas. Ele quer saber precisamente o que é esse *algo* intangível. Shvetaketu compreende que ao conhecer esse *algo* intangível tudo o mais pode ser conhecido, pois Ele é a fonte sutil de todas as coisas.

O pai, a fim de instruir o filho, pede-lhe para trazer uma fruta da figueira-da-Índia ali perto. Shvetaketu traz uma das frutas que estava caída no chão. O Pai pede-lhe para cortá-la em dois pedaços. Ele então pergunta: "Shvetaketu, o que você encontra cortando a fruta em dois pedaços?" Shvetaketu respondeu que vê inúmeras sementinhas. O pai diz: "Pegue uma dessas sementes e quebre-a." Shvetaketu faz o que lhe pede o pai. Quando ele quebra uma das sementinhas, o pai pergunta ao filho: "Svetaketu, o que você encontra cortando essa sementinha em duas?" Shvetaketu responde: "Não há absolutamente Nada ali, senhor. Nada vejo, venerável senhor". O pai diz ao filho:

> *Meu filho, disso que tu chamas nada, surge essa figueita. Acredite-me, filho meu, o Espírito de todo o Universo é uma essência sutil e intangível. Aquilo é Realidade, isso é* Atman. *Aquilo és tu.*

O Upanixade *Chandogya* fala aqui do nada como a fonte de todas as coisas, e da não-existência como a fonte de toda a existência. Como pode ser? Numa parte anterior dessa seção o pai havia dito: "Como o Não-Ser pode ser a fonte de todas as coisas, como o nada pode dar nascimento a todas as coisas?" E, contudo, aqui ele leva Shvetaketu àquele mesmo ponto onde indica que é do nada que surgem todas as coisas. Não há contradição entre as duas adorações?

Há e não há. Afirmamos acima que o Ser e o Não-Ser deveriam ser descritos como o Ser-sem-atributos e o Ser-com-atributos. Ora, o Ser-com-atributos no verdadeiro sentido é Nada, pois Ele é indefinível e indescritível.

Isso deve significar *nada* para a mente humana. Certamente, a mente não pode compreender algo que resiste à descrição e à definição. Aquilo que é indefinível não pode nem mesmo ser identificado. Falar de existência sem identificação parece algo sem sentido para a mente. Como alguém pode falar de existência onde nem mesmo a identificação é possível? A mente do homem precisa declarar que isso é verdadeiramente nada. Ora, o Ser-sem-atributos é algo indefinível, algo não-definível. Certamente, tal Ser pode muito bem ser visto pela mente humana como o Nada ou a Não-existência. Na pequena semente da fruta da figueira não havia nada e, contudo, aquele nada era a fonte da enorme árvore. A existência surge da Não-existência, esse é o surpreendente ensinamento do Upanixade *Chandogya*.

Mas Shvetaketu não está satisfeito com essa instrução. Ele deseja saber como podemos chegar à experiência do Nada e vê-lo como a fonte de todas as coisas. Seu intelecto é incapaz de captar esse ponto, pois como pode o Nada, como pode o Vazio ser a fonte de toda a criação? Ele é realmente um Vazio ou é um vazio apenas para a visão da mente? O Vazio da mente pode conter toda a Plenitude do Espírito? Como descobrir isso, já que esse parece ser o segredo dos segredos? A pequena semente, quando quebrada, revela o completo nada, mas certamente deve haver alguma coisa naquele nada, porque de outro modo, como pode a grande figueira vir à existência? Algumas questões intrigaram a mente desse jovem discípulo. Portanto, ele pede ao pai para instruí-lo mais sobre o grande Segredo do Vazio, sobre o mistério que reside no Nada.

O Upanixade *Chandogya* aqui nos conduz a um dos mais profundos ensinamentos da grande visão upanixádica. Ele diz que não podemos compreender a Plenitude do Vazio a menos que conheçamos o Vazio da Plenitude. O mundo que vemos com nossos olhos e tocamos com nossas mãos é de fato um mundo de plenitude. Vemos o Universo rico em cor e variedade. Ficamos espantados pelos inúmeros atributos que vemos nos homens e nas coisas. Mas a questão é: quais são esses atributos? Essa questão realmente nos leva a uma interessante investigação sobre a psicologia da percepção. O Dr. Kahn, um notável fisiologista alemão, diz:

> *A visão não é um processo físico como a fotografia, mas antes uma experiência psicológica. Não são os olhos que vêem. Normalmente acreditamos que vemos, mas na verdade formamos julgamentos. A imagem na retina tem a mesma relação com a visão que um livro com seu leitor. Assim como duas pessoas quando lêem a mesma*

coisa nunca têm os mesmos pensamentos enquanto estão lendo, do mesmo modo seu olhar pode incidir sobre o mesmo objeto, mas cada uma vê algo diferente.

Assim, vivemos em nosso próprio mundo particular e os atributos sobre os quais falamos são também desse mundo particular. Em outras palavras, percebemos aquilo que projetamos. A mente do homem conferiu ao mundo um pleno esboço de seu vasto depósito. Um pensador moderno, C. E. M. Joad diz:

> *O que percebemos realmente quando acreditamos que estamos contatando o mundo externo não são coisas fora de nós, mas coisas que acontecem em nossos próprios corpos e cérebros.*

Se isso é verdadeiro, então nossa percepção do mundo externo é uma projeção de nosso estado interno. É o estado interno que determina o caráter e os atributos do mundo no qual vivemos. Por estranho que possa parecer, os atributos não estão fora mas dentro de nós. Portanto, a Plenitude do mundo é somente uma sobreposição de nossa mente. O professor A. N. Whitehead faz uma afirmação surpreendente quando diz:

> *A natureza recebe créditos que deveriam na verdade ser reservados a nós, a rosa por seu perfume, o rouxinol por seu canto e o sol por sua radiância.*

O mundo de atributos está repleto de plenitude, mas de onde vem essa plenitude? Obviamente da mente do homem. Não sabemos o que o mundo em si é. Vemos somente um mundo sobreposto. Nosso mundo é somente nossa imagem do mundo. Por estranho que pareça, vivemos em um mundo de imagens: saber isso e estar ciente disso é compreender o total Vazio da Plenitude. Aquilo que chamamos Plenitude não é Plenitude alguma, é total vazio. Não é a plenitude intrínseca das coisas, é somente uma plenitude projetada. E como pode a plenitude projetada ser chamada de plenitude? Compreender que vivemos em um mundo de plenitude projetada é encarar a espantosa verdade de que nossa plenitude nada é senão vazio. Esse é realmente o Vazio da Plenitude Aparente. Quando vemos o Vazio da Plenitude, então somos capazes de ver a Plenitude do Vazio. Quando cessa todo o processo de sobreposição da mente, então pela primeira vez o homem está habilitado a ver a plenitude intrínseca, a Plenitude que reside no vazio aparente. A semente da fruta da figueira-da-Índia exibe o nada total, o vazio absoluto e, contudo, esse vazio tem uma plenitude da qual toda a árvore vem à existência. Ao ver esse vazio do aparentemente pleno compreendemos a plenitude do aparente vazio.

Mas Shvetaketu deseja compreender como chegamos a essa compreensão. Seu pai, Uddalaka Aruni, era um grande instrutor, um dos mais brilhantes que encontramos nos Upanixades e, portanto, ele pediu para Shvetaketu pegar um copo cheio de água e jogar nele um punhado de sal. Ele disse: "Meu filho, vá dormir e traga-me esse copo pela manhã". O filho levou o copo de água ao pai na manhã seguinte como foi instruído. Quando pegou o copo, o pai disse: "Querido filho, tire o sal que você colocou na água". Shvetaketu ficou exasperado e disse: "Pai, o que você pretende com essa instrução? Como é possível tirar o sal que coloquei na água?" O pai disse: "Nesse caso, prove a água da parte de cima, qual é o gosto dela?" Shvetaketu disse: "É salgada". O pai pediu para ele provar a água do meio e a água de baixo e perguntou-lhe: "Qual é o gosto?" Shvetaketu disse: "Toda ela está salgada". Com essa resposta, Uddalaka Aruni disse ao filho:

> *Meu querido filho, assim como o sal impregna toda a água, da mesma forma o Espírito permeia toda a existência. É sutil e intangível, assim como o sal no copo de água. Esse Espírito sutil e intangível és tu, Oh Shvetaketu.*

O sal impregna a água e contudo não pode ser recolhido. O mesmo ocorre com o Espírito, é sutil e intangível e, contudo, permeia todo o Universo. Não há um lugar na manifestação onde o Espírito não esteja. Se permeia todo o Universo, então certamente Ele deve ocupar algum espaço. Pois como ele pode estar no Universo e ainda assim não ocupar qualquer espaço? O Espírito a tudo permeia e ainda assim não ocupa nem mesmo um centímetro de espaço. Oniabarcante e contudo sempre impalpável, essa é a natureza do Espírito na manifestação. Nenhuma quantidade de exploração nas esferas do tempo e do espaço jamais revelará o espírito situado no coração de todas as coisas. Shvetaketu pergunta ao pai:

> *Querido pai, como encontrar esse Espírito? Parece tão simples e, no entanto, é tão difícil.*

O pai disse que desde que o sal impregna a água, o sal deve ser encontrado na própria água e não fora dela. Mas como? O pai pediu ao filho para jogar fora a água e encontrá-lo no dia seguinte. Quando o filho se aproximava do pai, esse apontou para o lugar onde a água foi derramada. No solo via-se um depósito de sal. Como o sal chegou ali? Na medida em que a água evaporou o que permaneceu foi o sal, o sal que tinha sido dissolvido na água. A instrução do pai com relação a jogar fora a água é muito significativa. Para encontrar o Espírito também não há outro jeito. O que temos que jogar fora para encontrar *Atman*, a Verdade ou o Espírito? No exemplo do sal, a água representa a forma na qual o Espírito permaneceu impregnado. O pai pede ao filho para jogar fora a forma. Em outras palavras, ele pede-lhe para negar a forma. E quando a forma é negada, o que permanece é o Espírito. Mas a negação da forma não é a modificação da forma, não é a prática de austeridades nem é um evangelho de negação. Vimos anteriormente nessa discussão que o homem vive num mundo de imagens. A mente do homem projeta imagem após imagem e são essas imagens que ocultam a face da Realidade. Ao negar imagem após imagem projetada pela mente o homem pode chegar à percepção do Real. Quando o homem coloca de lado imagem após imagem até não haver mais imagem, chega à experiência do Vazio. É nesse vazio que a Plenitude da Realidade pode ser vista em toda sua majestade. As projeções da mente nos deixam cegos. Movemo-nos no mundo com os olhos vendados. Uddalaka Aruni diz a Shvetaketu:

> *Suponha que coloquemos uma venda nos olhos de um homem e o levemos para uma floresta, distante de sua residência usual. O que ele faz? Como ele tentará encontrar sua casa? Assim que é deixado sozinho, ele simplesmente tira o que cobre seus olhos. Então ele começa a pensar como poderá voltar.*

Para descobrir o Espírito, imperceptível e intangível, oculto no próprio coração da manifestação, o homem deve chegar a um estado de real e séria investigação. Mas quando pode iniciar tal investigação? Uma real investigação só é possível quando o homem remove a venda dos olhos da mente, quando ele não mais está com os olhos vendados por suas percepções mentais. O que torna a mente cega é a projeção de imagens com as quais o mundo está repleto. O mundo parece cheio de cor e forma, mas é essa plenitude que confere opacidade ao meio de percepção. Como podemos ver através daquilo que é opaco? O opaco precisa se tornar transparente para que uma clara visão seja concedida ao homem. Mas a mente se torna transparente só quando suas imagens são descartadas. Podemos perguntar: quando a imagem é descartada? Ela pode ser jogada fora, ou melhor, ela pode desaparecer somente quando percebermos que nosso mundo está cheio somente de imagens. É o reconhecimento da imagem como imagem que transforma a opacidade da mente em clara transparência. Uma mente que é transparente pode entrar em profunda e séria investigação, pois a verdade entrará em tal mente. Uma mente transparente percebe o vazio do aparentemente pleno e, portanto, está pronta para experimentar a plenitude do aparentemente vazio. Quando imagem após imagem desaparece, a mente do homem encara o vazio absoluto, ela nada tem com que preencher tal vazio. Nesse vazio do aparente nada, a Verdade aparece e enche todo o vazio com sua presença majestosa. Essa é a experiência de *Atman*, de *Brahman* e é para essa experiência que Uddalaka Aruni conduziu seu filho, Shvetaketu.

Na primeira parte de nossa discussão do Upanixade *Chandogya*, nos referimos a uma conversa entre Sanatkumara e Narada. O grande instrutor disse a Narada que esse conhecimento aparentemente vasto era somente palavras, meros nomes, nada senão verbalizações mentais. Era um conhecimento de imagens, não verdade viva. Quando o instrutor se dirigiu a ele assim, Narada pediu por conhecimento superior, o conhecimento que transcende o mero nome e palavra. Sanatkumara disse-lhe que ele precisava compreender que a palavra não é a Coisa, que o nome e a realidade das coisas são completamente diferentes. A menos que Narada compreendesse isso, nenhuma instrução adicional poderia lhe ser dada. Uddalaka Aruni também conduziu seu filho à mesma percepção do total vazio do aparentemente pleno. Mas como chegar a essa compreensão? Sanatkumara diz a Narada: "Medite no Nome." Essa parece uma instrução estranha, pois ao invés de descartar o Nome, o instrutor pede-lhe para meditar no Nome". Por que essa estranha instrução? Porque o nome deve desaparecer, é inútil colocá-lo à parte. Podemos deixar de lado um nome e pegar outro. Mas o importante é que todo o processo de nomeação deixe de ocorrer. Isso pode ocorrer somente quando o próprio conteúdo do nome é examinado. Aqui Sanatkumara ajuda Narada a compreender todo o significado do processo de nomeação. A imagem da mente nada mais é que a exteriorização do nome. Há muita coisa envolvida no processo da nomeação, e Sanatkumara revela esse processo claramente. Ele diz que o processo de nomeação implica em:

Fala, pensamento, determinação, consciência, concentração e compreensão.

É óbvio que a nomeação resulta em fala ou verbalização. Mas a verbalização indica um processo de pensamento. Pensamento é outra palavra para verbalização. Mas por trás do pensamento há determinação ou seleção, é um processo de aceitação e rejeição. Mas como aceitamos ou rejeitamos? Somente ao tomarmos consciência de alguma coisa é que a avaliamos. Consciência é o estímulo dos centros de reconhecimento. Esses centros de reconhecimento residem na memória e, portanto, ao ativar a memória nos tornamos cientes dos homens e das coisas. Mas um mero estímulo da memória não é suficiente, é preciso haver uma concentração das forças da memória. Em outras palavras, a mente precisa se fixar naquilo que estimula os centros da memória, para poder julgar e avaliar. Mas a concentração é possível somente na base do conhecimento ou da compreensão. Assim, todo o processo de nomeação surge do conhecimento da mente. Ele se realiza dando um nome àquilo que a mente reuniu. O homem só tem certeza sobre o conhecimento quando é capaz de dar-lhe um nome. Enquanto não for dado o nome, há um elemento de incerteza. É o nome que dá ao homem base para a ação. Os passos intermediários entre o conhecimento e o nome são: concentração, estímulo da memória, seleção e pensamento. O conhecimento não é conhecimento a menos que a mente seja capaz de se fixar nele, mas a fixação depende do estímulo da memória, pois apenas a memória dá continuidade aos processos da mente. Mas, uma vez mais, o estímulo da memória só é possível nos sentimentos de prazer e dor, os fatores da seleção. E como os sentimentos de prazer e dor vêm à existência? Obviamente através de um processo de pensamento, um processo de comparação e contraste. É o pensamento que dá nome às coisas. No Upanixade *Chandogya*, descreve-se Compreensão ou conhecimento como *Vijnana*. É dito que através de *Vijnana* o homem pode compreender os quatro Vedas. Essa compreensão dos Vedas deve permanecer remota enquanto o homem não é capaz de dar-lhe seus próprios nomes. A mente do homem sempre dá ao não-familiar uma moldura de familiaridade. Enquanto o não-familiar não é colocado na moldura do familiar o homem se sente inseguro. A mera compreensão dos Vedas mantém a mente em um plano não-familiar. Sanatkumara indica os vários passos através dos quais a mente do homem dá ao não-familiar uma moldura de familiaridade. Quando o homem é capaz de dar um nome a algo que aprendeu, então o não-familiar se torna familiar. Sanatkumara diz que através da concentração, da consciência, da determinação e do pensamento busca-se colocar o não-familiar na moldura da familiaridade. Esse processo termina quando a mente é capaz de pronunciar o nome daquilo que adquiriu.

Sanatkumara então fala a Narada sobre Força, Alimento, Água e Fogo. Qual é o significado de colocá-los após o conhecimento ou a compreensão? Com a certeza do conhecimento, que vem acompanhado da nomeação, surge no homem um sentido de força. Nomear dá ao homem um sentimento de poder. A mente sempre deseja uma certeza sobre o conhecimento que adquiriu. Essa certeza naturalmente gera um sentimento de força. Mas a força deve ser mantida com alimento, e o alimento da mente é mais conhecimento e nomeação. Como o homem pode ter certeza de dar o alimento necessário à mente de modo que sua força possa ser mantida? A continuidade do suprimento de alimento só é possível através de água e fogo. A água obviamente indica um fator de emoção, assim como o fogo significa uma condição de alerta. Se a mente está alerta e ao mesmo tempo emocionalmente viva, ela encontrará uma quantidade interminável de alimento. Sua força será mantida e, assim, ela será capaz de mover-se de certeza em certeza na esfera do conhecimento. Mas essa certeza do conhecimento é circunscrita por três fatores: o Espaço, o Tempo e a Causação ou Movimento. Esses três fatores fundamentais que condicionam o conhecimento da mente devem ser compreendidos, pois sem eles o homem não pode compreender o total vazio da plenitude da mente. Sanatkumara fala desses três fatores. Ele chama a atenção de Narada primeiro para o Espaço ou *Akasha*. Ele diz:

> *Através do Espaço chamamos; através do espaço ouvimos, através do espaço respondemos. No espaço nos deleitamos, no espaço não nos deleitamos. No espaço nascemos.*

Temos que compreender que o conhecimento da mente sempre pertence à esfera da dualidade. E dualidade pressupõe espaço. O espaço sempre é necessário para a existência do que é dual. O nome, que é a certeza do conhecimento da mente, só pode ser pronunciado no espaço. Precisamos do nome para chamar alguém que está longe. Todo o contentamento ou a falta de contentamento é possível apenas no espaço, pois o contentamento constitui o relacionamento correto entre as duas unidades da dualidade. Dificilmente é preciso dizer que a falta de contentamento revela ausência de tal relacionamento. O conhecimento da mente, que é sua certeza, é, assim, circunscrito pelo fator espaço. Sanatkumara diz que há também o fator Tempo. E ele aponta para esse elemento do tempo ao falar de Memória e Esperança. Essas duas palavras denotam o curso do tempo em termos do passado e do futuro: a Memória está para o passado assim como a Esperança aponta para o futuro. O conhecimento da mente existe sempre neste fluxo do tempo do passado para o futuro. Das experiências incompletas do passado, há sempre a antecipação de um futuro pleno. A mente **nunca** conhece uma coisa como ela é, ela conhece somente a coisa como ela foi ou será. Assim, seu conhecimento não tem base na realidade. O tempo é o grande fator condicionador em todos os processos do conhecimento da mente. Mas Sanatkumara diz que há um terceiro fator que condiciona aquela mente, e esse fator é a Causação, ou movimento, *ayana*. O instrutor aponta esse fator mencionando a vida ou *Prana*. A respiração vital está em um estado de constante movimento. E essa não é a natureza do conhecimento da mente? A mente adquire conhecimento através do movimento entre os dois pólos da dualidade. Seu conhecimento é o conhecimento do oposto. Ela conhece um como oposto do outro. Ela não conhece algo por si mesmo, seu conhecimento é sempre indireto. O oposto é a imagem que ela se esforça para traduzir em atualidade. Todo seu processo de vir-a-ser é um movimento para a semelhança da imagem. A mente coloca a imagem no espaço distante e então organiza seu movimento em direção a essa imagem. Tanto o tempo quanto o espaço são criações da mente. Tendo criado algo fictício, o movimento que ela organiza é naturalmente frustrante. Saber disso é de fato chegar ao vazio da plenitude da mente. Sanatkumara indicou claramente a Narada três coisas: primeiro, como a mente chega à certeza de seu conhecimento; segundo, como é mantida uma continuidade dessa certeza e terceiro, como essa certeza é totalmente falsa e fictícia devido ao movimento da mente entre dois pontos imaginários. Sanatkumara indica a Narada como a limitação do espaço, do tempo e da causação torna o conhecimento da mente totalmente incerto e não confiável. Estar plenamente ciente disso é compreender que o Nome não é a coisa, que a palavra e a coisa não são idênticas.

Aquele que sabe disso se torna o que o Upanixade chama de *Ativadin*, significando aquele que é o falador superior, que fala com real compreensão, pois ele conheceu o vazio do conhecimento da mente. Ele viu o vazio da aparente plenitude da mente. O Instrutor diz a Narada:

> *Quando não vemos nada mais, ouvimos nada mais, compreendemos nada mais, isso é a plenitude.*

A palavra usada para plenitude no Upanixade é *Bhuma*. Quando o vazio da aparente plenitude da mente é experimentado, então nos chega uma real plenitude no vazio. Essa experiência do pleno é descrita como uma condição onde "não vemos nada mais, não ouvimos nada mais, não compreendemos nada mais". Em outras palavras, isso denota uma totalidade de atenção, sem imagens mentais que causem qualquer distração. Quando o homem chega a essa experiência do vazio da aparente plenitude da mente, cessam todas as projeções. Não há mais qualquer imagem da mente a ser projetada. E onde cessam as projeções, ali as distrações também chegam a um fim, pois somos distraídos pelo que projetamos. E, portanto, o pleno, a plenitude do aparente vazio, é conhecido na totalidade da atenção. Sanatkumara diz a Narada que a plenitude é realmente o mundo todo. Podemos ver a plenitude de *Brahman* aqui e agora, se as imagens da mente forem negadas de modo que possamos conhecer o vazio total da aparente plenitude da mente. Nesse vazio chega a visão da Plenitude. O mundo todo contém essa Plenitude, a Plenitude de *Brahman,* que de fato é a Plenitude de *Atman.*

Temos que recordar que Narada se aproximou de Sanatkumara porque apesar de todo o seu conhecimento ele estava infeliz. Ele queria saber o que é felicidade. O Instrutor, no final desse discurso esclarecedor, diz a Narada:

> *Quando estamos felizes cumprimos nosso dever, na tristeza não o fazemos, é na felicidade que fazemos isso, e assim devemos entender o que é felicidade. Aquilo que é sem limite é felicidade, não há felicidade no finito, só o infinito é felicidade.*

Apenas o infinito é felicidade, esse é o ponto culminante do grande ensinamento que Sanatkumara transmitiu a Narada. Como pode a mente conhecer o que é felicidade? A mente move-se no reino do finito, e o finito é perecível. Quando o finito é colocado de lado, o infinito pode ser percebido. O infinito surge no vazio da aparente plenitude da mente. O infinito é realmente a plenitude do vazio, é o pleno que reside no coração do vazio. Isto é *Atman,* e podemos repetir o que Uddalaka Aruni disse a Shvetaketu: Isto és tu, *Tat-tvam-asi.* Se só o infinito é Felicidade, então certamente a felicidade deve ser encontrada na descoberta de *Atman.*

Tendo ouvido esse grande ensinamento sobre a felicidade através da descoberta de *Atman,* os deuses e os demônios decidiram que eles também tinham que possuir o segredo da descoberta de *Atman.* Chegaram a essa decisão independentemente uns dos outros, pois o ensinamento sobre o *Atman* era tão atraente. E, portanto, Indra por parte dos deuses, e Virocana por parte dos demônios, foram até Prajapati para obter esse segredo sobre a descoberta de *Atman.* Prajapati perguntou-lhe: "O que vêem na água?" Eles responderam: "Vemos a nós mesmos, nosso rosto e nosso corpo na água". Prajapati pediu-lhes então para vestir suas melhores roupas e ricos ornamentos. Mais uma vez Indra e Virocana fizeram o que lhes foi solicitado. Prajapati pediu novamente para olharem para a água e perguntou: "O que vêem agora na água?" Eles disseram: "Vemos a nós mesmos ricamente adornados e finamente vestidos". Prajapati disse: "O que vêem é *Atman*". Eles foram embora muito satisfeitos. Virocana disse a seus colegas que havia encontrado o caminho para *Atman*, e que o caminho era através das indulgências do corpo. Mas Indra voltou para Prajapati, pois no seu caminho de volta para os deuses surgiram dúvidas em sua mente. Ele disse: "O que vejo na água é *Atman*. Vejo isso na água quando o corpo está ricamente adornado, mas se o corpo é aleijado ou se o olho é cego, então certamente verei a mesma coisa na água. E se o que vejo é *Atman*, então, quando o corpo é ferido, *Atman* também é ferido. Qual é a utilidade de um tal *Atman?*" Indra expressou suas dúvidas a Prajapati e Prajapati disse: "Muito bem, eu te darei mais instruções". E, assim, Prajapati disse-lhe: "Aquele que se move feliz de um lado para outro em um sonho é o imortal, o intrépido *Brahman*. Isso é *Atman*". Indra foi embora aparentemente satisfeito, mas no caminho novamente surgiram dúvidas. Ele disse: "É verdade que *Atman* permanece não ferido mesmo quando o corpo é ferido, mas no sonho há o sentimento de dor e tristeza, há até choro. Certamente esse não é um estado feliz. Ele expressou suas dúvidas a Prajapati e esse prometeu dar-lhe mais instruções. Prajapati disse:

> *Pois bem, quando estamos dormindo profundamente, em paz, serenos e sem sonhos, isso é* Atman. *Esse é o imortal, o destemido. Esse é* Brahman.

Indra ficou muito satisfeito com essa nova instrução e sentiu que havia obtido uma resposta definitiva para a questão. Mas outra vez surgiram dúvidas no caminho, e ele disse:

> *Certamente, esse* Atman *não conhece exatamente o modo como eu estou aqui, nem conhece as coisas aqui. Ele parece alguém que foi destruído. Não vejo nada de contentamento nisso.*

E assim mais uma vez ele retornou a Prajapati expressando suas dúvidas sobre o *Atman* descoberto na condição de sono profundo. Prajapati disse a Indra que ele daria mais uma e última instrução. Ele disse:

> *Indra, este corpo é mortal, preso na armadilha da morte e, ainda assim, é o alojamento do imortal, do Ser sem corpo, que está se incorporando. O Ser é capturado pelo agradável e pelo desagradável; enquanto ele está no corpo, não há vitória sobre o agradável e o desagradável; mas quando está dissociado do corpo, o agradável e o desagradável não o tocam.*

Aqui nessa história Prajapati instrui Indra sobre os três estados de consciência e um quarto, Vigília, Sonho, o Sono Profundo e o Além.

No estado de Vigília, Indra e Virocana viram suas imagens na água. O estado de Vigília é realmente a condição onde há aceitação e rejeição de imagens. No estado de Sonho, há apenas aceitação de imagens, pois não pode haver escolha ou seleção no sonho. Mas no Sono Profundo, não há nem aceitação nem rejeição de imagens. As imagens não distraem a consciência, há uma totalidade de atenção que não é perturbada por nada. Nessa totalidade de consciência, nesse estado destituído de imagens, Atman é visto em sua forma mais pura; despojado de todas formas, o Ser Sem Forma. Uma vez que é Sem Forma, é capaz de expressar-se em todas as formas. Quando a forma é confundida com o Ser, o homem é preso na ilusão, mas quando a forma é vista apenas como um instrumento de expressão do Ser, somos transportados aos reinos da alegria eterna. Aquele que conhece o Sem Forma na Forma, conhece de fato o que é liberdade infinita. No aparente vazio do sem forma, surgem miríades de formas de indescritível beleza. Uma nova visão é transmitida ao Universo manifestado, pois vemos o Sem Forma nas formas do Universo. E quando retornamos para a terra das formas, não é a mesma terra. Uma nova beleza é vista nas formas, a beleza que nunca foi vista na terra ou nos céus. Há um verso muito significativo no Upanixade *Chandogya* que diz:

> *Através da pureza do intelecto surge a memória constante, e ao chegarmos à recordação correta todos os elos são completamente rompidos.*

Memória Constante: esse é o caminho indicado no Upanixade *Chandogya*. O que torna a memória inconstante? É a pletora de imagens criadas pela mente, cada imagem demandando atenção da mente. A memória só pode ser constante se a percepção for constante. Somente se o homem vê os fatos e não as projeções da mente é que surge uma memória constante dos fatos. Um poeta inglês escreveu que nosso nascimento é esquecimento. Esquecemos de onde viemos, esquecemos nossa real natureza. Através da projeção de imagens foi construída uma natureza adquirida. Perdemos a base original da memória constante. Quando surge o vazio da plenitude aparente da mente, então naquele vazio surge uma recordação, o nascimento de uma memória constante. Vemos o que somos e é com esse conhecimento que retornamos ao mundo da ação de todo dia. Para aquele que viu sua real natureza o processo do vir-a-ser é alegria indescritível. Sua jornada na vida pode ser longa, mas o final não está distante, ele existe no próprio começo. Quando o final está no começo, a jornada com todos os seus perigos é uma experiência sensacional. Não se está preocupado em chegar. Para ele não há chegada, apenas a própria jornada. Quando a tensão e a antecipação da chegada desapareceram, cada passo da jornada se torna uma experiência fascinante. Essa jornada para o aparente vazio leva-nos a uma experiência de intensa Plenitude, uma plenitude que permanece plena mesmo com a passagem do tempo. Porque é uma Plenitude que o tempo não pode tocar. É uma Plenitude que não conhece decadência, porque não é uma plenitude que foi preenchida com alguma coisa. É uma Plenitude de total vazio, de total nada, de absoluto vazio. A Plenitude do Vazio é realmente o *Atman*, o imortal e destemido, aquele que se expressa em todas as formas e ainda assim permanece supremamente Sem Forma.

*Upanixade
Brihadaranyaka*

X

A Chama Sem Tremulação

O Upanixade *Brihadaranyaka* inicia com a mesma invocação que o Upanixade *Isha*. Ele fala do Todo que permanece para sempre Todo, mesmo quando dividido ou multiplicado. O todo é *Brahman*. Ele não sofre diminuição, nem mesmo quando manifestado, pois o todo está presente até na mais ínfima porção. O todo é indivisível mesmo quando dividido, pois a qualidade das coisas não sofre perda, mesmo quando partida em mil pedaços. Aquilo que é indivisível, mesmo na divisão, deve certamente ser transcendente, mesmo quando é imanente. Tal é de fato a natureza de *Brahman*, e tal é realmente a natureza de *Atman*. Imanente e, entretanto, transcendente, Manifesto e, entretanto, Imanifesto, assim é *Brahman*, e esse é o tema desse grande Upanixade.

O verso seguinte fala sobre ele:

> *Purusha estava com medo. Ele refletiu, "certamente aquele que está só tem medo". Mas argumentou: "Quando não há nada a meu lado, por que tenho medo?" Daí em diante seu medo desapareceu. Por que ele deveria estar com medo? O medo surge com a presença do segundo.*

Não pode haver temor quando estamos sós, é a presença do segundo que faz o temor surgir. Aqui a presença do segundo não deve ser entendida meramente no sentido físico; o verso fala da presença psicológica. Assim, o temor surge apenas onde há dualidade, porque cada ponto da dualidade deseja possuir o outro. O desejo de posse sempre gera o temor da perda da posse. Mas quando não há dualidade, quem possuirá quem? Onde a própria posse é negada, ali o medo não pode encontrar abrigo. No reino da dualidade a solução do problema do medo é somente uma modificação do medo, do temor ao homem pode-se passar ao temor a Deus. A mente sempre busca uma solução em termos de modificação, ela pode conhecer uma reforma, mas nunca uma revolução. Mas se a prece do aspirante para ser conduzido do irreal para o Real, das trevas para a Luz, da morte para a Imortalidade for atendida, deve surgir um estado de revolução, pois uma mera reforma não pode ocasionar esse grande movimento do irreal para o Real. Essa súplica do aspirante espiritual é para conhecer o segredo da revolução espiritual. E esse Upanixade de fato mostra tal caminho, não um caminho de mera reforma moral, mas um caminho de transformação fundamental. Não é uma busca de uma mera variação ou modificação, é uma súplica para conhecer o caminho para a mutação. Esse Upanixade realmente nos mostra um caminho para a Mutação Espiritual.

É extraordinário ver no Upanixade uma abordagem totalmente não-convencional e não-tradicional. Os instrutores dos Upanixades não estavam presos pela tradição. Viviam em uma atmosfera de absoluta liberdade e instilavam em seus discípulos um sentido de completa liberdade. Aqui nesse Upanixade encontramos um *Kshatriya*, alguém que pertence à classe guerreira, dando instrução espiritual a um brâmane. Isso contraria todas as tradições, pois era uma prerrogativa do brâmane dar instruções em matéria espiritual para todos. E, no entanto, aqui nesse Upanixade encontramos Gargya, um brâmane, recebendo instrução sobre *Brahman* de Ajatashatru de Kashi, um *Kshatriya* por nascimento e por profissão. A estória diz que Gargya foi até Ajatashatru para transmitir-lhe instrução sobre *Brahman*, mas todas suas exposições foram inúteis. Quando ele descobriu que suas explicações não eram eficazes, se aproximou de Ajatashatru e pediu-lhe esclarecimento sobre a natureza de *Brahman*. O instrutor estava pronto para se tornar um discípulo, tamanha era a humildade de um investigador e tal era sua ânsia de conhecer.

O Upanixade diz que Ajatashatru pegou Gargya pela mão e levou-o a um lugar onde um homem estava dormindo profundamente. Ele falou assim ao homem adormecido: "Oh, grande, Oh, vestido com o manto branco, Oh, radiante, Oh Soma etc", mas o homem adormecido não respondeu. Então o rei cutucou-o com sua mão e o homem acordou. Ajatashatru perguntou a Gargya: "Por favor, diga-me onde estava o Ser quando esse homem estava dormindo". Gargya não pôde responder a essa pergunta. O rei disse-lhe:

"Quando esse homem estava dormindo, o Ser havia se retirado da participação ativa no corpo. Essa condição é conhecida como *svapiti*". Ora, *svapiti* significa estar absorvido em si mesmo. Esse é realmente o Estado de Sonho. O Estado de Sonho é uma condição de auto-absorção. Ajatashatru o descreve assim:

> *Quando o Ser está assim no estado de sonho, ele se torna ou um grande rei, por assim dizer, ou um digno brâmane, por assim dizer, ou alcança condições elevadas e inferiores, por assim dizer.*

Enquanto o estado de vigília é uma condição de Diferenças Nítidas, o Estado de Sonho é uma condição de Diferenças Não-nítidas. Quando estamos no estado de Vigília vemos diferenças e atribuímos clareza às mesmas. As normas dessa clareza estão alojadas na memória. É através dessa atribuição de distinções que o homem se envolve em atividade seletiva. Mas no estado de Sonho não há seleção e, portanto, ele é uma condição de diferenças não-nítidas. O homem experimenta diferentes condições no estado de Sonho, mas ele não lhes imputa quaisquer diferenças, pois está completamente absorto naquilo que vivencia, seja uma vivência de um rei ou de um mendigo. Ajatashatru diz:

> *Novamente quando o Ser está em sono profundo, não está ciente de nada. O Ser permanece como um bebê, ou um grande rei, ou um brâmane digno, tendo alcançado o próprio limite da bem-aventurança.*

O Sono Profundo é uma condição de Não-diferenciação. É uma experiência não-dual. No momento da felicidade não estamos cientes de que estamos felizes, esse é realmente o estado de Sono Profundo. É nessa condição Não-diferenciada que conhecemos Distinções sem Diferenciação. Essa é a percepção do Único, e o que é único é incomparável. É por isso que é descrito como Distinções Sem Diferenciação. A percepção do Único é na realidade a visão do *Atman* – *Atman* no seu verdadeiro Ser. Dessa unicidade ele emerge na manifestação. Esse é o ritmo da criação, dissolução e recriação. Esse é o Grande Ritmo do Manifesto e do Imanifesto. Nesse ritmo encontra-se a música das esferas, nesse ritmo está a pulsação da vida e da morte. Ajatashatru diz:

Dois são os aspectos de Brahman, *com Forma e sem Forma, o mortal e o imortal, o limitado, fixo a* um lugar, *e o ilimitado, que não está fixo a um lugar, o perceptível e o imperceptível.*

Aquilo que é sutil, imortal, ilimitado e imperceptível é o essencial.

É do Intangível e do Imperceptível, do Ilimitado e do Imortal, que o mortal e o limitado vêm à existência. Ele diz:

Assim como a aranha se move na teia que produz, e assim como do fogo saltam pequeninas centelhas, do mesmo modo, do Ser surgem todos os órgãos, todos os mundos, *todos os* deuses e *todos os seres vivos. O nome secreto do Ser é Verdade da Verdade.*

A Chama e a Centelha são idênticas em natureza, pois a centelha emana do fogo e compartilha todas as qualidades do fogo. Em *Atman* reside a natureza de *Brahman*, tal é a doutrina fundamental da filosofia upanixádica. As formas do Sem-Forma são inúmeras como "o pano tingido de açafrão, ou a lã cinzenta da ovelha, ou o vermelho escuro, como o inseto Indragopa, ou a língua de fogo, ou o lótus-branco, ou um raio de luz". Suas formas são tão numerosas que nenhuma forma particular ou coleção de miríades de formas podem jamais transmitir sua natureza. E, portanto:

A indicação de Brahman *é* Neti, Neti *"Não é isto, Não é aquilo", pois nada mais é possível além de dizer* Neti, Neti, *porque Ele é Verdade além da Verdade.*

Aqui encontramos a famosa expressão dos Upanixades – Neti, Neti – Não é isto, não é aquilo. C. Jinarajadasa, um grande místico e filósofo, diz em seu livro *A Visão Divina*:

Quando Muni *(ou o homem espiritual) contempla todas as experiências da bem-aventurança da comunhão, quando ele olha a Divina Visão, ele deve sussurrar a si mesmo,* Neti, Neti. *Não é isto, Não é aquilo. Deve regozijar-se no esplendor dos deuses, adorar o próprio Deus face-a-face e, no entanto, dizer: "Isso é apenas o fenômeno, não o númeno; busco aquilo que não pode ser expresso na Visão." Esse é o maior ensinamento oferecido pela Índia.* Neti, Neti *é a maior con-*

tribuição da Índia para o problema espiritual e apenas uns poucos saberão o quão grande é isso.

Na aparente negação *Neti, Neti,* há a declaração de que a Experiência Suprema é tão intensamente positiva que nenhuma expressão, mesmo sutil, pode contê-la. A experiência *Neti, Neti* nos habilita a transcender o reino das formas e entrar na terra do Sem-Forma. É preciso grande coragem para declarar *Neti, Neti,* pois isso indica uma condição em que a mente não pode estabelecer-se em parte alguma, em nenhuma descrição positiva da Realidade Última. A mente que pode dizer *Neti, Neti* é pura, pois há movimento na mesma, não de pensamento, mas movimento sem pensamento. *Neti, Neti* é realmente o descartar de pensamento após pensamento, é o descartar de imagem após imagem, de ideação após ideação, até a mente chegar a um silêncio, à condição de um *Muni*. Mas o que a mente faz ali? Nada, pois nada pode fazer. Quando cessam todos os esforços positivos da mente, então desce sobre a consciência humana uma suprema negatividade, é isso que é transmitido pelas palavras *Neti, Neti.* O que acontece nesse Supremo Movimento de Negatividade? Quem pode dizer? Edwin Arnold, em *A Luz da Ásia,* afirma:

Om, *Amitaya, não trates de medir com palavras*
O Incomensurável, nem trates de aprofundar a sonda do pensamento
No Insondável, quem pergunta erra,
Quem responde erra. Nada digas.

O silêncio realmente é a única coisa procedente. *Neti, Neti,* esse é o estado mais elevado ao qual a mente pode ascender. Que a mente permaneça serena onde suas fronteiras acabaram. Nessa serenidade chegará o sussurro da alma, a voz do Silêncio, a Visão do Sem-Forma, o toque suave do Intangível.

É essa Visão do Sem-Forma que o Upanixade *Brihadaranyaka* transmite através do ensinamento que o grande instrutor Yajnavalkya compartilhou com sua esposa Maitreyi. Diz-se que Yajnavalkya estava prestes a retirar-se do mundo e desejava fazer um acordo de propriedade entre suas duas esposas, Maitreyi e Katyayani. Ele expressou suas intenções a Maitreyi, que após escutar seu ilustre marido, disse:

> *Querido, tu estás falando de propriedade e sua divisão. Mas qual seria sua utilidade mesmo que todo o mundo cheio de riquezas fosse meu? Isso me faria imortal e me levaria para além de todas as tristezas e sofrimento?*

Aqui lembramos de Naciketa fazendo profundas perguntas a Yama. Maitreyi diz a Yajnavalkya: "Qual é a utilidade da riqueza e da propriedade se não posso ir além dos reinos da dor e do sofrimento"? Yajnavalkya responde dizendo:

> *Não, minha querida, de modo algum. Sua vida seria tão confortável quanto os meios materiais e a riqueza podem torná-la. Não há esperança de imortalidade por meio da riqueza.*

Yajnavalkya faz qui uma distinção entre conforto e felicidade. Ele diz a sua esposa que riqueza e propriedade podem lhe dar conforto, mas não aquela condição que está além da tristeza e do sofrimento, não uma condição de imortalidade. A resposta de Yajnavalkya tem um significado especial nas condições prevalecentes na civilização de nossos dias. O problema do homem moderno é ter cada vez mais conforto e cada vez menos felicidade. O homem deseja encontrar a felicidade através de conforto cada vez maior, mas esse é um caminho frustrante, pois conforto e felicidade pertencem a duas dimensões diferentes da vida. Maitreyi não tinha ilusões em sua mente. Ela diz:

> *O que poderei fazer com aquilo que não me faz imortal? Fala-me, meu senhor, apenas daquilo que tu sabes que é o meio para alcançar a imortalidade.*

Yajnavalkya naturalmente está satisfeito com essa pergunta de Maitreyi e diz que lhe ensinará tudo o que sabe sobre imortalidade, mas ela deve ouvir com atenção e fixar-se mentalmente no que é dito. Ele fala aqui de *Nididhyasana*, que na realidade significa Meditação. Ela precisa meditar no ensinamento que Yajnavalkya dará a ela. Segue-se uma notável instrução de Yajnavalkya:

> *Verdadeiramente não é pelo amor do marido que um marido é querido, mas é pelo amor do Ser (Atman) que o marido é querido.*

Não é pelo amor da esposa que uma esposa é querida, mas é pelo amor do Ser que a esposa é querida.

Não é pelo amor dos filhos que os filhos não amados, mas é pelo amor do Ser que os filhos são amados.

Não é pelo amor da riqueza que a riqueza é querida, mas pelo amor do Ser que a riqueza é querida. Não é pelo amor de tudo que tudo é amado, mas é pelo amor do Ser que tudo é amado.

O Ser (Atman), minha querida Maitreyi, deveria realmente ser compreendido ouvindo, refletindo e meditando sobre Ele.

A afirmação acima de que o marido, a esposa e os filhos são amados não por eles mesmos, mas por causa do Ser, tem sido interpretada de várias maneiras. Alguns dizem que amamos os outros não por eles mesmos, mas pelo amor de nós próprios; outros interpretaram isso como significando que, naqueles que amamos, vemos a nós mesmos e, por isso, os amamos. Parece que essas interpretações estão longe da verdade, pois na afirmação acima o Ser é descrito como *Atman*. Yajnavalkya diz que é pelo amor de *Atman* que todas as coisas são queridas. Ora, *Atman* é não-nascido e, portanto, o sábio Yajnavalkya diz que é a presença intangível do Não-nascido em tudo que é manifesto que o transforma em algo digno de amor. Por que as coisas e os seres são dignos de amor? Não tanto por aquilo que é expresso e manifesto, mas pelo que permanece sem expressão e sem manifestação. O amor pela manifestação é apenas um sentimento, uma atração, uma paixão. Não perdura, pois as expressões mudam. Se vemos apenas o mutável, experimentamos momentos de prazer e de dor, de exaltação e de depressão. Mas se estamos em comunhão com o Imutável, então todas as mudanças de expressão e manifestação parecerão intensamente encantadoras e adoráveis. Ora, o imutável é o Ser, o *Atman*, o Não-nascido e o Imanifesto. As sugestões do Não-nascido são sempre sutis e intangíveis. São elas que abrem as portas para o Imanifesto. Aquele que capta o tangível e agarra-se ao manifesto perde essa sugestão sutil e intangível vinda do Não-nascido. Sem comungar com o Não-nascido, as diversidades de expressão e de manifestação parecem destituídas de significado. É o Não-nascido que dá significado e importância àquilo que é nascido. Yajnavalkya diz que é pelo amor do Não-nascido que todas as coisas se tornam verdadeiramente dignas de amor. Estar em comunhão com o Não-nascido é transcender o reino da dualidade, é erguer-se acima dos pares de opostos, e quando isso acontece não há prazer nem dor, há apenas alegria, eterna e indescritível. No amor, quando experimentamos um elemento de "mais" ou "menos" é porque não estamos em comunhão com o Não-nascido. O amor não conhece "mais" ou "menos", pois com que pode ser medido o Não-nascido? O Não-nascido é imensurável. Somente a comunhão com o Não-nascido é amor, e tal amor não conhece declínio ou diminuição. Ele existe mesmo quando o curso contínuo do tempo cessa de fluir.

Yajnavalkya diz, precisamos compreender o *Atman,* precisamos estar em comunhão com o Não-nascido. Mas como? Aqui o instrutor fala dos três estágios da busca espiritual, *Shravana, Manana e Nididhyasana,* ouvir, refletir e meditar. O primeiro estágio é *Shravana* ou ouvir sobre a Verdade. Precisamos ser um *Shravaka* antes que possamos avançar. Qual é o significado de *Shravana* ou ouvir? É o ouvir que cria um interesse. A ordem na qual os sentidos se desenvolveram diz que o sentido da audição ou *Sabda* foi o primeiro. Ser um *Shravaka* é realmente o processo de *Pratyahara,* para usar a terminologia de Patanjali. O ouvir habilita o homem a classificar seus interesses, selecionar o essencial do não-essencial. Em geral nossa mente encontra-se em um estado confuso, o bem e o mal estão completamente misturados. É isso que sobrecarrega a mente com todo tipo de coisas desnecessárias. O fardo da mente precisa ficar mais leve. Esse é o propósito de *Shravana,* e essa é realmente a função de um *Shravaka.* O ouvir não deve ser meramente físico, precisa ser psicológico. Isso significa que não apenas os ouvidos, mas também a mente deve ouvir. Quando a mente realmente ouve, um feixe de luz é lançado nos cantos sombrios de sua morada. Esse feixe de luz revela que muito lixo é amontoado juntamente com coisas que são boas e preciosas. Esse ouvir naturalmente conduz o homem a *Manana* ou Reflexão. Quando o lixo é jogado fora, a mente pode fixar-se em tudo o que ela recolheu de bom. Na reflexão, a mente só olha para o que é bom ou verdadeiro ou belo. Depois de *Shravaka,* o aspirante espiritual se torna um *Manishi,* um pensador, aquele que reflete sobre o que reuniu no curso de sua vida. É aqui que o homem examina seus ideais, suas aspirações, seus valores, tudo que considera como bom e precioso. Esse *Manana* é realmente *Dharana* em termos dos *Yogas Sutras* de Patanjali. Refletir é manter na mente aquilo que precisa ser examinado. De *Shravana* para *Manana* a mente do homem se move de um pólo para outro. Tendo se descartado do não-essencial no estágio de *Shravaka,* tendo determinado qual é seu interesse, tendo decidido qual disciplina seguir, a mente precisa agora refletir sobre o que ela reteve, o que ela declarou como bom. A mente do homem precisa fixar-se sobre isso, de modo a examinar o assunto de todos os ângulos, olhar para todas as fases daquilo que ela chama o bem, o verdadeiro, o belo. Mas isso não é suficiente: de *Shravaka* para *Manishi* e de *Manishi* para *Dhyani*, esse é realmente o caminho indicado por Yajnavalkya para comungar com o Ser ou *Atman*, para experimentar a presença do Não-nascido naquilo que é nascido. Na meditação nos preocupamos em esvaziar a imagem do bom, do verdadeiro e do belo na qual a mente refletiu. No Bom, Verdadeiro e Belo aos quais a mente chegou, ela colocou muito de si. A imagem está repleta de suas próprias projeções e, portanto, o bom, o verdadeiro e o belo da mente se tornaram opacos, incapazes de receber as sugestões do além. É na meditação que o opaco se torna transparente, a imagem é despojada de todo seu conteúdo. Quando isso acontece, a transparência da imagem nos capacita a ver além, nos capacita a receber a intimação do Não-nascido e do Imanifesto. Remover a opacidade de todos os fatores do relacionamento humano, torná-los absolutamente transparentes, é saber que a esposa é querida não pelo amor da esposa, mas pelo amor do Ser, que não é pelo amor de tudo que tudo é amado, mas pelo amor do Ser. Yajnavalkya fala aqui sobre a transparência de todos os relacionamentos. Ele mostra o caminho para a transformação do opaco em algo claro e transparente, e o caminho é *Shravara, Manana e Nididhyasana,* Ouvir, Refletir e Meditar. O filósofo chinês Chuang Tzu falou da transparência no relacionamento humano quando escreveu as seguintes palavras:

> *Suponha que um barco está cruzando um rio e outro barco vazio está prestes a colidir com ele. Mesmo um homem irritável não perderia a calma. Mas suponha que houvesse alguém no segundo barco. Então o ocupante do primeiro barco gritaria para ele sair da frente. E se ele não ouvisse na primeira vez, e não ouvisse nem quando chamado três vezes, uma linguagem agressiva seria usada em seguida. No primeiro caso não haveria raiva, mas no segundo haveria, porque no primeiro caso o barco estava vazio e no segundo estava ocupado.*
>
> *Assim é com o homem. Se ele pudesse passar vazio através da vida, quem conseguiria agredi-lo?*

Passar vazio, é isso que significa transparência de mente. É função da mente construir imagens, mas se as imagens são mantidas opacas com os conteúdos projetados pela mente, então a imagem se colocaria entre o que percebe e o percebido. Então vemos não o marido, a esposa e o filho, vemos apenas suas imagens tornadas opacas pela mente. Mas a vida não pode ser aprisionada na imagem, a imagem precisa se tornar uma janela aberta através da qual possamos olhar para o que está Além. Amar a janela pelo amor da janela não tem sentido. Amar a janela pela visão do que está Além, esse é realmente o verdadeiro amor. Quando isso acontece, todo o mundo é transformado em uma janela, dando uma vasta visão à Vida além. Mas feche a janela, e a existência se torna monótona e estéril. Mesmo que as almofadas da janela sejam belamente decoradas, o aborrecimento e a monotonia não desapareçam. O relacionamento com a janela fechada fica forçado, pois não há nada novo para mostrar. Isso é exatamente o que acontece no relacionamento humano. Aprisionamos o manifesto e, portanto, o toque vital e refrescante do Imanifesto desaparece. Ao manter o manifesto aprisionado, desenvolvemos todos os tipos de resistência, para que o manifesto não se retire ou seja destruído. Não permitimos que a pessoa que amamos se mova nos espaços abertos e desfrute a liberdade da vida. Criamos uma estrutura, e nessa estrutura, o indivíduo vivo precisa se acomodar. Há o vasto Não-nascido e o Imanifesto que o tempo todo fala-nos através de nossos amados. Não podemos ouvir esse sussurro da alma por causa da opacidade com a qual cobrimos a imagem. O opaco deve se tornar transparente através do ouvir, da reflexão e da meditação, isso é o que Yajnavalkya diz a Maitreyi. Ele explica isso ainda melhor dizendo:

> *Não somos capazes de captar as notas particulares de um tambor que está sendo batido, captamos apenas a nota geral do tambor ou o efeito geral das batidas particulares.*
>
> *Não somos capazes de captar as notas particulares de uma flauta que está sendo tocada, essas notas são captadas somente quando captamos o som geral da flauta ou o efeito geral da música.*

As notas particulares de uma peça musical estão espalhadas, não têm uma unidade. É a nota constante, o tom fornecido por um instrumento ou pela voz humana que confere coesão às notas particulares. É isso que impede a música de se tornar não-musical. A nota constante é imperceptível. Aquele que não tem sensibilidade para ouvir pode não saber o que é a nota constante e, no entanto, toda a superestrutura da música repousa sobre ela. Qualquer desvio da nota constante destrói toda a música. A nota constante representa as sugestões das música Não-nascida. Sem ela a música manifestada pode se desviar para algo não melodioso, algo desarmônico. Como diz a passagem anterior do Upanixade, as notas particulares não podem ser captadas, e se elas são captadas, permanecem meras notas, não constituem música. O que transforma as notas em música é a nota constante, pois é ela que confere totalidade à música. Se pudermos captar a nota constante da existência, então toda a música da vida pode ser compreendida e desfrutada. A nota constante é a qualidade das coisas, e a qualidade não reside no Manifesto, mas no Imanifesto. No Manifesto vemos somente as sugestões das sugestões. Conhecer essa qualidade é comungar com o Não-nascido e o Imanifesto. O amor que surge dessa comunhão é amor verdadeiro, tudo o mais é mero emocionalismo. Captar a nota constante é declarar que não é pelo amor do marido que o marido é querido, mas é pelo amor do Ser; não é pelo amor da esposa que a esposa é amada, mas pelo amor do Ser; não é pelo amor do amigo que o amigo é querido, mas pelo amor do Ser. É uma visão magnífica que Yajnavalkya deu a Maitreyi.

O instrutor diz que o Não-nascido ou o Imanifesto se expressa em miríades de formas, mas todas essas expressões são como a respiração de *Brahman*. Essa imagem é muito adequada, pois a respiração é um processo natural, não há esforço para respirar. Esse é realmente o caso com as manifestações do Imanifesto. A Realidade Ilimitada dá origem a formas ilimitadas. *Brahman* ou *Atman* é indiferenciado, pois não pode haver diferenciação no Não-nascido. Embora indiferenciado, ele dá origem a inúmeras diferenciações. Elas surgem do Não-nascido e mergulham no Não-nascido. Yajnavalkya diz:

> *Assim como o mar é o lugar onde todas as águas se fundem, assim como a pele é o lugar onde todos os toques se fundem, assim como os olhos são o lugar onde todas as cores se fundem, assim como o ouvido é o lugar onde todos os sons se fundem, assim como a mente é o lugar onde todas as deliberações se fundem, assim como o intelecto é o lugar onde todo o conhecimento se funde, assim também o Ser é o lugar onde todas as diferenciações se fundem.*

Maitreyi havia pedido que Yajnavalkya lhe falasse sobre o segredo da Imortalidade. Ele fala a respeito do Não-nascido e do Imanifesto, a base e raiz de toda manifestação. Ele indica que a plenitude da existência reside no Não-nascido, pois o nascido é limitado e parcial. O Não-nascido é ilimitado e fornece uma nota constante, intangível e imperceptível à grande música da vida. O Não-nascido é o pai de toda manifestação, e as formas manifestadas surgem naturalmente e sem esforço como a respiração, que é inconsciente. Mas o ponto de emergência é também o ponto de dissolução. Criação e dissolução são como a respiração de *Brahman* para dentro e para fora. Toda diferenciação se funde em *Atman* assim como todo conhecimento se funde no intelecto. Mas, então, o que dizer sobre o próprio *Atman?* Se Yajnavalkya não iluminasse a questão a respeito de *Atman,* isto é, se Ele também se funde ou permanece sem se fundir, a pergunta de Maitreyi sobre a Imortalidade ficaria sem resposta. Yajnavalkya responde essa pergunta no seguinte verso:

> *Assim como um punhado de sal dissolve-se na água e ninguém pode pegá-lo, e em qualquer parte que experimentarmos da água ela é salgada, assim também, minha querida, esta grande, infinita e interminável Realidade é Inteligência Pura. Por conta das diferenciações o Ser fica separado, e assim que essas são destruídas, sua existência separada também desaparece. Em um estado sem forma não há consciência particular. Nisso está o segredo da Imortalidade.*

Ouvindo essa instrução de Yajnavalkya, Maitreyi disse que ele a deixou confusa ao falar do Ser como não tendo consciência depois de atingir o isolamento. Yajnavalkya, contudo, assegurou-lhe que nada havia de confuso no que ele tinha dito. A passagem acima fala do isolamento, a palavra usada em sânscrito é *Pretya*. Isso **significaria** uma existência descorporificada. Há uma alusão a um estado Sem forma; O Ser não tem uma consciência particular. Mais uma vez, a palavra sânscrita é *Samjna*. Essa palavra significa um gesto de reconhecimento. Indica fazer algo que é reconhecível. Isso obviamente se refere àquilo que pode ser identificado. Yajnavalkya diz que no estado Sem forma não há um gesto reconhecível ou identificável por parte do Ser.

Ele não diz que o Ser não tem consciência; diz apenas que não há consciência particularizada. O que acontece com a consciência particularizada? Ela se funde na consciência Universal. Mas, então, isso não significa uma aniquilação do Ser?

Maitreyi naturalmente está confusa porque, se o Ser é aniquilado, qual é a utilidade de toda essa conversa sobre a Imortalidade do Ser? O que é realmente o fundir da consciência particularizada na consciência Universal? Talvez a imagem do rio e do oceano possa explicar isso claramente. O rio se funde no oceano e com esse fundir não há consciência particularizada do rio, o rio não tem identidade separada, assim como o sal colocado na água não tem identidade separada. Isso é exatamente o que o rio experimenta. Ele perde sua identidade no oceano. O rio foi aniquilado? É verdade que a existência separada de uma consciência particularizada não mais existe com o fundir do rio no mar. O rio como rio cessou de existir, não pode haver Imortalidade para a existência particularizada do rio. A forma do rio não pode ser imortalizada. Mas então ele existe? Ele se fundiu no mar e existe como o mar. Mas certamente isso não pode ser declarado como a existência do rio, pois ele perdeu sua identidade no mar. Mas o que é o mar? Ele é diferente do rio? De onde veio o rio? O rio obviamente veio do mar. Ao se fundir com o mar, o rio volta, portanto, para seu próprio lar. Sua verdadeira existência é o mar. Ele não se fundiu com algo estranho e alheio, ele se fundiu com ele mesmo. O rio era a manifestação do mar, quando ele volta para o mar, ele se funde com o Imanifesto. A forma do rio era a consciência particularizada. Com o fundir no mar essa consciência particularizada não mais existe, o rio se tornou a consciência Universal. Ela é imortal como a consciência universal, e daí irá emergir como muito rios, serenos ou turbulentos. Esses rios terão um período de consciência particularizada, e mais uma vez se fundirão com o mar. A consciência Universal é a verdadeira morada do Ser, certamente não podemos chamar nosso retorno ao lar de aniquilação. Um mestre da música pode cantar uma bela melodia e estendê-la por um grande período de tempo. A melodia termina, mas isso é aniquilação? Não, pois somente a forma particularizada da melodia desapareceu, ela se fundiu na consciência universal do músico. A forma da melodia não mais existe, tornou-se sem forma. Mas ela sairá novamente do músico em uma forma similar ou divergente. A melodia não vive por estar aprisionada em uma forma, mas ao expressar-se em miríades de formas. O grande músico-poeta da Índia Rabindranth Tagore diz:

> *Minha mente precisa perceber a si mesma novamente. Uma vez que tenha dado forma a meu pensamento preciso me libertar dele. Por ora me parece que desejo absoluta liberdade de criar novas formas para novas idéias. Tenho certeza que a morte física tem o mesmo significado para nós, o impulso criativo de nossa alma precisa de novas formas para sua realização. A vida deve superar crescentemente o lugar que habita, de outro modo a forma assume a primazia e se torna uma prisão. O homem é imortal, portanto ele precisa morrer infinitamente.*

Conhecer nossa própria imortalidade através de constantes mortes, é isso realmente o que Yajnavalkya está explicando para Maitreyi. Quando a prisão é rompida, o homem não é aniquilado, o homem é realmente livre no rompimento dessa prisão. Só a prisão precisa ser destruída. A imortalidade é uma contínua existência na prisão? Com toda certeza não. Mas o homem acredita que a continuidade infinita na casa-prisão é imortalidade. Ele não está buscando imortalidade, está querendo apenas uma existência contínua da casa-prisão. Uma forma é sempre uma limitação ao impulso criativo. Só através da superação de forma após forma e do abandono das formas particularizadas é que o homem conhece sua imortalidade. O Sem-Forma não pode permanecer muito tempo em uma forma, precisa passar de uma forma para outra, e cada vez que se livra de uma forma, rompe uma consciência particularizada. A existência sem identidade é o verdadeiro lar do Ser. De tempos em tempos Ele emerge dessa morada, assumindo novas identidades, mas cada identidade precisa ser descartada, pois é nesse descartar que o Ser reafirma sua Imortalidade.

Yajnavalkya diz que o Autoconhecimento é o meio para a Imortalidade. Sem conhecer o Ser e sua natureza, como podemos falar de Imortalidade do Ser? Como pode o particular ser imortal? O particular não tem existência intrínseca, tem uma existência derivada. Aquilo que é derivado está fadado a se desintegrar. Sua existência depende Daquilo de onde se derivou. É como uma sombra, como pode a sombra ser imortal? Ela pode continuar enquanto a substância está ali, mas quando a substância se retira, a sombra particularizada desaparece. Exigir que a sombra exista mesmo quando a substância tenha se retirado é pedir o impossível. A substância deve ser livre para lançar novas sombras, ou para não lançar sombra alguma. Aprisionar a substância na sombra é exigir algo que não tem significado. Acreditar que quando a sombra particularizada tenha partido a própria substância estará aniquilada é algo sem sentido. Aquele que comunga com o Sem-Forma regozija-se no panorama sempre-cambiante das formas. Ele vê a Imortalidade na morte constante, e a Imortalidade pode ser vista somente na morte e em nenhum outro lugar.

Mas pode surgir a questão: de onde surgem novas formas? Yajnavalkya coloca essa questão para a assembléia do Rei Janaka quando diz: "Se uma árvore é arrancada de sua raízes, ela não brota novamente. De que raiz o homem brota depois de ser cortado pela morte?" É com essa questão que se ocupa o Terceiro Capítulo do Upanixade *Brihadaranyaka*. Diz-se que certa vez Janaka, o Rei de Videha, realizou um sacrifício no qual havia uma profusão de presentes. Muitos brâmanes eruditos de diferentes partes ali estavam reunidos. Janaka queria saber quem era o mais sábio entre os brâmanes ali reunidos. Ofereceu mil vacas para a pessoa que fosse considerada a mais sábia, e as guampas de cada vaca estavam adornadas com ouro real. Janaka declarou aos brâmanes: "Que aquele que é o maior erudito nos Vedas, aquele que compreendeu *Brahman,* entre vocês, conduza essas vacas para casa. Ninguém se apresentou. Então Yajnavalkya ergueu-se e pediu a seu aluno, Samasrava, que levasse todos as vacas para casa. O discípulo fez o que ele estava pedindo, mas o grupo de brâmanes eruditos ficou enfurecido. Disseram: "Como pode Yajnavalkya declarar-se o mais sábio entre nós?" Um dos sacerdotes do grupo de Janaka, chamado Asvala, adiantou-se e perguntou a Yajnavalkya se ele era o maior erudito dentre eles. Yajnavalkya tinha senso de humor e, portanto, dirigiu-se a Ashvala assim:

Saúdo o maior erudito védico, eu desejo apenas ter vacas.

Mas isso evocou uma torrente de questões do grupo de brâmanes e o primeiro a perguntar foi o próprio Ashvala. Sua pergunta para Yajnavalkya foi:

Yajnavalkya, já que tudo isso cai nas garras da morte e é sobrepujado por ela, através do que aquele que faz o sacrifício consegue transcender o reino da morte?

Yajnavalkya diz que somente através do processo de libertação o homem transcende o reino da morte. Ele diz: "Libertação é transcendência." Para transcendência ele usou a palavra *Ati-mukti*. Mas como colocar em operação esse processo de libertação? É interessante notar que esse tema da morte é desenvolvido nas passagens subseqüentes por Ashvala em termos de "alcançar o dia e a noite", "alcançar as faces brilhantes e sombrias do mês", ou "alcançar o espaço que parece existir sem qualquer apoio". Alcançar a morte nos termos acima é obviamente Tempo e Espaço. Como transcender o alcance da morte? Essa é a questão de Ashvala. Ele deseja saber como podemos superar o tempo e o espaço, pois esses são realmente as extensões da morte.

A questão de Ashvala refere-se ao sacrifício. Ora, o sacrifício é um ato de adoração. Podemos transcender o alcance da morte através de ações de adoração? O ato de adoração é uma invocação a poderes maiores do que aqueles que o homem possui. É uma invocação às forças transcendentais. Yajnavalkya diz que nesse sacrifício Agni ou fogo deve ser o invocador, pois só então podemos transcender o alcance da morte. O invocador não deve ser o que faz o sacrifício, mas o próprio Fogo. Ele diz que o Fogo é o libertador. O Fogo é a energia que está abrigada no Sol, em Vayu e na Lua. Isso refere-se às energias solar, vital e lunar. Somente quando essas energias são liberadas é que o homem pode conhecer aquilo que está além do alcance da morte. Qual é o alcance da morte? É *Annamaya, Pranamaya e Manomaya,* que são as vestimentas do homem, e que estão sujeitas à morte. O Sol nutre o corpo físico; a força Vital, *Prana,* nutre o Corpo Vital; e a Lua nutre o *Manomaya-kosha.* Como a Lua nutre o *Manomaya-kosha?* A passagem do Upanixade diz que a "mente é considerada como a Lua". A mente é a sede de *Kama* ou desejos e, portanto, a mente é grandemente influenciada pela Lua. A energia lunar está abrigada na mente. A invocação feita pelo Fogo significa realmente a libertação da energia encerrada nas vestimentas físicas, vitais e mentais. É só essa energia que capacita o homem a transcender o alcance da morte. Quando o homem começa a controlar essa energia tríplice, ele se liberta das garras da morte, pois o reino se estende do físico ao mental. Aquele cuja energia nessas três vestimentas não é libertada está sujeito reiteradamente à morte. Libertar a energia das três vestimentas é torná-las instrumentos do homem. Quando o físico, o vital e o mental se tornam instrumentos do homem, então a morte não mais o domina.

Ashvala pergunta a Yajnavalkya: "Quantos são os deuses que o sacerdote deve invocar para a proteção do sacrifício contra a destruição da morte?" Yajnavalkya disse: "Somente um deus deve ser invocado". Ashvala perguntou: "Quem é esse deus único cuja invocação assegura plena proteção?" Yajnavalkya disse: "Somente a mente, pois a mente realmente é infinita, *Anantam-vai-manah".* **Todos os deuses são apenas produtos da mente** e, portanto, é com o auxílio da mente que o sacrifício pode ser plenamente protegido. A morte estabelece seu domínio através do instrumento do tempo, mas o que é o tempo? O próprio tempo não é produto da mente? O que a morte pode fazer quando o próprio instrumento do tempo é retirado? A mente que cria o tempo também pode destruir o tempo, e quando o tempo é destruído, onde está o domínio da morte?

Ashvala fez a última pergunta a Yajnavalkya, na qual ele quer saber quais os tipos de hinos que devem ser cantados de modo que o sacrifício possa estar protegido. Yajnavalkya respondeu que três tipos de hinos deveriam ser cantados: Preparatórios, de Oferendas e de Louvação. A uma pergunta adicional de Ashvala sobre qual seria o resultado desses três tipos de hinos, ele disse:

> *Através do **Preparatório**, aquele que faz o sacrifício ganha a terra, através do de Oferenda, ele ganha o céu, e através do de Louvação ganha as esferas celestes.*

Aqui novamente se faz referência aos reinos Físico, Vital e Mental, que são o alcance da morte. Aquele que conquista esses três supera o reino da morte. Isso significa que aquele cujas energias física, vital e mental não estão emaranhadas em parte alguma, mas livres, não precisa temer a morte.

A reunião do palácio de Janaka era de fato uma assembléia de intelectuais. Entre esses estava Yajnavalkya, um homem de profunda realização espiritual. Ele precisou enfrentar uma saraivada de perguntas intelectuais, mas foi capaz de sustentá-las com muito sucesso, contrapondo cada intelecto com um intelecto ainda maior. Depois de Ashvala veio Artabhaga colocar suas questões diante de Yajnavalkya. Ele perguntou: "Yajnavalkya, quantos órgãos ou *grahas* e quantos objetos ou *ati-grahas* existem?" Yajnavalkya disse que cada grupo totaliza oito. Aqui *grahas* obviamente significa órgãos dos sentidos e *ati-grahas* significa as funções desses órgãos. Yajnavalkya descreve os cinco sentidos, o ouvido, o tato, o olho, a língua, o nariz, e também enumera suas funções. Acrescenta aos mesmos a fala, as mãos e a mente. A função da mão é trabalhar, assim como a função da fala é pronunciar nomes. Ele diz que a função da mente é suprir poder impulsionador ao desejo e à aspiração. Um dos temas discutidos nessa assembléia é a morte. Assim, Artabhaga pergunta a Yajnavalkya: "Já que esses sentidos e suas funções são alimento para a morte, qual é a deidade cujo alimento é a morte?" Yajnavalkya respondeu dizendo: "O fogo consome tudo e, portanto, o fogo é morte, mas o fogo é o alimento da água e, portanto, a morte se torna o alimento da água". É a água que extingue o fogo e, portanto, a água devora o fogo como alimento. Mas a água devora também a morte? O temor da morte permanece enquanto houver desejos não realizados. Esse queima como fogo no corpo e na mente. Se as chamas dos desejos não satisfeitos são extintas, então onde está o temor da morte? Os desejos por si mesmos não devoram um homem, são os desejos não-satisfeitos que criam fogos no corpo e na mente. A água significa a eliminação dos desejos não-satisfeitos, aquele que pode fazer isso supera o reino da morte. Mas Artabhaga tem mais perguntas. Ele pergunta: "Os órgãos saem do homem depois de sua morte ou não?" Yajnavalkya diz que não, pois eles são dissolvidos juntamente com o corpo. Artabhaga pergunta: "O que é então que o homem carrega consigo, aquilo que não o deixa?" Yajnavalkya diz: "O nome não o deixa". O corpo do homem é cremado e com ele os órgãos dos sentidos, mas o nome do homem permanece, pois ele será lembrado pelo nome que tinha, não pelo nome físico, mas pelo nome psicológico. Esse é chamado de *Akshara-deha,* e representa sua glória ou ignomínia. O corpo é queimado, mas o nome permanece. O nome é o elo de conexão entre duas encarnações. O nome é a memória psicológica, e o que encarna são os conteúdos da memória psicológica. Essa é a entidade psíquica do homem, o *skandha* dos budistas. Mas Artabhaga quer saber onde o nome repousa. Quando tudo é consumido pelas chamas, onde é mesmo que o nome repousa?

Nessa altura Yajnavalkya não deu qualquer resposta verbal. Ele disse a Artabhaga:

> *Dê-me sua mão, gentil Artabhaga, nós dois vamos averiguar isso. Esse tópico não deve ser decidido em uma reunião.*

O Upanixade diz que eles se retiraram e discutiram entre si. Parece que discutiram o segredo da ação, o mistério do carma. Mas por que eles não discutiram o mistério do carma na reunião aberta? É porque o carma é um mistério tão grande que até mesmo grandes videntes ficam confusos perante ele. Não conhecemos o segredo do carma que Yajnavalkya transmitiu a Artabhaga, mas esse ficou em silêncio e não fez mais perguntas. Aqui nessa seção dos Upanixades, a morte está sendo discutida em dois aspectos, primeiro, a vitória sobre a morte e, segundo, o renascimento após a morte. Os questionadores fazem as perguntas que querem, tratando com uma e com outra para confundir Yajnavalkya. Mas Yajnavalkya tem um intelecto agudo que é capaz de se orientar claramente diante dos malabarismos intelectuais dos questionadores. Não é necessário relatar todas as perguntas e respostas que aparecem nessa seção, uma vez que algumas delas são meros testes da habilidade intelectual de Yajnavalkya e não têm relação com o ensinamento místico do Upanixade. Há, no entanto, uma pergunta relevante feita por Ushasta Cakrayana. Ele perguntou:

> *Yajnavalkya, diga-me precisamente o que é imediato e direto a respeito de* Brahman, *o Ser que está dentro de tudo.*

Yajnavalkya disse: "Esse seu Ser é o âmago mais íntimo de todas as coisas." Mas Ushasta Cakrayana não ficou satisfeito, pois perguntou: "O que é esse âmago mais íntimo de todas as coisas?" Yajnavalkya disse:

> *Você não pode ver o vidente da visão, você não pode ouvir o ouvinte da audição, você não pode pensar o pensador do pensamento, você não pode conhecer o conhecedor do conhecimento. Isso é seu Ser que está no interior de tudo. Tudo que não é ele é perecível.*

O que mais Ushasta Cakrayana poderia dizer? Ele ficou calado. Mas essa questão foi levada adiante por **Kahola, filho de Kushita,** que perguntou a Yajnavalkya:

> *Yajnavalkya, explique-me esse Ser que é o mais íntimo de todas as coisas, que vemos como o* **Brahman** *imediato e direto.*

Mais uma vez Yajnavalkya disse: É o seu Ser, dentro de todas as coisas. Mas o questionador persistiu nessa investigação e disse: "O que é esse Ser que está dentro de todas as coisas?" A essa pergunta Yajnavalkya deu uma resposta profunda dizendo:

> *Aquilo que transcende a fome e a sede, a tristeza e a desilusão, a velhice e a morte. Ao conhecer esse Ser o homem espiritual eleva-se acima do desejo de gerar, da riqueza e dos mundos e leva a vida de um mendigo.*
>
> *O desejo de gerar é o desejo de riqueza e o desejo de riqueza é o desejo dos mundos, ambos são desejos. Portanto, um homem espiritual, após ter completado seus estudos, deveria confiar na força de seu conhecimento. Transcendendo tanto a força quanto o conhecimento ele seria um meditador silencioso, e transcendendo tanto a meditação quanto a não-meditação ele deve se tornar realmente o conhecedor de* Brahman.

A passagem acima é realmente cheia de profunda sabedoria. Ela fala dos três desejos ou impulsos. É interessante notar como a psicologia indiana antiga compreendia certos fatores da consciência humana aos quais a psicologia moderna parece estar gradualmente chegando. Aqui Yajnavalkya fala de três *Eshanas* ou impulsos, quais sejam, o desejo de filhos, o desejo de riqueza e o desejo de mundos. No primeiro vemos o impulso sexual de

Freud. Naturalmente o sexo deve ser compreendido em seu contexto mais amplo e não meramente em sua expressão física ou biológica. A seguir o instrutor fala do desejo de riqueza. A riqueza é o símbolo do reconhecimento social, da importância social. Aqui vemos a sugestão do complexo de inferioridade de Adler. A inferioridade psicológica sempre surge com uma supercompensação que é a superioridade assumida. O desejo de riqueza tem de fato esse elemento. Ele dá ao homem um instrumento para mostrar sua importância social, para afirmar sua superioridade. Então vem o desejo pelos mundos. Esse se refere ao poder, seja bom ou mau. Não é meramente poder no sentido material, mas também no sentido considerado espiritual. Os mundos se referem a diferentes camadas da existência humana. Assim, a Reprodução, a Posição e o Poder, esses três são vistos como fatores dominantes na vida do homem. Jung declarou que o sexo e a superioridade não eram os únicos fatores motivadores das ações humanas, ele mencionou outros fatores, mas indicou que eles são uma mistura do que é bom com o que é ruim. O desejo do homem de fazer progresso espiritual também é um dos *eshanas,* um dos desejos. Yajnavalkya declara que tudo isso são desejos. Ele diz que o homem verdadeiramente espiritual é livre de todos esses desejos e leva uma vida de pedinte, é um andarilho, uma pessoa sem "lar". Não há desejo que o atraia, nem o desejo material nem o desejo aparentemente espiritual. Ele diz que o homem espiritual, após seus estudos, confia na força de seu conhecimento. O conhecimento se torna sua base, ele é a força na qual ele confia, não na força que vem de fora, mas na força que surge de dentro devido ao conhecimento. Yajnavalkya diz que até mesmo isso deve ser transcendido, tanto a força quanto o conhecimento, quando se percebe o quão limitados são. Mas então onde ele repousa? No silêncio. Na passagem acima a palavra meditação não expressa o sentido correto da palavra usada no texto em sânscrito. A palavra dita pelo instrutor é *maunam,* silêncio. Yajnavalkya, no entanto, fala de um perigo ainda maior, qual seja, o apego ao silêncio que pode crescer no homem espiritual. E, portanto, ele diz que esse homem espiritual precisa transcender tanto o silêncio quanto o não-silêncio, tanto *mauna* quanto *amauna.* Quando ele transcende até mesmo isso, não meramente o desejo, mas a força e o conhecimento e também o silêncio e o não-silêncio, então ele chega à experiência de *Brahman.* Ele ofereceu uma descrição clara do homem espiritual, não é de admirar-se que Kahola ficou quieto, não desejando fazer mais nenhuma pergunta.

Então surgiu na assembléia uma jovem mulher chamada Gargi, para fazer perguntas a esse grande instrutor. É muito significativo observar que nessas assembléias de intelectuais não havia apenas homens, mas também mulheres. E essas mulheres participavam ativamente nas discussões. Elas competiam intelectualmente com os homens, muitas vezes com a derrota dos últimos. Isso mostra que na Índia antiga havia perfeita igualdade entre os sexos, mesmo nas esferas da investigação intelectual e espiritual a mulher estava em pé de igualdade com o homem. Na grande assembléia de Janaka, onde um grande número de homens eruditos estavam reunidos, Gargi não ficou embaraçada nem os homens acharam nada de inusitado no fato de uma mulher levantar-se em uma assembléia de intelectuais e fazer perguntas sérias. Devia haver uma perfeita camaradagem entre o homem e a mulher desses dias antigos. Os exemplos de Maitreyi e Gargi nos oferecem uma ampla prova da sociedade completamente livre que devia existir nos dias dos Upanixades.

Gargi disse: "Yajnavalkya, quanto tudo é permeado de água, pelo que é a água permeada?" Ele disse: "Pelo ar", mas Gargi perguntou: "O que permeia o ar?" e Yajnavalkya respondeu: "*Akasha* ou éter". Gargi continuou fazendo pergunta após pergunta sobre o que permeava as diferentes camadas da existência. Finalmente ela perguntou-lhe: "O que permeia o mundo do Ser Cósmico?" Aqui Yajnavalkya interrompeu Gargi dizendo: "Gargi, não ultrapasse os limites dentro dos quais as questões podem ser feitas legitimamente. Você está agora perguntando algo que não pode ser conhecido pela razão, e aquilo que transcende a razão não pode ser transmitido pela razão." Nos Upanixades, embora os instrutores tenham indicado coisas que se encontram além do intelecto, eles não desprezaram a razão, não ignoraram o intelecto. Na verdade, com o auxílio do intelecto, apontaram como o intelecto é limitado. Há um ponto além do qual o intelecto humano não pode ir. Os instrutores upanixádicos levaram seus discípulos àquele ponto através de uma lógica implacável e um intelecto tão afiado quanto uma navalha. Mas ninguém podia pegar esses instrutores desprevenidos. Eles sabiam onde o intelecto devia parar e, portanto, nunca respondiam em termos intelectuais a questões que pertenciam a esferas além das faculdades racionais da mente. Assim, Gargi, compreendendo que havia ultrapassado o limite de questões legítimas, ficou em silêncio. A seguir levantou-se Uddalaka Aruni e perguntou para Yajnavalkya se ele sabia algo a respeito de Sutra, o fio através do qual este mundo, o próximo mundo e todos os seres estão ligados, ele perguntou também sobre o Controlador Interno, o Governador Interno que, morando no interior, governa esta vida, a seguinte e todos os seres. Ele disse também:

> *Se você Yajnavalkya, sem conhecer **Sutra** e o Governador Interno, mata as vacas destinadas aos conhecedores de* Brahman, *sua cabeça deverá rolar.*

Yajnavalkya respondeu que sabia disso, mas novamente Uddalaka disse: "Qualquer um pode realmente dizer, *eu sei, eu sei*, mas diga-me o que você sabe. Yajnavalkya respondeu-lhe:

> *Vayu é realmente esse sutra. É através desse sutra, que é Vayu, que este mundo, o próximo mundo e todos os seres estão interligados. Por essa razão, fala-se de um homem morto que seus membros estão frouxos, porque os membros do homem vivo estão ligados através do sutra que é Vayu.*

Yajnavalkya fala aqui de uma profunda verdade científica. Ele diz que é a energia ou *Prana*, a força vital que liga todas as coisas. A ciência moderna fala de energia em vários níveis, a energia química, a energia atômica, a energia física, a energia que se expressa no eletromagnetismo e a energia ou força conhecida como gravidade. Todo o Universo é somente uma expressão de energia, a ciência fala de matéria também em termos de energia. Yajnavalkya fala dessa energia, a Força Vital, Vayu, que é o fio que liga o mundo de seres sensíveis e insensíveis. Hoje, a ciência moderna está ocupada em medir matematicamente essa energia, pois é isso que significa a famosa equação de Einstein. Uddalaka naturalmente fica satisfeito com essa resposta de Yajnavalkya. Por isso ele diz:

> *É realmente assim, Yajnavalkya. Agora nos fale a respeito do Governador Interno, Antaryamin.*

A resposta para essa pergunta dada por Yajnavalkya constitui-se em uma das passagens mais memoráveis de todo o saber upanixádico. Ele disse a respeito do Governador Interno, Antaryamin, o seguinte:

> *Aquele que mora na escuridão e dentro da escuridão, a quem a escuridão não conhece, cujo corpo é a escuridão e que governa a escuridão interior, esse é o teu Ser, o Governador Interno Imortal.*
>
> *Aquele que mora na luz e dentro da luz, a quem a luz não conhece, cujo corpo é a luz e que governa a luz interior, esse é o teu Ser, o Governador Interno Imortal.*

> *Aquele que mora em todos os seres e dentro de todos os seres, a quem todos os seres não conhecem, cujo corpo é todos os seres e que governa todos os seres interiores, esse é o teu Ser, o Governador Interno Imortal.*
>
> *Não visto mas vendo, não ouvido mas ouvindo, não percebido mas percebendo, não conhecido mas conhecendo. Não há outro vidente senão Ele, não há outro ouvinte senão Ele, não há outro que perceba senão Ele, não há outro conhecedor senão Ele. Esse é teu ser, o Governador Interno Imortal. Tudo o que não é Ele é perecível.*

Seria presunção comentar essa magnífica explicação sobre o Governador Interno Imortal, Antaryamin. Quem pode comentar isso? Meditar em silêncio nessas sábias palavras pode nos trazer uma maior iluminação e é melhor do que tentar dar qualquer explicação adicional. Não visto mas vendo, não conhecido mas conhecendo, como explicar isso? É realmente uma questão de experiência profunda, e aquele que conhece isso por percepção direta realmente se tornou a Rocha das Idades, nada pode abalá-lo. Ele chegou ao estado Imperecível; como diz a passagem acima, tudo o que não é Ele é perecível. Isso é imortalidade, tudo o mais é mera verborragia.

Mas a assembléia de Janaka não terminou. As respostas profundas e penetrantes de Yajnavalkya aguçaram o senso de investigação de seus ouvintes. Os eruditos e distintos membros da assembléia devem ter compreendido que encontraram em Yajnavalkya não apenas um *Shrotriya*, mas um verdadeiro *Brahmanishtha*, não apenas um erudito, mas um homem de profunda sabedoria. E, portanto, a irreprimível Gargi levantou-se novamente para fazer mais perguntas a Yajnavalkya. Mas antes de se dirigir a Yajnavalkya, falou aos membros eruditos da assembléia. Ela disse:

> *Veneráveis senhores, com sua permissão, gostaria de fazer duas perguntas a Yajnavalkya. Se as responder, então nenhum de vocês poderá jamais derrotá-lo na explicação de* Brahman.

Toda a assembléia consentiu, pois os brâmanes eruditos disseram: "Gargi, faça suas perguntas." Mas Gargi queria antes alertar Yajnavalkya sobre a natureza difícil de suas perguntas. Ela disse:

> *Yajnavalkya, devo fazer-lhe duas perguntas. Assim como um residente de Kasi ou o rei de Videha, filho de uma heróica linhagem, estica seu arco com duas flechas de bambu bem agudas, capazes de*

> *ferir de morte o inimigo, do mesmo modo eu me dirijo a você com estas duas perguntas. Responda minhas perguntas.*

Gargi parece indicar que suas perguntas são de uma tal natureza que ele pode não conseguir responder, sendo forçado a aceitar a derrota. Talvez Yajnavalkya tenha sorrido ao ouvir essas palavras de uma jovem "atrevida", mas ele estava pronto para enfrentar qualquer desafio intelectual e, portanto, disse-lhe: "Pergunta, Gargi, sejam quais forem tuas questões." A primeira pergunta de Gargi foi:

> *Yajnavalkya, o que permeia aquilo que, dizem, está acima do céu e abaixo da terra, que está no céu e na terra bem como entre ambos, e que foi, é e será?*

Em resumo, Gargi quer saber o que permeia todo o Universo, o céu, a terra e os espaços intermediários, e também o que permeia toda a região do tempo. Nessa pergunta ela abarcou todo o problema do Tempo e do Espaço. Ela quer saber o que é que permeia o vasto campo do Tempo e do Espaço. Yajnavalkya respondeu:

> *Gargi, o éter imanifesto permeia aquilo que dizem estar acima do céu e abaixo da terra, no céu, na terra e entre ambos, e que foi, é e será.*

O éter Imanifesto é obviamente o Espaço Puro que não tem objeto. O Espaço visível é permeado por aquele Puro Espaço que não tem objeto em si. Gargi repetiu a mesma pergunta, provavelmente para confundir Yajnavalkya, mas o último também repetiu sua resposta nos mesmos termos. Então Gargi perguntou: "Yajnavalkya, diga-me o que permeia o éter Imanifesto?" Essa era uma pergunta muito inteligente. Gargi deve ter pensado que Yajnavalkya iria falhar ao responder a questão, ou se sentiria culpado ao responder em termos intelectuais algo que transcende os limites do intelecto. Gargi queria pegar Yajnavalkya, mas ele era mais que um páreo duro para os desafios intelectuais de Gargi. Ele responde:

> *Oh Gargi, os que conhecem Brahman declaram-no como Absoluto. Não é tangível, nem sutil, nem curto nem longo, nem sombra nem escuridão, nem ar nem éter. Não é uma medida e é destituído de interior ou exterior.*

Aqui é interessante notar que Yajnavalkya não diz que declara o Absoluto como o espírito que permeia o éter Imanifesto, ele diz que aqueles que conhecem *Brahman* declaram-no assim. Ele dá o testemunho dos homens sábios do mundo, aqueles que compreenderam *Brahman*. Esse Absoluto não pode ser descrito em quaisquer termos relativos, sua única descrição pode ser a negação do relativo e, portanto, o Absoluto é descrito como não sendo nem o sutil nem o tangível, nem o curto nem o longo, nem o interior nem o exterior. Podemos dizer apenas que ELE É, mas se alguém perguntasse o que significa, a expressão, ELE É, mesmo assim, mais nenhuma descrição poderia ser feita. É desnecessário dizer que em uma descrição se usa a linguagem do mundo relativo. Mas como o relativo pode explicar o Absoluto?

É interessante notar como Yajnavalkya enfatizou a imperativa necessidade de conhecer o Absoluto, pois, sem conhecê-Lo, todas as atividades, mesmo que nobres, não têm valor. Ele diz:

> *Seja quem for, Oh Gargi, que, sem conhecer o Absoluto, pratique oferendas de fogo, realize sacrifícios e pratique penitências, percebe que tudo isso não tem valor, mesmo que ele se ocupe disso por milhares de anos.*

Todas as práticas religiosas são totalmente infrutíferas se não comungarmos com o Absoluto. Precisamos entrar no reino de Deus primeiro, e então tudo o mais virá por acréscimo. Sem uma experiência mística, pois é isso o que significa comunhão com o Absoluto, todas as disciplinas religiosas morais e supostamente espirituais não têm valor. E quando é estabelecida uma comunhão com o Absoluto, todas as disciplinas e práticas se tornam naturais e espontâneas. Uma máxima da vida espiritual diz: "Tu não podes viajar no Caminho a menos que te tenhas tornado um com ele." Sem uma comunhão com o Absoluto, todo trilhar no Caminho teria motivos. Todas as ações enraizadas em motivos, mesmo que nobres, prendem o indivíduo. Mas uma ação sem motivo surge somente no Terreno do Absoluto. Yajnavalkya diz:

> *Seja quem for, Oh Gargi, que deixe este mundo sem conhecer o Absoluto é digno de pena. Mas aquele que deixa este mundo após estar em comunhão com o Absoluto é um conhecedor de* Brahman.

É significativo notar que a palavra para Absoluto no texto sânscrito é *Akshara* ou o Imperecível. Por que Yajnavalkya enfatiza o conhecimento do Absoluto antes de deixar este mundo? O significado dessa afirmação é que o homem deve conhecer a morte enquanto está vivo. A fim de conhecermos o Absoluto precisamos morrer para o relativo. É na completa negação do relativo que o Absoluto é **conhecido. Aquele que conhece** isso passa além dos limites da morte. Ele chega à experiência da Imortalidade. Aquele que não conhece a morte enquanto está vivo, precisa morrer reiteradamente e assim permanece sob o domínio da Morte.

Sobre o Absoluto, ele diz:

Na verdade esse Absoluto, Oh Gargi, nunca é visto, mas é o Vidente; Ele nunca é ouvido, mas é o Ouvinte; nunca se pensa nele, mas Ele é o pensador; Ele nunca é conhecido, mas é o Conhecedor. Não há outro Vidente a não ser Ele, não há outro ouvinte, a não ser Ele, não há outro pensador a não ser Ele, não há outro conhecedor a não ser Ele.

Esse Absoluto, Oh Gargi, ele mesmo permeia o éter Imanifesto.

Mas se ele permeia o éter Imanifesto, então como ele pode ser chamado de Espaço Puro? Aquilo que permeia precisa existir naquele Espaço, e a sua existência faz com que ele exista no espaço com objetos, e não em um Espaço sem objetos. O Absoluto permeia e, no entanto, não tem existência e, portanto, não ocupa espaço. Como pode ser isso, pergunta a mente do homem? Mas a mente **do homem não pode compreender** isso. E quando a mente do homem abandona todos os esforços para compreender isso através de sua própria cogitação, então o Absoluto revela-se ao homem e transmite-lhe Seu grande segredo.

Gargi ficou tão completamente satisfeita com essas respostas de Yajnavalkya que ela se dirige aos Brâmanes assim:

Oh, Veneráveis Brâmanes, vocês deveriam considerar isso suficiente e retirar-se da presença de Yajnavalkya com uma saudação. Certamente ninguém pode derrotá-lo na exposição de **Brahman.**

Tendo Yajnavalkya tratado todas as questões e satisfeito a assembléia erudita com suas respostas, levantou-se e disse:

> *Veneráveis Brâmanes, qualquer um que quiser pode fazer perguntas para mim, ou todos podem fazê-lo. Ou eu posso fazer-lhes perguntas sobre os assuntos que estivemos discutindo aqui.*

O Upanixade diz que ninguém ousou levantar-se e fazer outra pergunta a Yajnavalkya. Portanto Yajnavalkya colocou uma questão à distinta reunião de Brâmanes eruditos. Sua questão foi:

> *Se arrancamos uma árvore com suas raízes, ela não brota novamente. De que raiz o homem brotou depois de ter sido ceifado pela morte?*

Nem um só Brâmane foi capaz de responder e, assim, o próprio Yajnavalkya respondeu com as seguintes palavras:

> *Se vocês pensarem que ele nasceu para sempre, então eu direi: "Não, ele nasce novamente." Ora, quem o produziria novamente? É* Brahman, *que é a Bem-aventurança e Inteligência Absoluta, o último recurso de tudo.*

Yajnavalkya disse que a resposta para a questão acima não pode ser encontrada ao postular-se uma continuidade infinita daquilo que nasceu. Não é na continuidade que está a resposta do enigma. O instrutor diz que o homem nasce novamente, o que implica que ele morre e torna a nascer. Imortalidade não é continuidade infinita. A morte não pode ser isolada da vida. A morte está envolta no próprio ato de viver. Aquele que não sabe viver é que teme a morte. Aquele que morre constantemente, só ele conhece o que é viver plenamente. **Tal homem está além das compulsões.** Ele vive, morre e nasce novamente em um terreno de completa Liberdade. Yajnavalkya diz que ele nasce pelo ato do Absoluto. O ato do Absoluto é o ato da liberdade perfeita. Um homem que sabe como morrer nasce em condições de completa liberdade, porque suas raízes foram cortadas. A retirada das raízes é um completo corte do passado. No verso anterior Yajnavalkya diz que quando uma árvore é derrubada ela brota novamente de suas raízes em uma nova forma. A situação da maioria das pessoas é essa. Para elas a morte é apenas o abate de uma árvore, mas as raízes permanecem impassíveis. Nascem reiteradamente das mesmas raízes. Os corpos são diferentes, mas a entidade psicológica é a mesma. Mas quando o homem é completamente livre de seu passado, então como ele nasce? Qual é a fonte de seu renascimento? Certamente é o estado de completa liberdade. Ele é novo em cada nascimento, pois está livre das compulsões do nascimento e da morte. As compulsões são realmente as raízes do homem. Estar completamente desenraizado é realmente morrer no sentido psicológico e espiritual. Nesse estado o homem renasce reiteradamente, ele não busca continuidade e, portanto, está sempre novo, de momento a momento. Esse frescor é transmitido pelo toque do Absoluto. Yajnavalkya acertadamente indica que o homem é Imortal e, portanto, precisa morrer constantemente. Tal homem lança raízes no solo fértil do Absoluto e, portanto, está sempre novo.

Yajnavalkya parece ter sido um instrutor de grande reputação e destaque durante o período upanixádico, pois mesmo um rei como Janaka tinha avidez de aprender com ele e se instruía com ele sobre os profundos problemas da vida. Certa vez, quando o Rei Janaka estava sentado em sua corte, Yajnavalkya chegou. Janaka perguntou-lhe por que ele tinha vindo para a corte, para pegar algumas vacas ou para instruí-lo? Yajnavalkya disse-lhe que tinha ido lá pelos dois motivos. Então Yajnavalkya instruiu Janaka sobre temas profundos. Seu tema principal era o Corpo de *Brahman* e o suporte e a sustentação que o Corpo recebia. Fala e *Prana*, Olho e Ouvido, Mente e Coração eram considerados o corpo de *Brahman,* os instrumentos da manifestação. Mas de onde esses instrumentos da manifestação recebiam seu suporte e sustentação? Yajnavalkya disse: "Do *Akasha* ou o Indiferenciado." O Indiferenciado é descrito aqui como *Akasha* ou Espaço. O Espaço Puro, Espaço no qual não há agitação, sustenta toda a manifestação. O Espaço é o pai-mãe de toda criação, Yajnavalkya disse que *Brahman* em manifestação sustenta-se apenas em um pé. Como diz o *Bhagavad Gita:* "É com um fragmento de Si" que o supremo permanece em manifestação. Mas o fragmento na criação recebe toda sua sustentação do Imanifesto ou Nãonascido. Ele diz que o Imanifesto envia suas mensagens através do manifesto. O Imanifesto pode ser contatado através dessas mensagens. Para isso é necessário refletir e meditar naqueles aspectos do manifesto onde as mensagens do Imanifesto podem ser mais facilmente descobertas. Ele diz que através da Inteligência e da Afeição, da Verdade e do Infinito, da Bemaventurança e da Estabilidade, podemos ouvir as mensagens do Imanifesto no manifesto. É interessante observar que esses três grupos de elementos, através dos quais as mensagens do Imanifesto podem chegar, contêm, cada um, um aspecto positivo e um negativo. Sem o positivo e o negativo o circuito de energia não é completo. Eles indicam movimento e serenidade. Inteligência, Verdade e Estabilidade significam serenidade, assim como Afeição, Infinidade e Bem-aventurança simbolizam movimento. É na coexistência do positivo e do negativo que a mensagem do Imanifesto chega à esfera da manifestação. Yajnavalkya diz que o Imanifesto é realmente o apoio e a sustentação do manifesto, e a sustentação vem através das sugestões que o Imanifesto envia para o apoio do Manifesto.

Yajnavalkya diz a Janaka que o Ser em sua verdadeira natureza é o Imanifesto e pode ser descrito somente como *Neti, Neti*, "Não é isto, Não é aquilo." O Imanifesto é:

> *Imperceptível, pois Ele não é percebido, Ele é impossível de encurtar, pois Ele não encurta, Ele é desapegado, pois Ele não é apegado; Ele é desimpedido, pois não sofre nem perece.*

As palavras sânscritas usadas para esses quatro epítetos são: *Agrihyo, Ashiryo, Asango* e *Asito*, que significam respectivamente imperceptível, impossível de encurtar, desapegado e desimpedido. É significativo que todos os quatro epítetos são usados em termos negativos, pois nada positivo pode ser dito acerca do Imanifesto e do Não-nascido. *Neti, Neti* é realmente a linguagem dos Upanixades para descrever a Realidade Última. Janaka fez uma pergunta de profunda importância para Yajnavalkya. Sua pergunta foi: "O que serve de Luz ao homem?" A resposta que Yajnavalkya deu representa uma das passagens mais inspiradoras dos Upanixades. A conversa entre o Sábio e o Rei foi narrada no Upanixade como segue:

> *"O que é a Luz do Homem", perguntou o Rei. "O sol, Oh Rei, pois somente com o auxílio da luz do sol o homem pode existir."*
>
> *Mas o Rei não ficou contente e perguntou novamente: "Quando o sol se põe, Yajnavalkya, qual é então a luz do homem?" O sábio respondeu: "Quando o sol se põe, então a lua, Oh Rei, é a luz do homem, pois somente com o auxílio de seus raios o homem vive."*
>
> *Mas novamente o Rei perguntou. "Quando o sol e a lua se põem, qual é a luz do homem então?" Yajnavalkya respondeu: "Quando o sol e a lua se põem, então o fogo é a luz do homem." Mas o rei perguntou: "O que acontece quando o fogo se extingue?" E o sábio respondeu: "Oh Rei, quando o sol e a lua se põem, quando o fogo sumiu e todas as fontes externas de luz do mundo acabaram, e o próprio mundo está envolto em escuridão, só então a luz da alma brilha, a Verdadeira, Inextinguível e Eterna Luz do Homem."*

Somente quando o homem compreende a ineficácia da luz externa é que a luz do Ser brilha. E a Luz do Ser nunca se extingue, pois o Ser nunca se põe. É sempre radiante, auto-radiante. Sua luz nunca esmaece. A luz eterna é somente "escuridão tornada visível". A luz de fora nos leva a compreender que ela apenas nos torna conscientes da escuridão. Mas só quando o homem se torna consciente da escuridão, quando a escuridão é tornada visível, é que o homem se volta à Luz Inefável, Luz como a qual nunca houve na terra ou nos céus.

Mas naturalmente Janaka pergunta o que é esse Ser. A questão do Ser ocorre reiteradamente nos Upanixades porque é impalpável. Ela foge da percepção do homem e, portanto, o investigador se volta para ela com freqüência a fim de captar um pouco mais claramente aquilo que está além do alcance da Mente e do Intelecto. A essa questão de Janaka, Yajnavalkya responde assim:

> *Do Ser Imanifesto nada pode ser dito. Mas na manifestação esse Ser toma a forma de conhecimento entre os sentidos, a luz dentro do coração. No intelecto ele é tanto o estado de Vigília quanto o de Sonho, é aquilo que permanece em contemplação e movimento.*

O Ser em manifestação é conhecimento entre os sentidos e luz dentro do coração, e é os dois pólos de dualidade do intelecto, os pólos do movimento e da contemplação, da vigília e do sonho. É preciso notar que na Vigília e no sonho a mente do homem está presa à dualidade. O Ser em manifestação se ocupa em um Jogo de Opostos. Mas o Jogo dos Opostos se torna um conflito de opostos quando a mente do homem está confusa e perde o contato com o Imanifesto devido às suas próprias projeções. Yajnavalkya diz que o estado de sono Profundo, que não é nem a condição de Vigília nem a condição de Sonho, constitui a região da auto-iluminação. É o Sono Profundo que traz a mensagem do Imanifesto. O Transcendente fala ao Imanente somente no estado de Sono Profundo. As condições de Vigília e Sonho são repletas de modificações, mas o Sono Profundo é uma condição de Não-modificação. Yajnavalkya diz:

> *O estado de Sono Profundo é a condição do Ser na qual não há desejo, nenhum vestígio de virtude ou vício.*

Ele diz que no Sono Profundo há por assim dizer o abraço apertado do Manifesto e do Imanifesto. No abraço amoroso não há percepção de nada, nem mesmo da dualidade. Yajnavalkya diz que se nesse estado o Ser não vê, não é porque tenha perdido o sentido da visão. Ele não vê porque não há o outro para ver. É um estado não-dual. No Sono Profundo não há dualidade e, portanto, o Manifesto e o Imanifesto chegam próximos um ao outro, estão abraçados apertadamente e não há percepção um do outro. Quando daí o homem retorna às condições de Sonho e de Vigília ele vem com o êxtase da profunda união com o Não-nascido e o Não-criado. Yajnavalkya diz que a condição de não-dualidade, de Sono Profundo, é tal que nesse estado:

> *Um pai não é mais um pai, uma mãe não é mais uma mãe, os mundos não mais são mundos, os deuses não mais deuses, os Vedas não mais Vedas, um ladrão, um assassino, não mais um assassino, um monge não mais um monge, um recluso não mais um recluso. Esse estado não é afetado pelas boas ações nem pelas más ações, pois aqui o Ser está além de todas as aflições do coração.*

No Sono Profundo o indiferenciado pode ser conhecido somente em termos negativos. O que o indiferenciado é em seu aspecto positivo ninguém pode dizer. Isso deve ser compreendido pela percepção direta. No Sono Profundo o Indiferenciado dá sugestões sobre Si, e essas mensagens são expressas em termos negativos. Além de *Neti, Neti*, nada pode ser dito do Imanifesto. No Sono Profundo há a Bem-aventurança da Não-dualidade. Desse estado Não-dual o Sábio diz:

> *Onde há algo diferente, por assim dizer, pode-se ver o outro, pode-se cheirar o outro, pode-se sentir o outro, pode-se falar com o outro, pode-se ouvir o outro, pode-se pensar sobre o outro, pode-se tocar o outro, pode-se conhecer o outro.*

Mas quando não há o "outro", como podemos descrever essa condição? Essa experiência do não-dual é a mais Alta Bem-aventurança, e Yajnavalkya diz que o mundo da dualidade vive apenas em uma partícula dessa Bem-aventurança. As alegrias das condições de Vigília e de Sonho nada mais são que uma partícula daquela Bem-aventurança que é experimentada no Estado de Sono Profundo. Yajnavalkya diz:

> *Um homem espiritual deve investigar esse estado, mas para isso ele não deveria pensar muitas palavras, pois que isso é uma mera saturação da fala.*

O instrutor diz que "não se deve pensar muitas palavras," pois palavras são realmente verbalizações da mente. Essas verbalizações nada mais trazem senão saturação, impedem-nos de chegar à experiência daquele estado. O Sono Profundo é uma experiência direta, e indica a não existência de uma dualidade, a dualidade do experimentador e do experienciado. Quando a mente se ocupa com verbalização, a dualidade vem à existência. Onde há verbalização da mente, a possibilidade da experiência direta desaparece. Mas onde quer que haja experiência direta, mesmo que por um momento, ali, por causa da cessação da verbalização, há uma alegria indescritível que surge do abraço apertado do Manifesto e do Imanifesto.

Tão satisfeito ficou Janaka com Yajnavalkya que disse ao instrutor: "A seu venerável Ser, concedo todo o país de Videha, juntamente comigo mesmo." Esse é o supremo ato de dedicação, mas ele é espontâneo, nascido no momento de alegria, pois Yajnavalkya o transportou para as regiões que jazem além das riquezas da terra e do céu.

Aqui o Upanixade relata a estória de Prajapati, que tinha três filhos sob seu treinamento com ele. O nome de Prajapati é Viraj, que significa inteligência brilhante. Os três filhos sob treinamento eram os Demônios, os Homens e os Deuses. Esses filhos, quando completaram seu treinamento, pediram a seu pai, Viraj, uma mensagem. O pai disse aos Deuses: "Minha mensagem é apenas uma sílaba, DA." Os Deuses naturalmente se aproximaram dele primeiro, pois completaram seu treinamento antes dos outros dois filhos. O pai perguntou aos deuses: "Vocês entenderam a mensagem dessa sílaba, DA?" Eles disseram que haviam entendido, pois o significado de DA era *Damyata* – contenha-se. O pai ficou feliz e disse-lhes: "Sim, vocês realmente compreenderam o significado da sílaba." Então vieram os Homens, pedindo o ensinamento final. A eles também ele disse: "Meu ensinamento é DA." Ele perguntou-lhes se haviam entendido seu significado, e os Homens disseram que sim, pois o significado de DA era *Datta* – seja caridoso. E então vieram os Demônios, também pedindo a mensagem de despedida. O pai disse: "A vocês também meu ensinamento final é DA". Ele perguntou aos Demônios se haviam entendido o significado disso. Eles disseram que sim, pois o significado de DA era *Dayadhvam* – seja sensível. Qual é o significado dessa estória? É a Inteligência que fala de seus três aspectos. Temos que lembrar que Inteligência não é intelecto. Inteligência é aquilo que transcende o intelecto. Seus três filhos são os três atributos da mente. A Inteligência diz à mente: você só entenderá o significado de minha mensagem se souber o que significa DA. Os três atributos da mente são *Sattva, Rajas e Tamas* –

Harmonia, Atividade e Inércia. A Inteligência dá uma palavra como instrução sobre cada um dos atributos, e a palavra é a mesma, DA, mas cada atributo deve ser traduzido em termos de sua própria verdade e próprio funcionamento. Para o atributo *Sattva,* DA significa Humildade, Modéstia, um sentido de equilíbrio. Quando *Sattva* não funciona em termos de modéstia e humildade, então ele se torna orgulhoso de suas próprias conquistas. Ele se torna consciente de suas virtudes e realizações. Para esse, Viraj ou a Inteligência diz: "contenha-se, seja gentil, seja modesto, seja humilde, mova-se na vida não com um ar de autoconfiança, mas com equilíbrio." Se ele fizer isso, então *Sattva* irá tornar-se um instrumento para a inteligência funcionar, e não um fator de limitação.

Ao atributo de *Rajas,* representado pelos homens, a palavra de instrução dada pela Inteligência é a mesma, isto é, DA. Mas para *Rajas* ela deve significar Caridade, um senso de generosidade. Caridade não deve ser entendida no sentido de dar esmolas ou distribuir presentes. Por caridade se quer dizer uma disposição caridosa, olhar para tudo com uma visão caritativa. Somente isso removerá toda a frustração de *rajas* ou atividade. Em todo o processo de atividade, de vir-a-ser, o homem se frustra. Por quê? Porque ele é incapaz de ter uma visão caritativa das coisas. Ele nunca vê o conteúdo prateado, sua atenção se fixa somente nas nuvens escuras. A mente que é incapaz de ter uma visão caritativa da fraqueza dos outros fica cada vez mais frustrada, sua atividade resulta em frustração e depressão. Tal homem fica cansado e exausto. Aos homens na esfera da atividade, a Inteligência oferece a mensagem da Caridade, pois só isso transformará toda a atividade em algo útil. *Rajas* irá tornar-se um instrumento da Inteligência e não mais uma limitação. Que maior caridade pode haver do que ser caridoso aos olhos dos demais? Os demônios também vieram até Viraj para receber a instrução final. Eles representam *tamas* ou inércia da mente. A inércia também tem seu lugar, pois ela dá estabilidade. Estabilidade, Atividade e Harmonia são realmente as três funções da mente. Mas essas funções se tornam limitações e, quando isso ocorre, a inteligência não pode brilhar para iluminar a mente do homem. Para os demônios representando *tamas* ou inércia, a Inteligência dá a mesma mensagem de DA, mas para eles, ela deve significar *Dayadhvam* – sensibilidade ou simpatia. Embora *tamas* dê estabilidade, uma mera estabilidade significaria a morte se não houvesse sensibilidade. De *tamas* deve surgir atividade, mas isso pode acontecer somente quanto o atributo de *tamas* mostra receptividade. Deve haver mobilidade da consciência no meio da estabilidade da estrutura. Quando isso acontece, então *tamas* se torna um instrumento da Inteligência e não mais uma limitação. Humildade, Caridade e Sensibilidade – essa é a instrução de Viraj ou Inteligência para os atributos de funcionamento da mente. Pois só assim a mente pode ser iluminada por *Buddhi* ou Inteligência. E é essa Inteligência que percebe as mensagens do Imanifesto no Manifesto. A Inteligência é realmente a ponte que conduz da Imanência para a Transcendência, do Manifesto para o Imanifesto.

O Upanixade diz que a Natureza fala ao homem através do trovão e ilumina esta mensagem de DA-DA-DA. É a Inteligência na Natureza falando à Inteligência no homem. O Upanixade diz:

> *O princípio da Inteligência é realmente* Brahman. *Como a teia que sai do corpo da aranha ou como as faíscas que brotam e pululam da Chama, é a Inteligência que dá ao homem as grandiosas notícias de* Brahman.

Somente a Inteligência traz ao homem as mensagens do Imanifesto. Ela transmite-lhe a Voz do Silêncio, comunica-lhe o Chamado do Não-nascido. O homem a quem tais mensagens chegaram é uma pessoa espiritualmente iluminada, ele é uno com a Divina Inspiração nele; ele fala uma língua feita não de palavras, mas de Espírito, pois é um ser inspirado.

*Upanixade
Shvetashvatara*

XI

O Uno – A Única Unidade

O Upanixade *Shvetashvatara* não faz parte dos Dez Upanixades Maiores ou Principais. E, no entanto, a beleza e a profundidade de seus ensinamentos são tão grandes que a maioria das pessoas que comentaram os Upanixades o consideraram como um dos Upanixades mais importantes. O nome desse Upanixade deriva-se do instrutor Shvetashvatara. Ele inicia com uma discussão informal de estudantes desejosos de conhecer as eternas verdades da vida. O tema de sua discussão está indicado no verso de abertura do Upanixade. Diz ele:

Qual é a Causa? É Brahman? De onde nascemos? O que nos sustenta? Para onde estamos indo? Quem distribui prazer e dor nas diferentes condições da vida?

Estes *brahmavadins,* estudantes preocupados com a investigação profunda, desejam conhecer a Causa do Universo. Em geral, existem duas causas principais para a criação de alguma coisa. Essas duas causas são *Upadana e Nimitta,* a material e a ativa. A causa material trata dos materiais que constituem um objeto de criação, e a causa ativa trata do instrumento ou sujeito que traz a criação à existência. São as causas objetiva e subjetiva. Por exemplo, na criação do pote de barro, a argila é *upadana,* ou causa material, e o moleiro é *nimitta,* ou causa ativa. Para penetrarmos na questão da causação, precisamos investigar ambas as causas. Em sua discussão, os estudantes da Sabedoria Divina perguntaram: "A causa é o tempo? Ou a própria natureza das coisas é que causou este Universo? Ou o Universo veio à existência por meio de alguma operação misteriosa do destino? Ou o Universo foi trazido à existência através da combinação dos Elementos? Ou a causa do Universo é a combinação de todas essas causas?" Tendo examinado cada causa separada e o conjunto das causas, chegaram à conclusão de que nenhum dos fatores acima podia ter sido a causa do Universo, podem ter contribuído para a causa material, fornecendo o material, mas não poderiam ter sido a causa ativa ou instrumental. O pote de barro não pode vir à existência somente porque há um monte de barro depositado em algum lugar. A presença do moleiro é indispensável para usar o barro na criação do pote. Eles descobriram a ausência do moleiro em todos os fatores acima. E, portanto, afirmaram que mesmo uma combinação de todos esses fatores materiais não poderia ter criado o Universo. Então, certamente, a Alma deve ser a causa do Universo. Mas descartaram até mesmo a Alma, dizendo que ela é *Anisha,* destituída de poder, pois também é afetada pelo prazer e pela dor. Se a alma não pode libertar a si mesma dos efeitos da dor e do prazer, como poderia ela ser a causa do Universo?

É interessante notar que esse é o único Upanixade, entre os principais, que introduz a Alma em suas discussões. Essa Alma obviamente não é o Espírito ou o *Atman* que os Upanixades declararam ser *Brahman.* Na verdade, o tema principal dos Upanixades é que a natureza de *Brahman* reside em *Atman.* Se esse é o caso, como pode ser destituído de poder? E, contudo, esse Upanixade descreve *Atman* como *anishia* ou destituído de poder, sujeito à influência do prazer e da dor. É evidente que o *Atman* desse Upanixade não é o mesmo *Atman* sobre o qual todos os demais Upanixades se referem em termos tão gloriosos. Com a introdução desse novo termo, temos que postular três entidades: *Brahman, Atman,* ou o Ser e a Alma. A Alma, a entidade que é *anisha* ou destituída de poder, porque é afetada pelo prazer ou pela dor, obviamente é o Ego. Quando examinamos os ensinamentos desse Upanixade, a triplicidade Ego, Espírito e *Brahman* chama nossa atenção.

O que é esse Ego ou Alma? É um composto, uma acumulação nascida do processo do tempo. Por que é afetado pelo prazer e pela dor? Porque é produto de uma dualidade. Em sua própria constituição há resistência à dor e aceitação do prazer. O fato de ser afetado pelo prazer e pela dor revela a existência de centros de indulgência e negação em sua própria constituição. Nutre o que considera agradável e constrói uma resistência contra aquilo que chama de desagradável ou mau. Na classificação do Vedanta esse Ego tem sua morada naquilo que é conhecido como *Karana Sharira,* o Corpo Causal. É causal somente no sentido em que supre a causa material. *Upadana* não significa somente o material físico, significa também o material psicológico. E isso é suprido pela entidade psíquica conhecida como Ego. O corpo causal é o depósito das tendências psicológicas, a memória psicológica que supre o material psíquico para a criação das manifestações mentais, emocionais e físicas. O Ego nasce da dualidade, é o produto do tempo. É a natureza acumulada e adquirida do homem. Como ele pode ser a causa do Universo? É sujeito aos fatores que constituem o Universo. Os estudantes da Sabedoria Divina acertadamente proclamaram esse Ego ou Alma como impotente. Mas, então, qual é a causa do Universo? Após reflexão e meditação silenciosas, chegaram à conclusão de que:

A causa do Universo deve ser o Poder que pertence ao Absoluto, oculto em seu interior. O Absoluto é quem preside todos aqueles fatores, começando com o Tempo e terminando com a Alma.

Eles argumentaram que o Universo deve ter surgido do Absoluto, pois só ele é sem limites. Não é afetado nem pelo Tempo nem pela Necessidade, nem por outros elementos materiais ou psíquicos. O Absoluto ou o Ser Supremo é a Causa, tudo o mais é apenas efeito. A causa está no efeito, mas tão intangível e imperceptível que perdemos a causa e vemos o próprio efeito como causa. Se a causa está no efeito, então, ao dissecá-lo, podemos encontrá-la? Como o Intangível pode ser encontrado fragmentando o tangível? Quando a causa não é encontrada dissecando o efeito, o homem diz que não há causa, que o Universo é apenas um produto do acaso e do acidente. Não encontrando a causa, o homem começa a modificar os efeitos e, nesse processo, aquilo que é anterior no tempo é considerado como a causa daquilo que vem depois. Assim, ele cria um intervalo de tempo entre a causa e o efeito. Busca a causa no processo do tempo. Cai numa falsa corrente onde a causa e o efeito são separados pelo intervalo do tempo. Mas a causa real do Universo não está distante do efeito. Há um misterioso fenômeno no Universo: a Causa-Efeito e não a causa e o efeito. Aquele que conhece esse fenômeno misterioso, o segredo da coexistência da Causa e do Efeito, está livre de toda servidão. O Upanixade afirma claramente essa idéia no seguinte verso:

O cisne ou a alma individual é arremetida nessa roda infinita do Ser Supremo, na qual todas as coisas vivem e têm sua existência, e imagina a si mesmo e ao promulgador como diferentes.

Quando a causa e o efeito são considerados separados um do outro, ocorre essa queda nos redemoinhos da existência. A alma, que é a natureza adquirida, considera-se diferente da causa, que é *Brahman*. A alma ou o ego tem uma existência emparedada, ela se encerra atrás dos muros que ela própria criou. Seu único desejo é continuar, e para isso erige todos os tipos de mecanismos de defesa. Dá a esses mecanismos de defesa denominações nobres e elevadas, chamando-os de **ideais**, **aspirações**, **propósitos**, **metas** e muitos outros epítetos similares. O que está por trás de tudo isso é seu desejo de continuidade. A alma lança o véu de sua própria continuidade sobre todo o mundo fenomênico. Assume o domínio de tudo que faz parte do mundo manifestado. Mas, na verdade, finge estar no trono, não é o verdadeiro governador. Ela quer usurpar os poderes do governador, mas quer fazer isso isolando a si mesma do esquema da manifestação. Acredita que só pode continuar com os poderes assumidos se encerrar-se em uma torre de marfim, que se quisesse se misturar com os outros, logo seria desmascarada. Surge então uma dualidade: o Superior e o Inferior. O ego considera-se o Superior. Deve ficar livre do desagradável magnetismo do Inferior! O ego deve governar seu reino através de decretos e ordens, por meio do que chama exercício de sua vontade. Segue-se um infindável conflito entre o Superior e o Inferior, e o homem promete solenemente manter uma luta incessante contra a natureza inferior. A luta é infindável, não chega ao fim, e jamais poderá haver um fim para ela, pois o fingidor é inerentemente fraco e, portanto, incapaz de integrar seu reino.

Toda essa luta, que resulta em interminável tristeza e sofrimento, cessaria se o homem pudesse ver a causa no efeito, o Intangível no tangível, *Brahman* no Universo, o Criador na própria criação. Mas como isso pode acontecer? Esse é o objetivo principal de todos os Upanixades, mas o Upanixade *Shvetashvatara* dá uma interpretação nova e vital a essa questão. O Upanixade diz que só quando a identidade separada construída pelo ego ou a alma é fragmentada é que ocorre a compreensão de que *Atman* e *Brahman* são unos. Nessa compreensão está a eterna bem-aventurança do homem. Aqui o Upanixade afirma a tríade de *Atman*, Alma e o mundo Manifesto. Ele diz:

> *O Supremo* Brahman *é o substrato imperecível e constante de tudo, os que conhecem* Brahman, *vendo a diferença na tríade, devotam-se ao Supremo* Brahman, *fundem-se nele e libertam-se de toda a escravidão.*

O que significa ver a diferença na tríade? Isso é indicado pela intervenção do ego ou alma e, portanto, pela criação de uma distância entre *Atman* e o mundo manifesto. É essa intervenção do ego que nos impede de ver a presença intangível de *Atman* no Universo. O verso acima diz que ao ver essa diferença, os que conhecem *Brahman* devotam-se ao *Brahman* Supremo. Mas como?

Talvez não seja fora de propósito mencionar aqui que o Upanixade *Shvetashvatara*, por ser o último, oferece indicações das idéias filosóficas que surgiram no curso do desenvolvimento das religiões na Índia. Podemos ver aqui a influência da filosofia *Sankhya* com sua ênfase na dualidade. Mas, a despeito disso, o tema principal do Upanixade *Shvetashvatara* continua não-dual, em sintonia com o restante do pensamento upanixádico. Há uma diferença nesse Upanixade, contudo, que precisa ser mencionada, qual seja, o Nome dado ao Absoluto. Enquanto os demais Upanixades se eximiram de dar qualquer nome a *Brahman* ou o Absoluto, esse Upanixade descreveu essa Realidade Última como *Shiva*. Mas isso não significa qualquer desvio do tema principal da Não-Dualidade. A menção de *Shiva* não é com referência à Trindade hindu, pois em parte alguma encontramos qualquer menção nesse Upanixade aos dois outros aspectos da Trindade. Esse Upanixade optou por dar um nome à Realidade Última, e esse nome é *Shiva*. Isso não o torna um Upanixade teísta, como sugerem alguns comentadores. A característica diferente desse Upanixade é o Absoluto com Nome.

A questão é: como esse Upanixade aborda o tema da compreensão do Ser Supremo? Fica evidente, a partir da discussão precedente, que o ego ou a alma com seu anseio de continuidade é o maior impedimento na busca do Real. O Upanixade diz em um de seus versos que *Brahman* deve ser compreendido na imanência e não fora dela. Mas isso é possível somente quando resolvemos o termo intermediário na tríade constituída pelo ser interior, pela alma e pelo mundo. Quando o homem descobre o ser não distorcido no mundo, ele conhece *Brahman*, o Último e o Imanifesto. O Upanixade diz:

> *Aquilo que é perecível é matéria primária. O imortal e imperecível é o Ser.* Brahman *preside ambos: o perecível e o Ser. Mas ao meditarmos Nele, ao nos unirmos a Ele e ao entrarmos em seu Ser, ocorre um crescente cessar de toda ilusão.*

É interessante notar que enquanto outros Upanixades descreveram *Brahman* com o pronome Isto, esse Upanixade fala de *Brahman* como Ele, porque se deu o nome de *Shiva* a *Brahman*. No verso acima se afirma que a matéria, *Prakriti*, é perecível, mas o Ser é imperecível. Porém, no meio, está a alma, o ego, que se identifica com *Prakriti* e, portanto, se torna o desfrutador. É essa alma que priva *Prakriti* do toque vivo e intangível do Ser. O reflexo do Ser não é visto porque a alma projeta-se no mundo. O ego cria agitações na matéria buscando sua própria continuidade. É natural que o reflexo do Ser seja fragmentado quando a superfície do lago do mundo material é agitada. O verso acima fala de meditação ou reflexão, de união, e finalmente da entrada na existência de *Brahman*, como o caminho mais seguro para romper todos os nós de todas as amarras. Mas, antes da reflexão, precisamos estar conscientes das projeções do ego. Aqui o Upanixade realmente ofereceu quatro aspectos da libertação, *Salokya, Samipya, Sarupya e Sayujya*, os quais residem no mesmo reino, aproximam-se de *Brahman* em Seu reino, tornam-se a imagem de *Brahman* e finalmente entram em Seu Ser. É a atenção que capacita o homem a sair do mundo do ego. Essa atenção cria uma dissociação em relação às atividades do ego. Com essa dissociação o homem começa a viver no mundo Superior. Através da reflexão ele aproxima-se da Realidade. Essa reflexão ou meditação cria um milagre onde o filho se torna a imagem do pai. Quando finalmente até mesmo a imagem desaparece, o homem se torna um com *Brahman*, a Realidade Última. Atenção, Meditação, Identificação e Unificação são os passos indicados nos versos acima para a compreensão de *Brahman*. O Upanixade diz:

> *Como o óleo no gergelim, como a manteiga na coalheira, como a água nos mananciais dos rios, como o fogo na lenha, o Ser é compreendido dentro de si mesmo por aquele que O percebe através da Verdade e da Austeridade.*

Aqui o Upanixade fala claramente da presença intangível de *Brahman* em tudo que é tangível. Mas como podemos perceber o intangível? O verso acima fala de *Satya e Tapas,* Verdade e Austeridade. Mais uma vez vemos aqui a coexistência do positivo e do negativo. A Verdade indubitavelmente é algo positivo, mas a Austeridade ou *Tapas* implica um processo de negação. Somente quando a consciência humana é capaz de chegar ao ponto de coexistência do positivo e do negativo é que surge a compreensão do intangível no próprio tangível. Como a manteiga é extraída do leitelho? Batendo-o. Ao batê-lo, é a batedeira que agita, o leitelho permanece estável. É o movimento da batedeira no leitelho que nos permite extrair a manteiga. Isso é o positivo e o negativo a que se refere o verso acima ao mencionar *Satya* e *Tapas,* Verdade e Austeridade. Elaborando essa idéia, o Upanixade diz:

Assim como uma imagem coberta de lama brilha quando é limpa, do mesmo modo, ao compreender a verdade do Ser, o indivíduo se torna o Ser Único. Quando em seu próprio estado real, em concentração, como uma lamparina, ele vê a verdade de Brahman, *compreende o Senhor, não-nascido e impassível.*

Tapas ou Austeridade, referida no verso anterior, é o processo de limpar a imagem para que a lama acumulada seja removida. A imagem brilha então com resplendor. Esse é realmente o processo de *Tapas* e *Satya*, Austeridade e Verdade. *Tapas* é a negação daquilo que foi acumulado. O ego ou a alma é uma acumulação, é um acrescentamento. E com isso vem à existência uma natureza adquirida. *Tapas* ou Penitência é a negação de tudo que foi acumulado, e nesse processo o ego é dissolvido. Quando isso acontece, há a clara visão do Ser. Na percepção do Ser descobre-se *Brahman*, a Realidade Última. O Upanixade refere-se a ele como *Brahman*, o Não-nascido. No verso seguinte, ao falar sobre *Brahman*, o Upanixade diz que *"Brahman* é o nascido e o que está por nascer". Nascido e contudo Não-nascido, esse é o mistério de *Brahman*, mas esse mistério é revelado na descoberta do Ser. Tal descoberta exige a fragmentação do ego, a eliminação do falso e da natureza adquirida.

O Upanixade *Shvetashvatara* descreve a criação como o lançamento de uma rede pelo criador. Essa rede da criação é *Maya*. *Maya* é considerada *Shakti*, a força através da qual *Brahman* cria o Universo e se manifesta. O tema de *Maya* tem sido muito mal interpretado. A abordagem do Vedanta não é uma abordagem de solipsismo, ela não afirma que o mundo é irreal. A famosa afirmação do Advaita diz: *Brahman satyam jaganmithya*, isto é, *Brahman* é real, o mundo é falso. Mas aqui a falsidade do mundo não deve ser interpretada como a irrealidade do mundo. *Mithya* indica ausência de existência intrínseca. A existência de *Brahman* é intrínseca, não depende de nada mais. Mas *jagat* ou o mundo é *mithya*, o que significa que não tem existência intrínseca, sua existência é derivada. É dependente de algo mais. Dizer que a imagem no espelho é falsa é fazer uma afirmação incorreta. A imagem no espelho existe, mas sua existência é derivada e não intrínseca. *Maya*, na filosofia Advaita, não implica não-existência, indica apenas a não-existência intrínseca, ou existência derivada. Aquilo que é derivado não existe por si mesmo, essa é realmente a natureza do mundo. A imagem-pensamento da mente não existe por si mesma, ela existe porque é mantida pelo pensador. Quando o pensador não sustenta a imagem, ela se desvanece, é dissolvida. Esse é realmente o relacionamento entre *Brahman* e o Mundo.

Esse relacionamento mostra que *Brahman* é distante e contudo íntimo. Os Upanixades declararam que *Atman* é idêntico a *Brahman,* pois ELE é a Centelha da mesma Chama. E, portanto, o que se aplica a *Brahman* se aplica também a *Atman*. Mesmo que seja uma Centelha, contém a Plenitude da Chama. *Atman* projeta Seu próprio mundo e se reflete naquele mundo como uma imagem no espelho. Se *Atman* ou o Ser é a Pessoa, *Purusha,* e se o mundo é a imagem, então a pergunta é: no que é lançada essa imagem? Qual é o meio no qual a imagem é refletida? A imagem é refletida no espelho da consciência. Enquanto o espelho estiver limpo a imagem é clara. Quando o espelho está imaculadamente limpo, o intangível pode ser visto no tangível, pois a imagem não é distorcida. Mas quando o espelho está sujo, começa a confusão, pois a percepção do intangível se perde. As distorções da imagem nesse caso não se parecem de modo algum distorções, parecem reais. Esse é de fato o processo de cair em *Maya* ou ilusão. As distorções são as modificações da imagem. As modificações parecem reais e, assim, o homem começa a atribuir ao Real os atributos das modificações. A consciência é realmente o espelho, mas é o ego que torna o espelho sujo. Esse ego vem à existência através da poeira que se acumula no espelho. A menos que o espelho seja limpo a todo instante, não há esperança de que o homem consiga descobrir a verdadeira natureza de *Atman;* e sem descobrir *Atman, Brahman* não pode ser conhecido. A limpeza do espelho está indicada em *Tapas* ou austeridade. Quando isso é feito, a Verdade é revelada, e a Verdade é a real natureza de *Atman,* a Centelha que contém a Plenitude da Chama.

Quando *Sat* ou a Verdade é percebida, seu reflexo no espelho claro é vivido como Alegria ou *Ananda*. O mundo é a expressão de *Ananda* ou Alegria. Mas para essa experiência acontecer, deve existir um espelho de Pura consciência entre *Atman* e o mundo. A consciência é o meio, *Sat* expressa-se como *Ananda* somente através de *Cit* ou consciência Pura. O mundo não nos parece repleto de alegria ou *Ananda* porque a imagem do Ser é distorcida pelo meio sujo através do qual passa. É a impureza de *Cit* que torna *Sat* sofrimento e pesar ao invés de *Ananda*. O toque vivo do intangível é impedido e, portanto, a imagem se torna totalmente destituída de vida. A imagem se torna algo morto e estático, o símbolo é divorciado de um contato vivo com a substância. O homem busca em vão o Real na imagem, ele deve olhar para o meio que distorce, ele deve limpar o espelho, pois a menos que isso seja feito, *Sat* não pode refletir-se como *Ananda*.

É muito significativo que o Upanixade *Shvetashvatara* descreve *Shiva* como o símbolo da Realidade Última. Em outros Upanixades a palavra sagrada *OM* foi apontada como o símbolo de *Brahman*. Aqui *Shiva* é visto como igual a *Brahman*. Pois bem, *Shiva* é de fato a expressão de *Ananda*. Nesse Upanixade vemos quase que uma explosão devocional a *Shiva* em seu aspecto *Ananda*. O verso no Upanixade diz:

> *Oh Rudra, Oh Girishanta, concede-nos tua graça, tu que és a encarnação de Deus, o Destemido, o Autoluminoso e o Bem-aventurado.*

O epíteto *Rudra* é muito adequado, pois significa o destruidor de tudo que é falso. *Shiva* tem dois aspectos: *Rudra* e *Saumya*, o Feroz e o Bom. Esses não são contraditórios, pois *Shiva* é o Bom porque é Feroz. É Feroz porque destrói tudo que é falso. Como pode haver benevolência enquanto o falso projetar-se em nossa vida? Com a destruição do falso, o Bem surge natural e espontaneamente. Esse Upanixade se refere a *Shiva* como *Rudra* porque seu ensinamento enfatiza a destruição do falso – a eliminação do nome assumido, a eliminção do ego que se pavoneia com o nome adquirido. No verso acima, *Shiva* é descrito como *Rudra* e também como *Girishanta*, esse significando que ele é o habitante dos locais de cremação, mas ele é também o habitante das montanhas. O local de cremação simboliza a morte. As montanhas são as que recebem os primeiros raios do sol da manhã. *Shiva*, o destruidor, é também *Shiva* o ressuscitador. *Shiva* preside sobre os reinos da descontinuidade onde o manifesto se funde no imanifesto e de onde o manifesto emerge novamente. O Upanixade *Shvetashvatara* canta em adoração a *Shiva*, o Ser Supremo. O verso do Upanixade diz:

> *Somente ao conhecê-Lo podemos passar por cima da morte, não há outro caminho a seguir.*

Vencemos a morte somente através do conhecimento de *Shiva*, pois ao conhecê-Lo provamos as próprias profundezas da Descontinuidade. Conhecê-Lo é conhecer o segredo da manifestação e também o mistério do Imanifestado. *Shiva* é a deidade que preside o Intervalo entre duas manifestações. Ele não é o Imanifesto como *Brahman*, ele não é o Manifesto como *Vishnu*, ele preside o Intervalo onde o Manifesto se fundiu com o Imanifesto e onde o Imanifesto ainda não emergiu em uma nova manifestação. O Upanixade acertadamente diz que não há outro caminho a seguir para compreender o significado e o segredo da Morte. O Upanixade assinala:

Nada há além ou melhor, nada há maior ou menor do que Ele.

Aqui está a descrição de *Brahman*, Além e Acima, Aquilo que é a Causa de tudo mas que permanece para sempre sem causa. Alguém que conhece *Brahman* se refere a esse *Brahman* que é conhecido como *Rudra* no Upanixade:

Eu O conheço, o Poderoso homem
Radiante como o sol, além da escuridão,
Conhecendo Ele e somente Ele passo por cima da morte
Não há outro caminho a seguir.

Dizer que não há outro caminho a seguir pode parecer estreito e dogmático. Mas essa afirmação não é feita no sentido de um dogma.

Sem conhecer *Rudra*, como a morte pode ser conhecida? E sem conhecer a morte, como podemos conhecer *Brahman*, o Grande Além? O local de cremação é de fato o caminho para o reino da morte. Aqui o local de cremação não deve ser entendido no sentido físico, é um local de cremação onde todas as possessões e acumulações da mente são deixadas para trás. Está dito na escritura cristã que é possível um camelo passar no buraco de uma agulha, mas não um homem rico. Aqui o homem rico é aquele que tem muitas posses mentais. Deixar todas as posses para trás, esse é o único caminho ao longo do qual podemos caminhar para o reino da morte e retornar totalmente renovados e ressurrectos. Para dizer isso, *Shiva* é descrito como aquele que tem o espaço como Sua vestimenta. Vestido de nada, Ele preside o estreito caminho que conduz através da morte para a Imortalidade. O Upanixade diz:

Aquilo que está além deste mundo
Não possui forma ou doenças,
Aqueles que o conhecem se tornam imortais,
Os outros se encaminham apenas para o sofrimento.

As duas palavras usadas para descrever essa Realidade Última são *Arupa* e *Anamaya*. *Arupa* é Sem-forma, mas o que significa *anamaya*? Literalmente significa "livre de todas as doenças". Significa obviamente aquilo que é incorruptível. É a forma que se corrompe, o Sem-forma é para sempre incorrupto e incorruptível. Aquele que é sujeito à corrupção jamais pode conhecer o que é imortalidade. Mas para conhecer um estado além da corrupção, não há outro caminho a seguir exceto através da comunhão com o Sem-forma. Em outro verso, *Brahman* é descrito como *avyaya*, o que significa Aquele no qual não há oscilação. O Upanixade diz que esse *Brahman*, que não é maior do que o polegar e que reside no coração do homem, só pode ser compreendido através da totalidade de mente, da sensibilidade do intelecto e da firmeza da fé. Uma mente distraída, que está sempre se movimentando de cá para lá, não pode conhecer *Brahman*. Tampouco um intelecto obtuso pode conhecê-Lo. O verso do Upanixade diz que o homem deve ter uma fé inabalável. Quando nasce tal fé? Quando há totalidade de atenção. Mas o que acontece nessa totalidade de atenção para gerar fé? A totalidade de atenção dá sensibilidade à consciência. E essa consciência sensível é capaz de perceber o sutil e o intangível. Aquele que pode ver o intangível no tangível tem uma fé que jamais pode ser abalada. A percepção do intangível desperta aquela reverência e maravilhamento que nos faz permanecer em um estado de fé total. Pode-se ver o apoio e a sustentação do tangível, mas o que suporta o Intangível, de onde ele retira sua sustentação? Aparentemente do Nada. Ver que o Intangível está enraizado no Nada nos deixa sem fala. O mistério do Nada gera uma fé inabalável. O verso do Upanixade diz que, tendo permeado o Universo, Ele permanece acima do Universo. Aqui, claramente, está indicado que *Brahman*, que é infinito, não pode ser contido pelo finito. O Universo é feito de coisas finitas, como pode conter o Infinito? Como uma forma, conquanto grande, pode conter o Sem-forma?

Dissemos anteriormente nesse capítulo que o Upanixade *Shvetashvatara* foi descrito algumas vezes como um Upanixade que advoga a filosofia *Sankhya* como sendo diferente da Não-Dual, a qual constitui o tema principal de toda a filosofia upanixádica. Qualquer dúvida sobre esse ponto é completamente esclarecida pelo seguinte verso:

> *Apenas* Brahman *existe, não há outro no reino do tempo nem além do Tempo. Todo o mundo manifestado existe por causa Dele.*

Só Ele existe – que maior indicação da filosofia do Absoluto poderia ser dada? Nesse Upanixade a Realidade Última é descrita como tendo mil cabeças, mil olhos e mil pés. Isso sugere também que Ele a tudo permeia. Como podemos imaginar *Brahman* a tudo permeando, a menos que falemos Dele como tendo um *Virat Rupa*, isto é, um Corpo com vastas extensões? Mas, embora o Upanixade fale de mil pés e mil mãos, diz algo muito estranho no seguinte verso:

> *Sem mãos Ele a tudo alcança, sem pés Ele corre por toda parte, sem olhos Ele a tudo vê, sem ouvidos Ele tudo ouve, ele conhece tudo, mas ninguém O conhece.*

Que completamente paradoxal! *Brahman* que tem mil mãos e mil pés, ao mesmo tempo não tem mãos e nem pés! Como entender isso? *Brahman* tem mãos e pés, ou Ele não tem mãos nem pés? As duas coisas são verdadeiras. Mas se as duas coisas são verdadeiras, então se trata de algo que a mente do homem não pode compreender. O intelecto rodopia diante de tal afirmação. O intelecto humano precisa sempre retroceder desse esforço, pois não pode encontrar *Brahman*. Como ele pode explicar o seguinte verso desse Upanixade?

> *Não-nascido e Eterno e contudo existindo em todas as partes*
> *Ele é não-nascido e contudo nunca cessa de existir.*

Certamente aquilo que existe deve nascer. Como pode aquilo que é não-nascido existir ao mesmo tempo? É como dizer que a existência e a não-existência estão presentes ao mesmo tempo. Isso é algo totalmente sem sentido para a mente do homem. Nem mesmo o intelecto mais sutil pode captar isso. Não-nascido e contudo existindo em todas as partes, atemporal e, no entanto, presente em cada momento do tempo.

Todo o Upanixade *Shvetashvatara* é um hino de adoração e reverência ao Supremo, *Maheshvara*. Por causa disso ele é conhecido como um Upanixade carregado de sentimento de devoção. Ele não entrou em questões filosóficas, nem se preocupou com as dúvidas dos estudantes. Cantou hinos de adoração ao Grande Ser, o Infinito *Purusha*, que é ao mesmo tempo existente e não-existente. O Upanixade diz:

> *Aquele que é Ele próprio sem qualquer cor, confere cores a todas as coisas com um propósito de todos desconhecido. Ele é o Uno, e é tanto o fim quanto o início de todos os mundos.*

Os *Brahmavadins*, estudantes de Sabedoria Divina, dizem: "Possa Ele conceder-nos um claro intelecto." Por que esse pedido para a concessão de um claro intelecto? O homem poderá conhecer o Ser Supremo com um intelecto claro? Não, não poderá, mas um claro intelecto permite ao homem saber o que o intelecto é incapaz de dar. Não há intelecto mais claro do que aquele que conhece seus próprios limites. Enquanto o intelecto não conhecer seus próprios limites, irá envolver-se em esforços incessantes. Todos esses esforços são inúteis, mas ele não os abandona, pois pensa que o intelecto tem poderes ilimitados. A sabedoria chega à consciência do homem apenas quando cessa o esforço do intelecto. Mas o esforço da mente não pode acabar através de um esforço consciente. O esforço deve cessar sem esforço. Isso ocorre quando a mente se torna consciente de suas próprias limitações, quando ela compreende que seus esforços não conduzem a parte alguma.

No verso acima, *Brahman* é descrito como Aquele no qual tanto o fim quanto o início encontram sua morada. Aqui nos lembramos do que diz o *Bhagavad Gita* quando fala do início e do fim como Imanifesto, e afirma que somente o estado intermediário representa o Manifesto. O Imanifesto é a natureza fundamental de todas as coisas, o Manifesto é somente uma condição que surge entre os dois estados do Imanifesto. A graça e o charme do manifesto aparecem onde o manifesto não está preso à sua existência, onde não faz esforço para prolongar sua continuidade. O que é expressado deve vir como o piscar dos olhos, como um raio de luz. Somente como um raio de luz ele se torna encantador. Qualquer esforço para dar continuidade à condição expressa, ao estado manifesto, é destituído de graça e modéstia. Dar continuidade a qualquer expressão é cometer um exagero, e todo exagero é vulgar. O poeta Radindranath Tagore diz:

A beleza sabe dizer "suficiente"; o barbarismo clama por ainda mais.

Qualquer esforço para dar continuidade ao que é expressado e manifestado é barbarismo. O Manifesto é somente uma passagem do Imanifesto para o Imanifesto. Na passagem precisamos avançar, não podemos parar. Como diz um Santo Sufi: "A vida é como uma ponte, passe sobre ela, não edifique sobre ela." O início e o fim residem em *Brahman*, o mundo é apenas a fase passageira do Manifesto, esse é o ensinamento inspirador do Upanixade *Shvetashvatara*. É a essa oniabarcante e, contudo, fugidia natureza de *Brahman* que o seguinte verso do Upanixade se refere:

Tu te tornas mulher, e homem, e jovem, e também doce donzela. Na idade avançada, teus passos devem ser apoiados com um cajado, Tu nasces com a face voltada para todos os lados.

Vishvatomukha, com a face voltada para todos os lados, essa é a descrição de *Brahman* na manifestação. Não há limite para Sua expressão, não há restrição para a Forma na qual o **Sem-Forma** encarna. O Manifesto é impermanente, ele se move, é efêmero, como um raio de luz ele vem e vai. É sempre cambiante. Só o Imanifesto é imutável. Mas o Imutável aparece em miríades de formas mutáveis. Aquele que não se apega a qualquer Forma particular vê a beleza do Sem-Forma aparecer em uma forma após a outra. O Sem-Forma que aparece em novas formas é o grande jogo ou *Lila* mostrado por Sri Krishna para as simples pastoras, as *Gopis*. O Upanixade diz:

> *Qual é a utilidade de repetir os hinos sagrados dos Vedas se não conhecemos a fonte Imperecível de onde todos os Vedas emanam?*

O Upanixade não diz: "Não adore o Perecível." Ele diz apenas: "Qual é a utilidade dessa adoração se o Imperecível, que é a raiz de toda a manifestação, não é conhecido?" Qual é a utilidade do símbolo se a substância não é conhecida? O símbolo tem seu lugar, mas somente depois de conhecermos a substância. O símbolo é a Forma, assim como a substância é o Sem-Forma. A forma de todas as coisas deriva seu significado e importância do Sem-Forma. É o Sem-Forma que dá vida à forma. Mas os homens cultuam a Forma sem conhecer o Sem-Forma e, portanto, seu culto e adoração tendem a se tornar um mero cerimonial, uma rotina, uma monotonia morta. E por ser algo enfadonho, essa monotonia cansa e exaure tal pessoa. Ela fica aborrecida pela mesmice da vida, pois se apegou à forma e, assim, fechou as portas da percepção para aquilo que pode introduzir novidades nas coisas. A Forma é *Maya* ou ilusão, pois não tem existência intrínseca, e existe por causa do Sem-Forma. O Sem-Forma é *mayin*, o produtor da ilusão; e a Forma é *Maya*, a própria ilusão. O Upanixade diz:

> **Prakriti** *ou Natureza é* **Maya***, Ilusão e* **Mahesvara***, o Senhor Todo Poderoso é* mayin *ou o produtor da ilusão. Todo o mundo está permeado de seres que são parte Dele.*

Todo o mundo manifestado consiste somente de partes, o todo é o Imanifesto. O Todo é o criador, a criação consiste apenas de partes. O todo está nas partes e, contudo, o todo não pode ser encontrado colocando as partes juntas. O mistério do todo reside na parte e, contudo, esse mistério não pode ser compreendido ao juntarmos as partes. A qualidade não pode ser compreendida por nenhum esforço quantitativo. Compreender a qualidade das coisas é conhecer a Sabedoria Antiga, a qual não é antiga porque é velha, é antiga porque não envelhece, pois é imutável. A Sabedoria Antiga está em todas as partes, até mesmo no mais fino grão de matéria, pois é a qualidade das coisas. Como podemos encontrar essa qualidade das coisas? O Upanixade diz:

> *Está além de toda mentalização, pode ser vista quando não há dia nem noite, onde não há efeito nem causa.*

O Upanixade *Shvetashvatara* diz que a Sabedoria Antiga nasce dessa condição. Não nasce durante o dia nem durante a noite, ela vem de uma esfera onde não há causa nem efeito. A Sabedoria Antiga tem sua morada no Não-Dual, pois a causa e o efeito existem somente no reino da dualidade. O Upanixade diz que ela é Sem-Forma e, portanto, nenhuma forma pode contê-la. Qual é a utilidade de construir-se moldura após moldura, quando Ela não pode ser presa por qualquer moldura? Em um dos versos do Upanixade está dito que em parte alguma existe um retrato, *Pratima,* disponível de *Mashesvara,* o Senhor Supremo, o criador de *Maya.*

Quando não há um retrato disponível, qual é a utilidade de criar-se molduras, por mais belas que possam ser essas molduras? O Upanixade não fala sobre o Retrato sem moldura, ele fala da Moldura sem retrato! Sem conhecer a Pessoa, *Maheshvara,* todos nossos esforços são como colocar uma moldura onde não há qualquer retrato. A moldura sem um retrato é inútil, e quando *Maheshvara,* o Senhor Supremo, é conhecido, nenhuma moldura se torna necessária.

Mas como podemos conhecer *Maheshvara,* aquele que não pode ser colocado em qualquer moldura, por mais sutil que seja? O Upanixade diz que o Ser Supremo não pode ser conhecido através dos sentidos nem através da mente. Mas como então? O Upanixade *Shvetashvatara* diz que só aquele cujo intelecto habita no coração, só ele conhece a natureza do Ser Supremo. O intelecto deve residir no coração, essa é a estranha condição prescrita por esse Upanixade para a compreensão de *Brahman,* para compreendermos a Natureza de *Maheshvara,* o Ser Supremo.

Que o intelecto habita o coração é algo que se refere obviamente à existência simultânea de Impessoalidade e Intimidade. O intelecto é impessoal e objetivo, mas o coração é sempre cálido e íntimo. Diz-se que o mero intelecto é frio como a neve, e o mero coração é tão fugaz quanto o vapor. Mas quando os dois estão juntos, **surgem as águas da vida**. Impessoal e, contudo, íntimo, essa é realmente a abordagem que capacitará o homem a descobrir os segredos da vida. Ele pode ser iniciado nos mistérios do homem e do Universo quando há completa fusão da mente e do coração. É a fusão do positivo e do receptivo, pois o intelecto é positivo e o coração receptivo. Uma das formas de *Shiva* é *Ardha-narishvara*, é uma forma na qual os aspectos masculino e feminino coexistem, é um estado no qual o intelecto habita no coração. Para conhecer *Shiva*, o *Ardha-narishvara*, precisamos ter uma consciência na qual a impessoalidade do masculino coexista com a intimidade do feminino. Para uma tal consciência o Ser Supremo revela-Se em toda Sua glória e majestade. O Upanixade diz o seguinte a respeito desse Ser Supremo:

> *O par conhecimento e ignorância*, vidya e avidya, *coexiste misteriosamente no Ser Imperecível ilimitado. A ignorância é perecível, o conhecimento é imortal. Aquele que controla tanto o conhecimento quanto a ignorância está além do alcance de ambos. Esse Ser Supremo não é masculino nem feminino.*

O estado negativo de consciência é aquele em que o Positivo e o Receptivo coexistem. Uma consciência que é somente positiva tende a se tornar inerte e inativa. Ativa e, contudo, não-agressiva, receptiva e, contudo, não-inerte, assim é *Shiva*, o *Ardha-narishvara*. Somente *Shiva* pode conhecer *Shiva*. Só quando a consciência do homem mostra as qualidades de *Ardha-narishvara* é que pode compreender a natureza do Ser Supremo, o *Maheshvara*. Mas com essa consciência, onde Ele é encontrado? Onde é visto? O Upanixade diz que Ele é *anida*, Ele é aquele que não tem morada. Como podemos encontrar alguém que não tem morada? A consciência do homem não pode encontrá-Lo, Ele surge na consciência em que a qualidade *Ardha-narishvara* se manifesta. Ali Ele surge, Ele não pode ser buscado. Como ele não existe em lugar algum, Ele surge de nenhum lugar.

Aqueles que conhecem *Brahman*, os *brahmavadins*, estudantes da Sabedoria Divina, referem-se a Ele assim:

Nós O conhecemos, o Senhor, o Supremo entre os Senhores,
O Deus, o Supremo entre os Deuses,.
O Rei dos Reis, o Supremo do Supremo
O Senhor do Universo, o Deus de nossa adoração.

Em nenhuma outra parte em todo o conjunto dos Upanixades encontramos uma expressão de tão profunda devoção como no Upanixade *Shvetashvatara*. O conhecimento deve culminar na devoção. Se não for assim, não há verdadeiro conhecimento, é mera verborragia, uma coleção de palavras e nomes. Aquele que sabe fica sem fala, pois no momento do verdadeiro conhecimento vê o Esplendor das coisas Esplêndidas. Até mesmo Sri Shankaracharya, o maior expoente da filosofia Não-Dual, intrutor da Advaita intransigente, que destacou o conhecimento acima de tudo, fala Dele, o Imperecível, em palavras repletas de profunda devoção. Ele diz:

> *Senhor de Gauri; assim como o cisne ama o lago de lótus, como o pássaro Cataka ama a nuvem escura e carregada d'água, como o pássaro Koka ama o sol de todo dia, e o pássaro Cakora ama a lua, assim também, Oh Senhor dos Seres, minha mente deseja chegar a seus pés de lótus, os quais, buscados por meio da senda do conhecimento, concedem a felicidade da salvação.*

Em várias disciplinas religiosas fala-se das Três Sendas: a Senda do Conhecimento, a Senda da Devoção e a Senda da Ação. Não existem três sendas distintas e separadas um da outra. Essas três juntas formam a vida espiritual como um todo. A vida consiste de ação, pois sem ação ninguém pode viver, nem mesmo por um momento. Mas uma ação que não brote da devoção não é ação alguma, é mera reação. Para ter uma qualidade espiritual a ação deve emergir de uma Plenitude de Devoção. Analogamente, o conhecimento permanecerá seco como pó se não encontrar sua plenitude na devoção. O conhecimento é como o direcionamento do curso de muitos rios, mas para onde vão esses rios? Eles devem fundir-se com o mar. A fusão de rios separados, no mar, é realmente uma experiência de devoção. A Advaita pode falar apenas em Não-Dualidade em termos do conhecimento da mente, não pode avançar além disso. Mas, em termos de Devoção, a Advaita traz ao homem um experiência de Unidade. O Não-dual é negativo, a Unidade é positiva. A experiência positiva da devoção deve fluir para dentro do estado negativo da mente. O homem não pode agir a partir do ponto de negatividade, ele pode agir somente a partir do Terreno da Positividade. Mas o positivo está fora do alcance da mente. O conhecimento pode criar as condições de negatividade, e isso é o máximo que a mente do homem pode alcançar. É a devoção que confere conteúdo positivo à experiência. A devoção é de fato o lugar de encontro tanto do conhecimento quanto da ação. Sri Shankaracharya diz, no verso acima, que depois de ter buscado o Ser Supremo através do conhecimento, seu único desejo é tocar os pés de lótus do Senhor, pois só assim ele pode alcançar a felicidade da salvação. Ela vem como uma graça, do alto, mas a graça vem no momento de perfeita negatividade da mente. Ela vem quando a mente do homem declara: *Neti, Neti,* Não é isso, Não é aquilo.

O Upanixade *Shvetashvatara* é realmente o ponto culminante de todo o processo do conhecimento indicado pelos outros Upanixades. Os instrutores upanixádicos não se envolviam em especulações áridas e metafísicas, eram sábios que falavam a língua da experiência. Conduziam seus discípulos através da senda da negação, para a experiência positiva de *Brahman*. Mostravam a senda que conduzia de *Brahmavid* para *Brahmanishtha*. Ao longo da senda do conhecimento, nos tornamos um *brahmavid*, mas isso não é suficiente, precisamos nos tornar um *Brahmanishtha*. Essa experiência surge apenas em momentos de profunda devoção. É para essa experiência de devoção que o Upanixade *Shvetashvatara* conduz os estudantes da Sabedoria Divina. O Upanixade diz o seguinte a respeito do Ser Supremo:

> *Ele é o único Ser, oculto em todas as criaturas, a tudo permeando, o ser interior de todas as coisas, o que percebe todas as ações, o que preside todos os seres, o espectador, o conhecedor, o único, completamente destituído de atributos.*

Ele a tudo permeia e, contudo, ao mesmo tempo, é espectador de tudo que acontece. É imanente e, contudo, ao mesmo tempo, Ele é espectador de Sua própria imanência. O Upanixade diz que aquele que pode ver esse Ser Supremo dentro de seu coração conhece o que é Bem-aventurança Eterna. Mas somente quando o homem se torna ao mesmo tempo ator e espectador é que pode chegar a essa compreensão. Ser espectador enquanto participa, esse é o segredo que o Upanixade transmite aos estudantes da Sabedoria Divina. Ele diz:

> *Só neste Universo, Ele vem e vai,*
> *Ele é o fogo, Ele permeia a água,*
> *Ao conhecer Ele e somente Ele, passo por cima da morte,*
> *Não há outro caminho a seguir.*

Não há outro caminho a seguir, declara o Upanixade *Shvetashvatara* em termos inequívocos. Mas qual é esse Caminho? O Caminho é conhecer Ele e somente Ele. Mas ele só pode ser conhecido no ato da completa entrega. Uma entrega é realmente uma ação total, nada pode ser reservado. Sempre que um homem age totalmente, sem qualquer reserva, ele chega à experiência desse Ser Supremo, não importa o campo da ação total. Essa totalidade de ação é verdadeiramente uma morte. A morte não permite reservas, mas exige uma ação total. O Ser Supremo que esse Upanixade descreveu como *Shiva* pode ser conhecido apenas no reino da morte. Por estranho que pareça, a experiência da morte é realmente a experiência do amor, pois o amor também é uma ação total. Na verdade, Amor e Morte não são duas coisas diferentes, são duas faces da mesma moeda. Aquele que sabe como morrer, conhece nesse ato o que é, amor supremo. A morte é uma negação, o amor é a experiência positiva. Mas a experiência positiva do amor surge apenas no momento da morte. No momento da morte somos despidos de tudo, somos destituídos até mesmo de nós mesmos, e esse não é também o momento do amor? A morte é realmente uma entrega, mas apenas na entrega é que surge a Dádiva do Amor. O estudante da Sabedoria Divina declara:

> *Eu me entrego a Ele que é a ponte da Imortalidade, que não tem partes, que é imóvel, que está além da corrupção, que está acima de todo apego, que é como o Fogo Flamejante que não emite fumaça.*

O Fogo que não emite fumaça, essa é a descrição do Ser Supremo a quem nos entregamos no momento do conhecimento mais elevado. O verso seguinte nesse Upanixade indica que só quando o homem considera o espaço como seu único revestimento é que ele compreende o Ser Supremo. Estar coberto apenas pelo espaço, essa é a condição de estar destituído de tudo. Conhecer o Espaço como o único revestimento é ter o céu como teto. Viver a céu aberto, sem buscar abrigo a não ser o abrigo do espaço, essa é a senda da sabedoria espiritual. Na verdade, não há outro caminho a seguir.

É muito significativo que esse Upanixade termine com uma instrução do Sábio Shvetashvatara a seu discípulo na qual ele diz que a Sabedoria Esotérica do Upanixade não deveria ser transmitida a alguém que é *Ashanta*, a alguém que é *Aputra*, e a alguém que é *Ashishya*. Ela não deve ser dada a alguém que tenha uma mente irrequieta, uma mente distraída, sempre se movimentando de uma coisa para outra, pois essa é uma mente superficial que se alimenta de sensações e excitações. É completamente inútil transmitir a Sabedoria Divina a tal mente. É como lançar pérolas a um ser que não tem discernimento. O Upanixade também diz que seus ensinamentos não deveriam ser transmitidos a alguém que é *Aputra*, alguém que não tem filho. Isso indica uma mente estéril. Significa uma mente totalmente árida, destituída de interesse profundo e passional. Qual é a utilidade de ensinar uma pessoa que é destituída de sentimento? O Upanixade diz ainda que o ensinamento da Sabedoria Divina não deveria ser ministrada a alguém que é *ashishya,* alguém a quem não se pode ensinar. *Ashishya* é aquele cuja mente está fechada, não há espaço na mesma. Assim, o Upanixade diz que para compreender a grande Sabedoria espiritual, é da maior importância possuir uma mente que não seja efêmera, que não seja estéril e que não seja fechada. Uma mente agitada é obtusa, ela se movimenta apenas com estímulos externos. Uma mente estéril é frustrada, pois está envolvida em um esforço que jamais poderá gerar frutos. Uma mente para a qual não é possível ensinar é uma mente fechada, é uma mente na qual não há espaço para mais nada. A Sabedoria do Upanixade só pode ser conhecida por uma mente alerta, uma mente repleta de profunda paixão e uma mente completamente aberta, uma mente completamente vulnerável, pois nada tem a defender. Somente a mente sem defesas pode conhecer o que é entrega, sua entrega não tem reservas, ela nada tem para guardar, nada a esconder ou proteger. Mas essa não é a auto-entrega de uma mente obtusa ou estéril. Alerta e vibrante com a vida, e no entanto completamente sem defesas, essa é a condição em que ocorre a entrega total e espontânea da mente. O momento da entrega é de fato o momento da dedicação. Tendo andado por toda parte, o indivíduo retorna ao lar, ao reino que lhe pertence. Recebido e acolhido pelo Rei dos Reis, o Supremo do Supremo, ele alcança sua verdadeira estatura e dignidade, a de Príncipe do Reino, sobre o qual há a autoridade do Supremo Senhor dos Senhores, Aquele de quem procede o Universo, por Quem o Universo é sustentado e em Quem é dissolvido. Ele é de fato o Único sem segundo, a fonte de toda Bem-aventurança, radiante como o sol, além de toda escuridão, pois não há outro caminho absolutamente a seguir – *Nanyah Panthah Vidyate Ayanaya.*

YOGA
A arte da integração

Rohit Mehta

O leitor tem agora, em português, um dos mais originais comentários da tradução dos *Yoga-Sutras*, de Patanjali, obra clássica que codificou o Yoga no século vi a.C. Rohit Mehta apresenta uma abordagem inédita que aproxima o pensamento de Jiddu Krishnamurti, seu amigo pessoal, com a obra de Patanjali. O autor, dentro de uma visão contemporânea, transfere a tônica tradicional de interpretação da *Raja Yoga*, estabelecida no esforço e no autocontrole, para a esfera da percepção, acrescentando profundos comentários de enfoque psicológico.

A obra investiga os potenciais da consciência humana e suas extraordinárias possibilidades bem como as questões fundamentais da existência, as causas da felicidade e do sofrimento, os estados de êxtase e graça, os poderes psíquicos e a imortalidade.

Essa leitura oferece, assim, uma valiosa contribuição à busca humana do autoconhecimento e da libertação da consciência.

VIVEKA-CHUDAMANI
(A Jóia Suprema da Sabedoria

Sankara

"A libertação não pode ser alcançada, exceto pela direta percepção da identidade do individual com o universal. ... O conhecimento de que *Brahman* (o supremo espírito) e *Atman* (o espírito do homem) são um e o mesmo é o verdadeiro conhecimento de acordo com os Vedas"

Nesta importante obra do pensamento filosófico da Índia, há muitos anos esperada em nosso país, Sankara apresenta-nos uma lúcida e clara essência da Vendanta Advaita. Vedanta é a meta dos Vedas, e Advaita significa não-dual. Assim, esse sistema é uma visão da totalidade *(Brahman)*, uma genuína cognição holista.

O ponto central da Vedanta Advaita é a identidade fundamental entre *Atman* e *Brahman. Atman* é o Todo presente no "coração" do homem. E a libertação da ignorância fundamental *(avidya)* se dá quando essa compreensão é uma experiência real. O homem de discernimento conhece a forma essencial de *Atman,* a qual é a verdade suprema.

Sankara ampliou a apresentação feita por Gaudapada, nos comentários ao Upanixade Mandukya, e tornou-se o grande expoente da Vedanta Advaia. O *Viveka Chudamani* é uma excelente introdução para a visão filosófica de Sankara e para o estudo da Vedanta – um dos pontos focais da filosofia da Índia, juntamente com o Budismo *Mahayana.*

Essa edição conta com a tradução e os comentários de Murillo N. de Azevedo, que serão de auxílio para a reflexão do leitor.

Mais informações sobre Teosofia e o Caminho Espiritual podem ser obtidas escrevendo para a Sociedade Teosófica no Brasil *no seguinte endereço: SGAS – Quadra 603, Conj. E, s/nº, CEP 70.200-630. Brasília, DF, ou telefonando para (0xx61) 226-0662. Também podem ser feitos contatos pelo telefax (0xx61) 226-3703.*